应用型大学本科毕业论文（设计）写作教程

陈妙云　禤胜修◎编著

YINGYONGXING DAXUE BENKE BIYE
LUNWEN（SHEJI）
XIEZUO JIAOCHENG

广东高等教育出版社
Guangdong Higher Education Press
·广州·

图书在版编目（CIP）数据

应用型大学本科毕业论文（设计）写作教程/陈妙云，禤胜修编著．—广州：广东高等教育出版社，2018.11（2024.7 重印）

ISBN 978-7-5361-6330-0

Ⅰ．①应…　Ⅱ．①陈…　②禤…　Ⅲ．①毕业论文—写作—高等学校—教学参考资料　Ⅳ．①G642.477

中国版本图书馆 CIP 数据核字（2018）第 262066 号

出版发行	广东高等教育出版社 社址：广州市天河区林和西横路 邮编：510500　营销电话：（020）87554153　87553735 http://www.gdgjs.com.cn
印　　刷	佛山市浩文彩色印刷有限公司
开　　本	787 毫米×1 092 毫米　1/16
印　　张	18
字　　数	333 千
版　　次	2018 年 11 月第 1 版
印　　次	2024 年 7 月第 6 次印刷
印　　数	18 001～20 000 册
定　　价	38.00 元

前　　言

撰写毕业论文（设计），对于即将毕业的大学本科生而言，是一件既令人兴奋又让人为难的事。兴奋，是因为撰写毕业论文（设计）标志着大学本科即将毕业，学士学位即将获得。而且，撰写毕业论文（设计）是一件充满挑战的新鲜事，着实令人兴奋。然而，怎样撰写毕业论文？如何进行毕业设计？这却让跃跃欲试、准备迎接挑战的大四学生们感到为难。专业知识学了，然而怎样运用专业知识开展研究与进行设计创作？老师没教，于是学生们感到为难。毕业论文（设计）怎么写？学校没开这门课，于是学生们感到茫然了。想找书看看，可书里介绍的大多是理论研究类的论文写作，应用型文理工商类选题的论文写作指导在书里几乎找不到，于是学生们感到更加为难。

广州工商学院教务处早在两年前就为本科学生开设了应用型大学本科毕业论文写作课程，并同时策划组织编写适用于应用型大学本科毕业论文（设计）写作的指导用书。2018 年，广州工商学院首届本科毕业生已顺利完成毕业论文（设计），并获得学士学位。随后，一本适用于应用型大学本科毕业论文（设计）写作指导的教材，也应时代的需要及时地出版了。

《应用型大学本科毕业论文（设计）写作教程》的编著目标十分明确：这是一本专门供应用型大学开设毕业论文（设计）写作课程使用的教材，是一本专门指导应用型大学本科毕业生撰写毕业论文（设计）的教程。根据这个目标，本书在编著设计时，突出了以下特色：

第一，内容的应用型。

针对适用于“应用型大学”的编著目标，本书除了对一般性学术论文写作做出指导外，还专门针对“应用型大学”本科毕业论文（设计）选题应用性强的特点，对论证型毕业论文、案例型毕业论文、调研型毕业论文、设计型毕业论文、实验型毕业论文和综述型毕业论文的写作等，分别做专章指导，使“应用型大学”文理工商各专业的毕业生都能找到适用于本专业的应用型毕业论文（设计）样板及具体的指导。“应用型”论文类型的分类与指导，适应了新时代论文写作发展的需要，使本书内容具有鲜明的创新性和普遍的适用性。

第二，指导的有效性。

本书以有效指导写作的“过程化”规律为编著理念，形成一个有效的指导体系。全书以毕业论文（设计）的写作过程为主线，对选题、开题报告、搜集资料、形成论点、建构提纲、写出论文、准备答辩等七个步骤，依次有序地分别给予具体指导，让学生能够按照这一科学的流程完成毕业论文（设计）写作，从而清晰地掌握写作的规律，习得有效地开展学术研究的方法和思路。

对每个步骤的指导，都遵循“先认知后实践”的逻辑思维过程，先阐明“是什么”，然后再指导“怎么做”，介绍相关理论知识时要言不烦，指导实践时具体明了。在理论与实践的指导上，本书偏重于实践性的指导，让初学者在入门时易学和易操作。

第三，表达的深入浅出。

毕业论文（设计）写作规范性较强，有不少相关的规定、格式标准和管理办法等。本书辑选与学位论文相关的规章条文，教导学生自觉遵守规范，并总结毕业生撰写毕业论文（设计）常见的问题，让抽象的文字现象化。书中还选用了各种类型的论文（设计）作为范例，让学生从例文中感悟论文类型的特征与区别，其中有部分是学生撰写的优秀毕业论文（设计），让学生更感亲近可学。毕业论文（设计）写作难，指导毕业论文（设计）写作更难。本书在编著时充分注意了这些问题，抛弃空谈，远离烦琐，力避枯燥，尽量深入浅出。

编著者陈妙云教授和禤胜修教授，讲授学术论文写作课程十余年，指导毕业生撰写毕业论文经验丰富，对毕业生撰写毕业论文的状况及他们在论文写作过程中最需要的指导十分了解，同时自身具有撰写学术论文和教材的丰富经验。这些因素共同促成了本书的时代性、适应性、实用性、有效性。相信本书将会得到使用者的欢迎与好评。由于编写时间仓促，也由于编著者水平所限，书中疏漏和错误之处在所难免。恳切希望使用本书的教师、学生和广大社会读者提出宝贵意见，以便将来修订提高。

本书引用了一些学术论文和毕业论文作为例文，特此对有关作者表示感谢。

本书在编著过程中得到广州工商学院各部门，尤其是广州工商学院教务处的大力支持，在此一并表示感谢。

编著者

2018 年 7 月

目　　录

第一章
毕业论文（设计）概述

第一节　毕业论文（设计）的概念

一、什么是毕业论文

毕业论文是高等院校应届毕业生按照教学计划规定，在教师的指导下，综合运用所学专业的基础理论、基本知识和基本技能，针对某一现象或问题，进行独立分析和研究后写成并提交的能反映其综合学习成果的文章。

毕业论文不仅是对学生掌握专业知识的程度、分析和解决问题的基本能力的一次全面考核，也是大学生取得大学毕业资格、获取学士学位的必备条件；不仅是学生运用在校学习的基本知识和基础理论，去分析、解决实际问题的实践锻炼过程，也是大学生开展科学研究的系统尝试。

毕业论文作为大学生毕业前的最后一次综合作业，通常是在教师的指导下完成的。在学生撰写毕业论文的过程中，教师要帮助学生选定研究课题，引导学生寻找参考文献，指导学生构思调查方案，建构论文提纲，解答疑难问题，指导并修改论文初稿，直至最后定稿提交。但从根本上来说，毕业论文必须由学生自主完成，教师仅仅是毕业论文的指导者。学生只有在教师的指导下，主动发挥自己的聪明才智，自始至终刻苦钻研，才能完成毕业论文的写作任务。

二、什么是毕业设计

毕业设计是高等学校技术科学专业及其他需培养设计能力的专业或学科（如机械、电子、计算机、航空、化工、冶金、建筑科学以及艺术设计等）应届毕业生重要的实践教学环节，要求学生针对某一课题，综合运用本专业所学的有关理论和技术，做出解决实际问题或具有一定实用价值的设计。比如软件专业的本科毕业生，往往被要求设计一个程序或者是建立某个小型数据库，然后证明其可行性；给水排水专业的毕业生，则有可能被要求做出从给水方式、排水方式的选择确定到给水管道、排水管道的水力计算，以及各平面图及系统图的绘制等方面的具体设计。毕业设计是大学毕业生走上国家建设岗位前的一次重要的专业技术实践。

毕业设计和毕业论文一样，也是大学生完成学业的总结性作业，是对大学四年所学知识的掌握和运用的综合检验。但两者又有不同，毕业论文以理论研究为主要内容，考查的是学生的知识体系，其体现形式就是一篇学术性文章。毕业设计以技术研究为主要内容，考查的是学生的知识技能，其体现形式则不只是一篇学术性文章，有的还须有实体的东西。如机械设计专业，假如毕业设计是做一套传动系统，那么就需要有设计说明、设计图纸（包括平面图纸、三维图纸）等；又如包装设计专业，假如毕业设计是做一套高档茶叶的包装，则需要设计说明、设计图纸（含包装平面图、包装盒立体图、材质及工艺标注）、包装的实物（含货物包装箱、手提袋、一级包装、二级包装、说明书）等。

三、毕业论文（设计）的类型

根据毕业论文（设计）要体现学术性和实践性的要求，本书将毕业论文（设计）划分为论证型毕业论文、案例型毕业论文、调研型毕业论文、设计型毕业论文、实验型毕业论文、综述型毕业论文等六类。

（一）论证型毕业论文

论证型毕业论文是指运用所学专业的理论知识，对本专业领域内的重大理论问题进行系统的研究和论证，揭示其本质和规律，以表达主张或见解的论文。论证型毕业论文以抽象的理论问题为研究对象，研究方法主要是论证、推导和计算，如对政治学、经济学、语言学、社会学、哲学、教育学、心理学、历史学、文艺理论等哲学社会科学学科选题的论述与证明，对数学、物理学、化学、地理学、生物学等基础学科及其众多的应用性学科的公理、定理、定律、原理、原则或假设的建立、论证以及对其使用范围、使用条件等方面的论证与证明。

论证型毕业论文要求学生具备深厚的理论知识，有较强的逻辑思维和分析能力，能对所研究的问题提出独到的见解，分析论述有一定的深度。

（二）案例型毕业论文

案例型毕业论文是本科毕业生用所学的理论知识对现实中的案例进行分析研究，从实践活动中总结出一般原理和方法的论文。案例型毕业论文的写作一般是对比案例现实与理论的差距，找出案例中存在的问题并分析其原因，根据理论和现实条件为问题的解决提出可行方案。这类论文的特点是理论与实践结合紧密。

（三）调研型毕业论文

调研型毕业论文是对现实社会生活中存在的各种现象或问题，结合所学专业的基础理论、专门知识和基本技能，深入实际，进行调查研究，掌握第一手材料，归纳出具普遍性的规律，提出相应对策和建议的一种书面表达形式。调研型毕业论文在内容上比较注重调查背景、调查方法、调查过程的介绍和假设命题的检验，注意调查结果的定量分析。

调研型毕业论文广泛应用于经济、法律、历史、文秘、新闻等专业。

（四）设计型毕业论文

设计型毕业论文是指工程技术以及艺术设计等学科各专业毕业生完成毕业设计作品之后，用以阐释、论证毕业设计过程、任务、要求及其成果的论文。设计型毕业论文是毕业设计成果的书面反映。

（五）实验型毕业论文

实验型毕业论文是运用所学专业的理论知识，对本专业领域内的某一理论或假说，或者需要解决的某一实际问题，有计划、有目的地进行科学实验，对于特定条件下的事实或现象进行系统的观察、分析、综合和判断而写成的书面表述形式。实验型毕业论文写作的基础是实验。科学实验的目的是检验某种科学理论或假说，深化对某一客观事物的认识。实验型毕业论文就是对实验过程、实验结果，以及对实验结果进行分析论证所得到的对事物的本质和规律的认识的记录。

实验型毕业论文大多用于理工农医类专业。

（六）综述型毕业论文

综述型毕业论文，就是依据所学专业的基本原理和基础知识，对特定时域里的某一学科、专业或产品、技术的研究成果以及科技发展动向进行综合性叙述和评论的论文形式。它要求作者全面搜集与课题相关的资料文献进行归纳和提炼，在全面综述和深入分析的基础上，对已有的研究成果或主要观点进行评论，指出其价值和意义，以及存在的问题，并提出自己的观点、意见或建议。

第二节　毕业论文（设计）与几种相近文体的区别

一、毕业论文（设计）与学位论文的区别

学位论文是高等学校本科生、硕士研究生（以下简称“硕士生”）和博士研

究生（以下简称“博士生”）以及科学研究机构的硕士生和博士生为申请相应学位而提交的书面形式的研究成果。

根据国家技术监督局发布的《科学技术报告、学位论文和学术论文的编写格式》（GB 7713—87）的定义：“学位论文是表明作者从事科学研究取得创造性的结果或有了新的见解，并以此为内容撰写而成、作为提出申请授予相应的学位时评审用的学术论文。”也就是说，学位论文是学位申请者为获得学位而提交的学术论文，集中地反映了学位申请者的学识和能力，是考核其能否毕业和授予相应学位的基本依据。

学位论文包括学士学位论文、硕士学位论文和博士学位论文。

（一） 学士学位论文

学士学位论文由大学本科生毕业前在限定时间内完成。根据《中华人民共和国学位条例》（以下简称《学位条例》）及《中华人民共和国学位条例暂行实施办法》规定，学士论文应能表明作者已较好地掌握了本门学科的基础理论、专门知识和基本技能，并且有从事科学研究工作或担负专门技术工作的初步能力。

学士学位论文的写作，需在讲师以上职称的教师指导下进行，字数要求通常是8 000 ~ 10 000 字。论文完成后，还要进行论文答辩，由答辩小组（通常由3 ~ 5 位讲师以上职称的教师组成）评定成绩，写出审核意见。

（二） 硕士学位论文

硕士学位论文由硕士研究生在毕业前撰写。按有关规定申请授予相应的硕士学位的在职人员，也需撰写硕士学位论文。

《学位条例》规定：硕士学位论文应能表明作者确已在本门学科上掌握了坚实的基础理论和系统的专门知识，并对所研究课题有新的见解，有从事科学研究工作或担负专门技术工作的能力。

国务院学位委员会曾颁发有关文件，要求硕士学位论文的写作应在硕士研究生导师的指导下，由研究生本人独立完成。论文写作应有一定的工作量，用于论文写作的时间一般应在一年左右。硕士学位论文的字数通常要求是 2 万 ~ 4 万字。论文完成后，需进行论文答辩，由答辩委员会（通常由硕士生导师 5 ~ 7 人组成）评定成绩并给予审核意见。

（三） 博士学位论文

博士学位论文由博士研究生在毕业前撰写。按有关规定申请授予相应的博士学位的在职人员，也要提交博士学位论文通过评审。

《学位条例》对博士的要求是：①在本门学科上掌握坚实宽广的基础理论和

系统深入的专门知识；②具有独立从事科学研究的工作能力；③在学科或专门技术上做出创造性的成果。

博士学位是最高一级的学位，博士学位论文是学位论文中水平最高的一种。博士学位论文篇幅一般在 5 万字以上，甚至多达 10 万 ~20 万字，相当于学术专著。博士学位论文完成后，也要进行论文答辩，由答辩委员会（通常由博士生导师 5 ~7 人组成）评定成绩及给予审核意见。

以上三类学位论文，由于都是在毕业前撰写，所以也统称为毕业论文。但这三种学位论文与毕业论文（设计）既具有同一性，又具有差别性。学位论文与毕业论文（设计）的同一性在于：作为本科生、硕士生、博士生各自阶段学习情况的检验，毕业论文（设计）即学位论文，学位论文也即毕业论文（设计）。作为学位论文，按规定必须通过答辩，方可授予相应的学位。在实际中，有的学生虽然完成了毕业论文（设计）写作，但由于各种各样的原因没有参加学位论文答辩，如有的学校规定若干门课程成绩不及格或达不到规定的其他要求则不能参加答辩；有的学生在学习期间犯有较为严重的错误，虽然准予毕业但不准授予学位，但因而不能参加答辩；有的学生因自身原因不能或者不愿参加答辩；有的学生虽然参加了答辩，但未达到学位论文的水平，答辩未获通过；等等。在这些情况下，学生所写的论文就仅为毕业论文（设计）而非学位论文，这就是毕业论文（设计）不同于学位论文的差别所在。

二、毕业论文（设计）与学年论文的区别

学年论文是指高等院校在校学生年度所写的考查学习成果和科研能力的论文。学年论文是高校学生的一种年度独立作业，是大学生实践教学的重要环节，要求学生在不占用正常教学时间的情况下完成，通常在大学三年级撰写。大学三年级学生通过两年多基础课的学习，掌握了一定的专业知识，在教师的具体指导下，尝试运用自身已有的专业知识去分析和解决学术问题，了解学术论文写作的全过程，培养和锻炼学术研究能力。

学年论文和毕业论文（设计）都是对学生学习结果的考查，其写作都需要在教师指导下进行。二者的区别在于考查的宽广度、选题的难易度和内容的深浅度不同。

毕业论文（设计）是对大学生在读四年学习结果的全面考查，同时，又兼具学士学位论文的功能。根据《学位条例》的规定："高等学校本科毕业生，成绩优良，达到下述学术水平者，授予学士学位：（一）较好地掌握本门学科的基础理论、专门知识和基本技能；（二）具有从事科学研究工作或担负专门技术工作的初步能力。"因此，毕业论文（设计）要求能够抓住反映本学科中某个问题

的某一侧面，或社会现实中需要解决的问题等，持之有故，言之成理，提出具有一定学术水平的观点和见解，能够反映学生在学科专业上所具有的学术水平和进行科学研究的能力。选题要有一定的难度，能反映学生的研究能力和工作量。文字篇幅上要求理工科毕业论文（设计）一般不少于5 000字，文科毕业论文须8 000字以上。

学年论文写作的目的在于指导学生学会综合运用专业知识，并初步掌握科学研究和撰写论文的方法，积累论文写作的经验，为今后撰写毕业论文奠定扎实的基础。学年论文从选题到写作的要求都比毕业论文（设计）相对要低一些，一般要求大学高年级学生能利用所学的知识，选择本学科比较重要的问题谈出自己合理的看法即可。在文字篇幅上的要求一般为3 000～5 000字。

此外，毕业论文（设计）作为学位论文，必须要进行论文答辩，成绩由答辩委员会根据指导教师、评阅教师和答辩小组评分最终确定评分等级。而学年论文写成后，一般不进行论文答辩，由论文指导教师审核，写出评语评定成绩。

三、毕业论文（设计）与学术论文的区别

根据《科学技术报告、学位论文和学术论文的编写格式》（GB 7713—87）的定义，学术论文"是某一学术课题在实验性、理论性或观测性上具有新的科学研究成果或创新见解和知识的科学记录；或是某种已知原理应用于实际中取得新进展的科学总结，用以提供学术会议上宣读、交流或讨论；或在学术刊物上发表；或作其他用途的书面文件"。

在社会科学领域，人们通常把表达科研成果的论文称为学术论文。在自然科学领域，人们又习惯把表达科研成果的论文称为科技论文、科研论文、科学论文或研究论文等。

从文体角度来看，毕业论文（设计）与学术论文同属于议论文体，是对某一学科领域中的问题做比较系统的研究和探讨后，表达研究成果的议论文体。

毕业论文（设计）与学术论文的区别，主要表现在以下几个方面。

（一）写作目的不同

学术论文的写作目的是为了学术研究成果的保存和交流。其保存和交流的形式是公开发表，可以在学术刊物上刊登，也可以在学术会议上宣读或讨论。学术研究成果只有发表才能实现交流的目的，也只有发表才能得到学术界的认可。正如德国科学家埃贝尔等在《科学写作的艺术》一书中所说的："科学的发现是付出了巨大的代价才得到的。每一项发现都是如此难得，如此具有潜在的价值，它应该得到特别的保护和忠实的保存。"又说，科学研究工作的真正意义在于交流，

因为没有信息的交流也就没有科学。一个研究人员的科研成果只有通过交流，才会引起别的科学家的注意，这样，“前人的工作成了新的实验的基础，从而在人类求知的记录里揭开了又一个篇章”。美国《科学》杂志前主编、斯坦福大学前校长肯尼迪（D. Kennedy）也说：“我们所有的思考、分析、实验和数据收集工作，在撰写论文之前，就什么也不算。在学术领域，我们的成果是以写出来的东西来体现的……如果结果没有公开发表，就等于没有做实验，这是不言而喻的事情。”

毕业论文（设计）的写作目的并不是为了发表交流。要求大学生撰写毕业论文（设计）的目的，主要表现在两个方面：一是对学生的知识和能力进行一次全面的考核；二是对学生进行科学研究基本功的训练，培养学生综合运用所学知识独立地分析问题和解决问题的能力。按照教学计划的规定，大学生在学期间学完公共课、基础课、专业课以及选修课等，对每门课程进行考试或考核，但这种考核主要是考查学生对本门学科知识的记忆程度和理解程度，是按单科进行的。毕业论文（设计）则是对学生数年来所学的基本知识、基本理论和基本技能的掌握与提高程度的一次总测试，尤其着重考查学生独立运用所学的基本知识、基本理论和基本技能分析问题和解决问题的能力。

（二）内容要求不同

首先是内容范围即选题范围不同。学术论文一般不限制选题范围，只要能体现出研究者学术研究的领域，都可以涉足，并以论文形式发表相关的研究成果。毕业论文（设计）是对学生所学专业的基本知识、基本理论和基本技能的考查，因此其选题不能超出所学专业范围。

其次是内容要求层次不同。学术论文写作的目的是为了发表，但只有达到一定的学术水平，或者说达到刊物的用稿要求的论文才能发表。刊物的用稿要求是多方面的，其中最重要的是论文研究成果的创新性，这是学术论文发表的首要前提。也就是说，学术论文的写作内容必须包含前人未有的创新性成果。创新性既是学术论文的生命，也是学术论文的价值所在。毕业论文（设计）虽然也要求具有创新性，但这种创新性的要求是有层次的。根据《学位条例》的规定，学士学位论文应能表明作者已较好地掌握本门学科的基础理论、专门知识和基本技能，并且有从事科学研究工作或担负专门技术工作的初步能力；硕士学位论文应能表明作者确已在本门学科上掌握坚实的基础理论和系统的专门知识，并对所研究课题有新的见解，有从事科学研究工作或独立担负专门技术工作的能力；博士学位论文应能表明作者在本门学科上掌握坚实宽广的基础理论和系统深入的专门知识，具有独立从事科学研究工作的能力，在科学或专门技术上做出创造性的成果。由此可见，硕士毕业论文（设计）和博士毕业论文（设计）强调具有创新性，而对于学士学位论文却没有这方面的要求。当然，一篇优秀的本科毕业论文（设计）也应该具有创新性内容。

（三）作者构成和时间规定不同

学术论文可以由作者独自完成，也可与他人合作完成。凡合作者只要做出了相应的贡献，都可以作为作者共同署名，因此经常会出现一篇学术论文发表时有多个作者的情况，一些自然科学研究论文的作者甚至多达十几个乃至几十个。毕业论文（设计）只能由学生在教师指导下独自完成，作者也只能是学生个人，指导教师只作为指导者署名。

在写作时间上，学术论文没有严格的时间规定，由研究者自己掌握。一些发表的科研成果，往往是作者数年乃至毕生研究的心血。一些项目课题虽然也有时间规定，但至少也有一年或者几年的时间。而学生的毕业论文（设计）则要受时间限制，一般是在大学本科毕业前的最后一个学期，用 3 个月左右的时间完成初稿和定稿，在毕业前夕通过答辩，由教师给出评语和成绩，最后经学校学位委员会审定批准，授予大学本科毕业证书与学士学位证书。

第三节　毕业论文（设计）的作用和意义

一、毕业论文（设计）是实现人才培养目标的重要教学环节

《教育部办公厅关于加强普通高等学校毕业设计（论文）工作的通知》（教高厅〔2004〕14 号）明确指出：“毕业设计（论文）是实现培养目标的重要教学环节。毕业设计（论文）在培养大学生探求真理、强化社会意识、进行科学研究基本训练、提高综合实践能力与素质等方面，具有不可替代的作用，是教育与生产劳动和社会实践相结合的重要体现，是培养大学生的创新能力、实践能力和创业精神的重要实践环节。”

高等学校是人才培养的场所。培养人才是社会赋予高等学校的职能，也是其最根本的任务。高等学校的人才培养，就专业培养方面而言，主要包括两个层面：一个是专业理论知识的培养，主要通过完善课堂教学来实现；另一个是实践能力和创新能力的培养，主要通过完善实践教学环节来实现。相对于大学四年的课程学习，毕业论文（设计）阶段是学生实现对所学知识的理解、消化和综合运用的必要过程，是学生深化和提高学习能力、动手能力、实践能力、写作能力等各项能力的重要时机，因此是学生在本科阶段将知识转变为能力的关键环节。这个环节，可以培养学生应用各种工具独立或合作完成任务的能力，以及综合利

用各种资源（包括图书馆、实验室、网络等）的能力。在论文写作的准备过程中，与指导教师的交流、同学之间的讨论、社会现象的调查，在一定程度上也是学生培养和展示主动性和创造性的好机会。而从论文撰写到答辩的过程，对于学生的写作能力、表达沟通能力乃至自信心的培养，都是一个难得的锻炼机会。同时，学生通过毕业论文（设计）的撰写，可以锻炼综合文献资料、评价论点、提炼结论等技能，提升辨析思维能力，可以了解选题的国内外研究现状和发展趋势，掌握各种科学研究的方法和学术论文写作的规范，为今后走上社会继续开展科学研究、撰写高质量的论文奠定良好的基础。

二、毕业论文（设计）是衡量高等学校教学水平的重要依据

毕业论文（设计）的质量，一方面反映了学生在校学习的质量，另一方面也反映了学校的师资水平及教学管理水平。

本科毕业论文（设计）是对大学本科毕业生专业基础知识、基本理论与实践能力的一次全面考核和测验。学生毕业论文（设计）的质量不仅显示出一个学校教学水平的高低，还反映出学校师资力量、综合实力的强弱，关系到学校的社会影响力。如果学生毕业论文（设计）的整体水平高，甚至能够提出一些理论和实践水平较高的观点、方法乃至方案，就说明学校的人才培养规格高、有水平。正因如此，毕业论文（设计）成为衡量本科教学质量评价的主要标准，是判断本科教学水平与人才培养质量的一项重要指标。教育部本科教学工作水平评估，就明确把毕业论文（设计）作为核心评估指标。在教育部制定的普通高等学校本科教学工作水平评估指标体系中，有 7 个一级指标与 19 个二级指标，其中将“毕业论文或毕业设计”设置为一级指标“教学效果”中的一个二级指示，对毕业论文或毕业设计的选题的性质、难度、分量、综合训练等情况，以及论文或设计质量等进行评价。为了保证毕业论文（设计）的质量，在《教育部关于加强普通高等学校毕业设计（论文）工作的通知》中，也特别强调，“各类普通高等学校要进一步强化和完善毕业设计（论文）的规范化要求与管理，围绕选题、指导、中期检查、评阅、答辩等环节，制定明确的规范和标准”；“要根据不同专业学科特点和条件，研究建立有效的毕业设计（论文）质量管理模式和监控制度。要重视研究和解决毕业设计（论文）工作中出现的新情况和新问题，积极采取措施，加大改革和工作力度，建立和完善校内外实习基地，高度重视毕业实习，不断提高毕业设计（论文）的整体水平”；“要重视解决指导教师的数量和水平不适应毕业设计（论文）工作需要的问题。要统筹教师队伍在毕业设计（论文）工作中的指导作用，确保指导教师数量的足额到位。要通过建立制度和奖惩机制，从严治教，明确指导教师的职责，增强责任意识，使其集中精力

完成毕业设计（论文）环节的各项教育教学任务”。

三、毕业论文（设计）是本科学生综合能力的最终体现

毕业论文（设计）是高等学校应届毕业生的总结性的独立作业。经过大学4~5年的学习，学生学习了基础课程和专业课程，完成了实验、实习等实践教学安排。通过撰写毕业论文（设计），可以考查学生是否比较系统地掌握本学科专业必需的基础理论和基本知识，是否掌握本专业必要的基本技能、方法和相关知识，以及是否具有从事本专业实际工作和研究工作的初步能力。

虽然在平时的学习中，学生也要完成许多科目的作业，经过许多科目的考试，但那些都是只针对某一门课程的学习所做的检测。课程考试的成绩，也只能反映学生对知识掌握的程度，特别是对该课程的学习情况，很难从整体上评价学生的综合素质。毕业论文（设计）则不同，它虽然只确定以某一学科内的某一问题或现象为研究对象，但是却需要调动几年所学的知识，形成对问题的分析、研究、判断，从而得出比较新颖的结论，体现学生对学科知识的系统掌握和研究能力的初步形成。因此，毕业论文（设计）能够从更高层次和整体角度检验和评价学生的素质和能力，反映学生的科研能力和学识水平。

同时，毕业论文（设计）写作过程是多种研究方法的运用过程，是学生在发现问题、解决问题过程中将专业知识融会贯通、创新升华的过程。要顺利完成这一工作，研究者需具有良好的学术品质，扎实的专业基础知识，敏锐的问题意识、创新意识和科学的方法论体系。毕业论文（设计）写作对学生综合素质的评价，比阶段性的考试或毕业实习等其他教学环节更加全面、准确。

四、毕业论文（设计）写作是对学生能力的综合训练

高校要求学生撰写毕业论文（设计）的目的不仅是考查学生是否比较系统地掌握本专业必需的基础理论、基本知识，基本技能、方法和相关知识，以及是否具有从事本专业实际工作和研究工作的初步能力，更重要的是通过毕业论文（设计）的撰写，让学生进行一次全面的科学研究实践训练，从而培养和锻炼其今后进行科学研究的能力。

作为未来科研后备军的大学毕业生，其科研能力的培养有两个很重要的方面。首先是信息检索与利用的综合能力的培养。当今世界，科技高度发达，信息瞬息万变，如果不能及时地把握和利用信息，了解更多的相关文献，那么就无法开展具有创新意义的科学研究工作。因此，重视信息的检索与利用，全面地把握相关信息，系统而无误地收集和整理资料，就成为开展科研工作不可缺少的一种能力。而在毕业论文（设计）写作的全过程中，始终贯穿着对文献资源和网络

信息的检索与利用。从开展文献调研，撰写开题报告、文献综述，到完成毕业论文（设计）的一整套训练，对全面提高毕业生信息检索与利用的技能和水平具有重要的意义。

其次是学术论文规范表达能力的培养。一篇优秀的毕业论文或毕业设计，作者不仅需要掌握和运用专业知识，还要具备良好的逻辑思维能力以及文字创作、作图制表等各种表达方式或手段。尤其是论文的写作规范，更是各个学校、专业要求毕业生必须掌握和遵守的。学生在毕业论文（设计）的写作过程中，通过大量的范文学习、阅读研究及自我实践，以及对学术论文和设计在内容及形式上的具体要求和规范的学习，使学术论文规范表达的能力得到具体的实践锻炼，为以后撰写专业学术论文、开展正式的工程设计及科研活动打下良好的基础。

第二章
毕业论文（设计）的选题

第一节　选题的概念和意义

毕业论文（设计）的写作，首先面对并要解决的就是“写什么”的问题。“写什么”，其实质是选题。选题过程，就是明确毕业论文（设计）研究的目标和范围的过程。选题是毕业论文（设计）写作活动的开始，对毕业论文（设计）写作影响重大。如果连选什么问题来展开研究都不确定，就会导致论文（设计）东拉西扯，研究事半功倍。所以，选题直接影响着毕业论文（设计）写作的优劣成败。

一、选题的概念

所谓选题，就是确定毕业论文（设计）所要研究的问题，即选择、确定毕业论文（设计）所研究的对象和科目。

在论述选题问题前，我们首先应当了解三个概念，即课题、论题、题名。毕业论文（设计）的选题与这三者有密切的联系，但又有所区别。

课题，就是指科学研究中所围绕进行并力求获得结果的某一学科专业领域内存在的尚未被人们认识或解决的问题。由于现代科学不断分化，又不断综合，各个学科自身及其相互之间形成了一个个纷繁复杂的大大小小的系统，科学研究的对象也形成一个个复杂的系统，这就使得课题具有多极的性质，形成不同层级的课题系统。因此，在科学研究中，要根据一定的研究目的，把复杂的研究对象分解成若干方面、若干层次的课题，才能进行具体的研究工作。选题就是在课题系统的不同方面、不同层次中确定自己研究的角度和方向。

论题，也称命题或主题，是论文要表达的中心思想或基本观点。论题可以与选题处于同一层次，即选题本身也是一个论题，也可以是选题中的一个需要论证的分支问题。在论文写作中，论题来自作者对课题的研究，是研究成果的集中体现。

题名是作者给论文拟定的题目，习惯上也称标题。题名是学术论文包括学位论文（毕业论文）写作标准中的规范用语。题名有时可能与选题或论题同名。题名有时只表明论文论述的范围、方向、重点，有时仅提示论证的核心内容，如《工程投标策略研究》《产业结构发展变化的因素分析》《论对弱势群体的社会关怀》等。

对于毕业论文（设计）写作来说，选题就是选择论题。

二、选题的意义

（一）选题决定毕业论文（设计）的成败

毕业论文（设计）不同于命题作文。毕业论文（设计）“写什么”，其选题需要学生自己去思考、去发现、去选择。有人说“题好一半文”，把选好论题视为论文成功的一半，可见选题的关键性。毕业论文（设计）选题选得好、选得恰当，写作的方向和目标明确了，就等于完成了毕业论文（设计）写作的一半。接下来的一系列工作，如确定题名、搜集材料、选择论证方法以及组织安排篇章内容等，就能够顺利地进行。

在科学研究领域，凡是有成就的科学家和技术专家，其之所以能够获得卓越成就，首要的因素就在于选题好。如果选题不好，将会导致研究中途夭折或研究成果甚微。物理学家牛顿在力学、数学、光学、热力学和天文学等方面都做出过杰出的贡献，唯有在他选择了神学为课题之后，则 30 年内无所建树。爱因斯坦耗费后半生 30 年的心血，对“统一场论”进行研究，也因时代条件不具备，导致他至死未能得出有物理意义的结果，不得不望题兴叹。由此可见，选题好不好，直接决定着研究的方向和目标，直接关系到科研成果的大小、进展速度的快慢甚至成效的有无。科学家贝尔纳把选题看作“研究战略的起点”。哲学家培根有三句话，很能证明选题的关键性。他说：“如果目标本身没有摆对，就不可能把路跑对。”“跛足而不迷路能赶过虽健步如飞但误入歧途的人。”“如果一个人走错了路的话，那么越是跑得快，就会越加迷失得厉害。”美国哈佛大学的威尔逊教授在其所著《科学研究方法论》一书中也曾说过：“所谓优秀科学家，主要在于选择课题时的明智……”由此可见选择论题相当重要。

一个合适的选题，能调动学生的热情和积极性，从而保证写作的顺利进行。如果选题的范围过大，选题的难度较高，或者与自己的兴趣相去甚远，那么学生往往会因自身知识结构、理论修养的不足难以驾驭该选题，而产生一定的畏难情绪，在研究中无法深入，最终难以完成写作任务。

（二）选题决定毕业论文（设计）的价值

毕业论文（设计）的质量和价值，虽然取决于论文的最后完成情况和客观效用，但选题作为论文写作的第一步，对论文的质量和价值有着十分重要的意义。

毕业论文（设计）的价值，主要体现在理论价值和实用价值两个方面。理论价值就是在理论上有所创新，或者提出了前人从未提出过的理论、观点和方法，或者丰富和完善了原有的理论和技术。实用价值就是在实践活动中有指导意义，对实际工作起到推动作用，产生实际效益。毕业论文（设计）的理论价值和实用价值，与选题有着密切的联系。正如我国著名哲学家张世英所说："能提出像样的问题，不是一件容易的事，却是一件很重要的事。说它不容易，是因为提问题本身就需要研究；一个不研究某一行道的人，不可能提出某一行道的问题。也正因为要经过一个研究过程才能提出一个像样的问题，所以我们也可以说，问题提得像样了，这篇论文的内容和价值也就很有几分了。这就是选题的重要性之所在。"

一个毕业论文（设计）的论题，如果别人早就论证过并圆满解决了，再也无法从另外的角度进行补充扩展，就无法写出新意，即使花了再多的工夫，论文的结构、论证和语言无可挑剔，也没有什么价值可言。一个毕业论文（设计）的论题如果过大过难，即使勉为其难地把论文写完，也是生拉硬扯，或者抄袭了事，势必难以写出高质量的论文。如果论题选得过小，或者过于简单，致使论域狭隘，观点无法很好地展开，最终也会影响论文的质量。只有论题大小适中、难易适度，才能够有效地激发写作者的热情和积极性，活跃写作者的思维，有效地调动写作者的知识储备。这样，即使在研究和写作中遇到各种各样的问题和困难，写作者也能凭着热情和能力一一解决，写出质量好、水平高的论文。

第二节　选题的基本原则

一、专业范围内选题原则

学术研究需要一定的知识基础。在专业范围内选题，就能为研究的顺利进行提供必要的知识基础，而选择与所学专业不相干的课题，就等于在自己一无所知的领域开垦，那样必然事倍功半，得不偿失。

毕业论文（设计）是在专业教师的指导下进行的，是用以评定学生对本门学科的基础理论、专业知识和基本技能掌握的程度的。因此学生必须在专业范围内选题，研究的角度、方法和理论知识最终的落脚点都要与其所学的专业相关。学生通过课题研究将自己在大学中所学到的专业知识理论融会贯通，用理论知识去指导实践、分析实际问题。假若在专业范围外选题，就无法反映学生的专业水平，失去了考查的意义。而从论文考核评审的角度看，毕业论文一般是由专业教师来考核评审的。对于非专业范围内的选题，导师难以进行具体指导，评审教师也难以对论文做出恰当的评价和成绩评定。

二、以小做大原则

毕业论文（设计）写作，选题宜小题大做，而不宜大题小做。著名学者胡适主张从小题目做起。他说："题目越小越好，要在'小题大做'，可以得训练。千万不可做大题目。"语言学家王力也持同样的观点。他在《谈谈写论文》一文里，首先认为"论文的范围不宜太大。范围大了，你一定讲得不深入、不透彻"，接着又强调"应该写小题目，不要搞大题目，小题目反而能写出大文章，大题目倒容易写得肤浅，没有价值"。这些宝贵的经验之谈，值得初学者视为选题的原则。

囿于本科阶段的知识积累程度及学生的论证把握能力，毕业论文（设计）选题要力戒宽泛。因为选题范围宽，涉及面就广，要收集的资料多，难以把握，容易失去控制，流于泛泛而谈，也容易出现漏洞。如《论中国的企业文化》，论题太大，只有 8 000 字左右的论文无法论述深透。当然，论题也不能太小，没有足够的拓展空间，就可能达不到毕业论文（设计）的要求（8 000 字左右），搜集起来的资料也没办法安排到文章中去。

三、难易适中原则

毕业论文（设计）写作在选题时要特别注意权衡论题的难易程度。

有的学生对自己估计太低，选择容易的论题，结果无须花多大精力就轻松地完成了。这不仅未能充分发挥出自己的水平和潜力，还错过了应有的锻炼机会。有的学生则怕困难，专门挑容易的论题，敷衍成文。无论出自何因，凡是选容易的论题写作，都不会有什么收获和意义。

而有的学生或由于盲目，或好高骛远等，选了力所不能及的论题，以至花了很大精力仍然一筹莫展，最后只能重新选题，结果耽误了时间，甚至无法按时完成论文。

毕业论文（设计）作为对学生 4 年学习结果的考查，除了论文本身的质量和水平有一定要求外，还要有一定的工作量。因此选题最好是在力所能及的范围内给自己提出较高的要求，既是自己努力后可以达到的，又必须是经过一番努力、奋力拼搏之后才能达到的，也就是适中。有人曾用“篮球筐的高度”来类比论题的难易程度。如果篮球筐的位置设计得太低，人人都能轻而易举地投中，就失去了篮球运动的意义；如果把篮球筐的位置设计得过高，无论怎样的高手怎样努力也不可能投中，那也不行。论文的难易适中程度，正如篮球筐设定的高度，既让一般人不易个个投中，又让人经过努力有可能成功。

同时，难易是因人而异的。同一个论题，对某人来说不难，而对另一人来说却可能很难。把握论题的难易程度，关键是依据个人的主客观条件，在选题时尽量扬长避短，选择符合自己实际能力的难易适中的论题。

论题选择的主观条件，包括个人的知识结构、研究能力、写作水平，以及对选题的理解程度。如果理论基础比较好，又有较强的分析概括能力，那么就可以选择难度较大、内容较复杂的论题，否则就选择难度小一些的论题，以便集中力量抓住重点，把问题论述得深透。

论题选择的客观条件，包括文献、资料、设备、仪器、时间、经费、导师等。其中，资料是构成论文的重要因素，是形成和表现观点的基础。如果资料缺乏或不足，论文的写作就难以进行。因此，选题时应考虑资料是否容易获取。例如，涉及国家宏观方面的一些统计数据是不公开的；如果采用访问法进行调查，获取资料，能否抽取到足够的样本量、调查对象是否积极配合等都是必须考虑的问题。毕业论文（设计）写作还有严格的时间限制，在选题时必须考虑完成论文的时间。通常情况下，毕业论文（设计）的写作时间为 3 ~4 个月。只有选择合适的论题，才能确保在规定的时间内完成写作。

四、兼顾兴趣原则

这里所说的兴趣，是指对某一论题有一定的认识，并对之产生了研究的欲望。

兴趣是最好的老师。一个人对某一论题有研究兴趣，就有了艰苦探索的原动力，就会满腔热情地从事研究。巴甫洛夫说：“科学是需要人的高度紧张性和很大的热情的。”科学研究是一项高智力活动。每个人都有智力发挥的弹性限度。一个人如果对某项研究有强烈的兴趣，就可发挥其80% ~90% 的能力。所以兴趣引起热情，热情产生成果。兴趣越深厚，研究的欲望就越强烈，内在的动力和写作情绪越高，成功的可能性也就越大。

研究兴趣可产生于选题前、选题中或选题后。如果某人在选题前就已经对某个论题产生兴趣，就说明他对论题已有一定的认识，并产生研究的欲望，应该在此基础上深入研究下去。如果某人在选题过程中，经过涉猎有关学科的研究信息，开始对某个方向有点兴趣了，也可以作为选题考虑的因素。如果对选定的论题还没有产生兴趣，也不要紧，可以在深入研究之后逐步找寻兴趣。而假如越研究越没兴趣，就应该引起注意，冷静地从主客观方面查找无法产生兴趣的原因，并考虑是否更换论题。

值得一提的是，兼顾兴趣原则不等于只顾兴趣。毕业论文（设计）已经规定必须在专业范围内选题，因此这里所说的兼顾兴趣选题，是指学生在专业范围内，在自身最感兴趣，或者说在4年的学习中最喜欢、最熟悉、最有体会的科目中选题。

五、力求创新原则

虽然我国相关的高等教育教学文件对本科毕业论文（设计）在创新性上没有提出太高的要求，但一篇优秀的毕业论文（设计）必然要具有一定的创新性。事实上，在许多高校的毕业论文（设计）评定标准中也是这样要求的。因此，毕业论文（设计）的选题，应在力所能及的前提下，力求在不同程度的“新”字上做不懈的努力：以新的材料论证旧的课题，从而提出新的观点、新的看法；或者以新的研究方法、新的研究视角重做已有的课题，处理旧有的材料，从而得出全部或部分的新观点；或者以新的材料、新的角度去证明已有的观点，从而赋予论文新的内容；或者以已有的材料、观点，用新的方法去证明，从而使已有的观点得以补充，有新的理解；或者对已有的观点、材料、研究方法提出质疑，虽没有提出新的看法，但能启发人们思考；或者为证明已有的观点，提供了较多的新材料，并能提出一些可供进一步研究的问题。即使做不到任何创新，也应尽可能不选择别人早已做过许多成功研究的论题。而如果选了别人已选过的论题，则要做到不抄袭别人、不作现成资料的简单拼凑之文，尽可能用自己思考或新发现的材料组织一篇新的文章，只有这样，才能得到应有的锻炼和提高。

第三节　选题的途径

要做好毕业论文（设计）的选题，只了解选题原则是不够的，还需要掌握一些选题的具体方法。选题的途径有很多，下面简单地介绍其中的几种。

一、先扫描后定题

选题之前，要先在自己熟悉的或有兴趣的某个范围里较广泛地阅读有关的研究论文和动态资料，了解该学科专业或研究方向、研究课题的历史与现状，看看别人已经研究了什么问题，想想还有什么问题值得研究。这样边看边想，能放开思路，开阔视野，触发选题的灵感。张世英在《谈谈哲学史的研究和论文写作》

一文里提到：“选题过程中，当然要大量翻阅资料，东翻翻西翻翻，左想想右想想，题目的中心内容也就酝酿得差不多了。”[①] 通过读书了解信息，思索选题，这是培养独立科研能力的好途径。选题本身就是科研和论文写作应具备的能力之一。王力也主张通过读书来培养选题能力。他说：“对于高校学生来说，提出问题就是解决问题的头一步。你连问题都提不出来，怎么谈得上解决呢？首先要注意到，还有哪些问题没有解决。……我们要善于发现问题，提出问题。有些人念了很多书，什么问题也没有，那就不好了，等于白念了。”[②] 著名的方法论研究者贝弗里奇在《科学研究的艺术》一书中指出：“一个人假如他在学习过程中不曾注意到知识的空白或不一致的地方，或者没有形成自己的想法，那么作为一个研究工作者他是前途不大的。”

先扫描后定题的具体做法，可按以下步骤进行：

（1）广泛地浏览资料。在浏览中要注意做好笔录，随时记下资料的纲目，对自己影响最深刻的观点、论据、论证方法等，以及阅读资料时脑海中涌现的点滴体会。

（2）将阅读中所得到的方方面面的内容进行分类、排列、组合，从中寻找问题、发现问题。材料可按纲目分类，如系统介绍有关问题研究发展概况的资料、某一个问题研究情况的资料、同一问题的几种不同观点的资料、某一问题研究的最新资料和成果等。

（3）将自己在研究中的体会与资料分别加以比较，找出哪些体会在资料中没有或部分没有；哪些体会虽然资料中已有，但自己对此有不同看法；哪些体会和资料基本一致；哪些体会是在资料基础上的深化和发挥等。经过几番深思熟虑的思考过程，就容易萌生自己的想法，把这种想法及时捕捉住，再进一步思考，选题的目标就会渐渐明朗起来。

二、开题指导下定题

高校在学生开始毕业论文（设计）写作之前，一般都会进行开题指导。有的院系开设开题讲座，有的院系编写选题指南，把本专业可以开展学术研究的问题罗列出来，启发学生选题的思路。没有听开题讲座或拿不到选题指南的学生，可以主动设法请教导师，争取在导师的指导下确定选题。指导教师一般都有中级以上职称，有一定科研实践水平，视野开阔，知识面广泛，他们的意见对学生来

① 王力，朱光潜，等．怎样写学术论文［M］．北京：北京大学出版社，1981：55.

② 王力．谈谈写论文［M］//王力，朱光潜，等．怎样写学术论文．北京：北京大学出版社，1981：1

说有重要的参考作用。学生在选题中认真听取教师的指导意见，可以少走弯路。

下面是某学院物流管理、计算机和电子信息工程专业 2018 届毕业生部分毕业论文选题。

1. 大学校园废弃物回收系统的构建
2. “一带一路”新时期下的节能型绿色回收物流研究
3. 供给侧结构性改革背景下中小物流企业的应对之策
4. 浅析快递包装回收状况及解决方案
5. 港珠澳大桥的建设对珠三角地区物流的影响分析
6. 广东生鲜农产品冷链物流的发展现状及研究
7. 条码技术在物流中的应用研究
8. 大学校园快递现状分析及解决办法
9. 广州市城区物流配送车辆选择的研究
10. 电商物流背景下“最后一公里”配送模式优化研究
11. 基于作业成本法的第三方物流企业成本控制的研究
12. 珠三角高校物流终端配送问题探析
13. 供应链管理在新型农产品直营店中的应用和发展
14. 基于物联网技术的农产品物流跟踪及追溯路径研究
15. 猪肉冷链物流的发展现状及安全性研究——以广州市为例
16. 广东省梅州市果蔬冷链物流发展现状与对策
17. 湛江水产品冷链物流现状及发展对策研究
18. 绿色供应链下快递包装回收物流模式研究
19. 电商环境下供应链中“牛鞭效应”产生的原因及对策
20. 粤港澳大湾区冷链物流标准化体系构建研究
21. 冷链物流“最后一公里”不断链对生鲜产品保质的配送研究
22. 电商背景下提升民营中小快递企业服务质量研究
23. 基于作业成本法的校园快递成本问题研究——以广州工商学院为例
24. 校园“菜鸟驿站”发展路径探索
25. 物流企业应用第三方支付平台的设想
26. 京东商城物流配送体系存在的主要问题及对策
27. 基于绿色理念的供应链管理模式研究
28. 物联网停车系统智能终端开发
29. Mg_2SnO_4 可逆光致变色材料的制备及性能研究
30. LED 显示模块生产工艺的研究
31. 基于单片机控制的无线电子密码锁的设计

32. 人体感应和光控 LED 智能照明系统设计
33. 基于 STC 的红外遥控电子显示屏的设计
34. 基于单片机的电子密码锁设计
35. 基于 Arduino 的智能家居控制系统设计
36. 智能指纹锁的设计
37. 驻波与克拉尼图形的研究
38. 新媒体环境下三维虚拟交互技术应用
39.《一个小角色》微电影制作
40. 3D 场景建模在客户端游戏

采用开题指导下定题的方式时，应注意克服完全依赖思想。完全依赖，甚至寄望于教师包办选题是绝对不行的。须知，毕业论文（设计）写作是学生写作、教师指导的过程，教师不能越俎代庖。选题是写作的基础，决定了整个写作的基调，需要学生把握全局，详尽思考。选题阶段多一些思考，可对论文写作过程有全局性把握，按计划、有步骤地写作。因此，听了开题讲座或看了选题指南之后，还需依照指导去翻阅有关的信息资料，经过自己一番思索之后才确定论题。

此外，供选择的论文参考题名，一般都只是拟定了选题的范围，或只是指明一定的研究方向，其目的只是为了启发选题者的思路，提供一个选择的目标。因此，选用时应根据客观具体条件，对论题做进一步的限定或变动。

三、从社会实践中定题

大学生社会实践是高校人才培养的重要课程和实践育人的重要环节。各所高校都有许多做法和措施加强学生动手能力、实践技能和创新意识的培养。如组织学生到基层、农村做社会调查，有的学科出于专业需要，给学生布置了专门的实习任务。此外，很多学生利用课余时间参与的勤工助学活动，也是一种社会实践活动。在各类社会实践活动中，只要注意观察周围的事物，做有心人，就可能发现值得研究和需要解决的问题，找到“真题真做”的选题。

一般而言，毕业论文（设计）的论题定下之后，常常会出现有的学生要到下一个学期才参与实习或实践的情况，有的学生则是在毕业前就已就业。这些学生受到实际工作中的启示，或者在实习实践中有新的发现或感悟，觉得重新选题更有意义，这时可以对原来的论题做出更改，但是先要主动与指导教师取得联系，经指导教师同意后再做改动。一般情况下，指导教师都会同意，以便让学生写出更好的毕业论文（设计）。

在社会实践中定题，结合社会实际深入研究，针对社会发展和生产实践中存在的问题提出自己的见解和解决的对策，这样的毕业论文（设计）更具有实用价值，也更能展现学生运用所学的专业理论和知识分析问题和解决问题的能力，值得鼓励和提倡。

第四节　开题报告

一、什么是开题报告

开题报告是指论文作者确定研究论题后，向指导教师提交的说明论题意义、写作步骤、时间安排和总体构思等的书面报告。学位论文开题的主要目的是审定论题是否适当、新颖，以及是否具有学术研究价值等。同时，教师通过开题报告会形式对学生选题提出建设性的意见。

开题报告会是对毕业论文（设计）质量进行管理和监控的一个重要环节。凡申请学位论文，必须递交论文开题报告，并召开论文开题报告会。经审议通过并有论文指导教师签署“同意”意见的开题报告，须交相关的职能管理部门存档。开题报告通过后才能进入论文撰写阶段。经开题报告会审定的论题，原则上不能变更。确实需要变更论题的，需重新进行论文开题报告审定。这体现了学位论文写作与审查的严肃性和学术性。

二、论文开题的意义

论文开题的意义主要有以下几个方面。

（一）促使论文作者选定论题，做好论文写作的前期准备

学位论文写作的选题重要，但难度大。一旦确定了开题日期，论文作者就必须抓紧时间思考论文选题，主动与论文指导教师联系，迅速进入研究状态。在填写论文开题报告的过程中，论文作者逐步明确选题的目的，估量选题的学术价值，谋划如何开展研究、建构论文提纲，等等。论文开题报告交给指导教师后，一般要经过反复修改，从而促进研究逐步深入。开题报告的水平，直接体现了论文写作前期准备的充足程度。开题报告会结束后，论题就敲定了，这就避免了因选题阶段犹豫不决而延误时间。

（二）促进导师对论文选题审定与指导

建立论文开题制度，对提高论文质量具有实际意义。通常，在论文作者填写开题报告的过程中，指导教师会做出具体指导与建议，帮助学生填写好开题报

告，然后举行开题报告会。开题报告会上，由 3 ~5 位教师组成开题指导小组，听取每一个学生的开题陈述，并给予具体的建议和指导。开题报告会是实施论文选题与写作的集体指导，学生通过开题报告将会得到启发。

三、开题报告的填写

目前，根据实践的探索和经验的积累，各高校已形成固定的论文开题报告表格，并要求学生按表格填写。虽然各高校各专业的开题报告表格并非完全一样，但基本内容大体相同，一般包括论文（设计）题名，选题的目的、意义，课题的国内外研究状况和文献综述，论文的基本内容、结构框架及要突破的难点，研究方法、手段和步骤，参考文献，等等。

（一）论文（设计）题名

论文（设计）题名，即论文（设计）的题目。在开题报告表格中填写的题名，可以与提交论文（设计）时的题名一致，也可以有所不同。

开题报告中所填写的论文（设计）题名，主要体现的是选题的目标与范围，即让人知道该论文（设计）将研究什么。例如《基于作业成本法的第三方物流企业成本控制的研究》，这个题名让人一目了然，清晰地表明该论文研究的内容是第三方物流企业成本控制，研究的方法是基于作业成本法。这个论文题名就是一个好题名。又如《阳江市新型农村合作医疗实施情况的调查与思考》，这个题名既明确表明了研究的对象是“农村合作医疗实施情况”，又明确了研究的范围是“阳江市”。

一般来说，论题通过开题报告后就算确定下来了。接下来学生按照开题报告所填写的论文（设计）题名开展研究，撰写论文。论文答辩时，教师也会参照开题报告评定论文是否按既定题名完成、完成得怎样，等等。

填写论文（设计）题名，要求明确、规范、简洁。所谓明确，就是论文（设计）题名要把论文研究的问题是什么、研究的对象是什么交代清楚。论文（设计）题名要和研究的内容相一致，不能太大，也不能太小，要准确地把研究的对象、问题概括出来。

所谓规范，就是论文（设计）题名所用的词语、句型要符合修辞、语法、逻辑的规则，以及有关标准的规定。根据《学位论文编写规则》（GB/T 7713.1—2006）的规定，论文（设计）题名“通常由名词性短语构成，应尽量避免使用不常用缩略词、首字母缩写字、字符、代号和公式等”。

所谓简洁，就是论文（设计）题名要简明扼要，不要有冗余重复的词语，也不能太长，一般不要超过 25 个字。

（二）论文选题的目的和意义

这一项主要填写两方面的内容：一是为什么要研究这个课题；二是论文课题有什么研究价值。

对于“为什么要研究这个课题”，一般可以先从现实需要即选题背景方面去论述，指出现实中或者学术上存在课题所提出的问题，需要去研究、去解决，本研究对解决这个问题有什么实际作用。

对于“论文课题有什么研究价值”，可以从理论价值方面去论述，也可以从应用价值方面去论述。如果既有理论价值又有应用价值，那就两方面都填写。假如仅有“理论”或“应用”某一方面的价值，也可以只填写某一个方面。

填写这项内容，可以用文段的形式概述，也可以采用分条列写的方式，一目了然。

填写这项内容，意在促使论文作者认真思考论文课题的研究价值。选题时要有“问题”意识，在选题过程中应该不断地问自己：为什么要选这个课题？这个课题想解决学术上的什么问题？解决这个问题有什么价值？论文指导教师对这一项内容的填写要求十分严格，开题报告对这一项的审议也会特别重视。

（三）论文课题的国内外研究状况和文献综述

这一项主要填写两方面的内容：一是关于论文课题的国内与国外的研究情况；二是关于论文课题的研究资料情况。关于“论文课题的国内与国外的研究情况”，要求用概述的写法，就是只需要做概括性的简要陈述，不要具体展开。关于“论文课题的研究资料情况”，要求用综述的写法，就是对同类的多篇论文专著做综合性的概述。

填写这项内容，意在促使论文作者了解该论文课题已有的研究，以便在前人研究的基础上“接着说”，避免“重复说”。要填好此项内容，论文作者除了要具备较高的概述能力和综述能力之外，最关键的是必须对该论文课题的研究现状有一定的了解，并已掌握了一定量的资料。而选题必须建立在论文课题的概况和资料有一定了解的基础上，因此论文指导教师对这一项内容的填写要求十分严格。

（四）研究的基本内容、结构框架及要突破的难点

这一项主要填写两方面的内容：一是论文的基本内容或结构框架；二是论文要突破的难点。

由于选题阶段仅仅是论文写作的初始阶段，论文选题经审议通过后才正式开始展开研究，因此这里所填的“论文内容”仅仅是“基本”的，而“结构框架”

也只是一个大体的考虑，一般只写到二级提纲就可以了。

填写“论文要突破的难点”，意在促使论文作者在谋划论文的基本内容或结构时，思考自己的水平、时间、实验条件、资料来源等现有的科研条件能否突破难点，按时完成选题，避免半途而废，导致论文写作夭折。

开题小组的导师会对开展研究的途径和论文展开的思路等提出建设性的指导意见。

（五）论文的研究方法、手段及步骤

这一项主要填写两方面的内容：一是论文研究的方法；二是论文写作的进度及时间安排。

研究方法是指选择和确定本论文研究的工具和手段，包括收集资料和分析处理资料的方法。说明研究方法时，首先要明确论文研究类型，然后根据研究类型明确研究设计的内容，把那些可能影响研究有效性的因素交代清楚。例如，如果采用的是实验研究，就要把实验的材料或对象、实验的方法、实验步骤的安排等写清楚；如果采用的是调查研究，就要重点说明研究对象的设计（如调查的对象是谁、样本量如何确定）和工具的设计（如问卷），以及可能存在的问题和弥补措施等。具体的研究方法有观察法、调查法、实验法、经验总结法、个案研究法、实证研究法、比较研究法、文献资料法等，研究时可根据自己的实际需要进行选择。

填写“论文写作的进度及时间交排”，意在加强论文写作的计划性，合理安排时间，确保按时完成论文写作。

（六）参考文献

这一项要求按国家标准《信息与文献　参考文献著录规则》（GB/T 7714—2015）的规定填写。有的学校规定论文主要参考文献不得少于 15 条。这一要求有它的合理性，因为参考文献著录少于 15 条说明选题的前期准备不足。

（七）开题报告情况与结论

这一项主要填写两方面的内容：一是开题报告情况；二是开题报告会对选题审议的结论。

开题报告情况包括开题小组的导师姓名、职称，开题时间，开题地点，以及导师提出的意见。这些内容由论文作者在开题报告会上做同步记录。

要求填写的“结论”，包括开题小组是否通过了该选题，提出了那些修改意见和建议，由论文作者在会上做原始记录，会后做综合梳理，分条列出。

填写“开题报告情况”，意在有需要时备查。填写“结论”，意在促进论文作者反刍消化导师的意见，以便进一步修改开题报告。

开题报告一般不直接影响论文评分，所以没必要隐瞒导师的批评建议。

开题报告的前6项内容由论文作者在开题报告会前填写，经导师同意后，提前交到开题小组的各位专家手中，以便专家有足够的时间审阅你的报告，准备意见。开题报告会结束后，应及时修改开题报告，并填写第7项。然后将开题报告交给论文指导教师填写“指导教师意见”，最后交主管部门填写“指导组意见”。

开题报告需提交一式四份，一份交给学校学位办公室，一份交给指导组，一份交给论文指导教师，一份由论文作者自己保管。

开题报告需在论文答辩后，与通过答辩的论文装订在一起提交学位办审定并存档。

四、论文开题报告会

（一）论文开题报告会的流程

论文开题报告会的流程，一般是先由学生陈述10分钟，然后由指导教师对论题提出看法与意见。每个学生的开题报告时间约为30分钟。

（二）论文开题报告陈述的基本内容

由于开题报告已提前交给开题小组的每一位导师，因此论文作者切忌持开题报告表读一遍。一般来说，论文作者应脱稿直接与导师交流，清晰明了地陈述以下内容：

（1）选什么题，研究什么？

（2）为什么选这个论题？想解决什么学术问题？

（3）选题的意义和价值是什么？

（4）初步打算怎样研究，研究的内容有哪些？

（5）预计有什么困难？

（三）论文作者参加开题报告会的心态

为了更好地听到导师的指导意见，论文作者在开题前要做好充分准备，认真填写开题报告，并提前将开题报告交给导师，以便导师有充足的时间思考建设性意见。开题报告会上，要虚心听取导师的意见，不要辩解。开题并不影响论文评价，不必计较导师意见的多少，也无须紧张。即使这次开题未能通过，还可以第二次开题。

开题报告会后，要及时反思并梳理导师的意见，形成开题结论，并用以修改开题报告。

附件

××师范大学本科毕业论文（设计）开题报告

<table>
<tr><td>学院</td><td colspan="2">经管学院</td><td>专业</td><td colspan="2">电子商务市场营销</td></tr>
<tr><td>学生姓名</td><td>×××</td><td>学号</td><td>××</td><td>指导教师</td><td>×××</td></tr>
<tr><td>题目</td><td colspan="5">旅行社服务质量管理的基本模式及应用——以广之旅为例</td></tr>
</table>

本题目的意义及国内外研究状况：

（一）本题目的意义

旅游产品属于服务性产品，旅行社旅游产品的特性使得旅行社服务质量管理存在着很大的不可控性。如果能针对旅游产品的特性，根据旅行社的管理现状制定一套严谨的质量管理体系，便可把旅游服务质量控制在一定范围内，使游客满意，为旅行社带来长远利润。通过对广之旅国际旅行社服务质量管理实践进行分析，对我国旅行社服务质量管理方面存在的问题提出有现实意义的解决策略，同时为旅行社进行有效决策、绩效监控、合理资源配置及改善服务质量提供有价值的信息。

（二）国内外研究状况

1. 西方服务管理理论

服务管理理论是伴随着西方管理学界对服务特征和服务管理的认识、理解而逐步形成和发展起来的，经历了一个从早期概念的争论到如今对一些具体问题进行深入细致的研究的过程。

（1）初步研究时期（20世纪60—80年代）。

美国市场营销学会（AMA）的Johnson（1960）提出产品和服务不同后，营销学者开始致力于服务同有形产品的比较以及服务特征的识别和界定，其中贝特森（Bateson）、肖斯塔克（Shostack）、贝瑞（Berry）等人（1968）归纳出服务的四大特征：无形性、同时性、差异性、易逝性。Levit（1972）提出了服务工业化观点。

这一时期研究主要集中于以制造业为主的管理模式及基础的服务业，学者们关注的是服务业的某些生产运作环节与制造业生产的相似和区别之处，而没有从根本上意识到服务业与制造业在管理方法上的差异。

（2）广泛研究时期（20世纪80—90年代初）。

研究者们提出一些概念模型以更好地理解服务的特征，主要是从服务的特征入手，展开了一系列的专题探讨，其中服务质量、服务接触与服务设计成为研究主题。特别是对服务质量的要素进行的研究，如顾客感知服务质量度量要素的选择，帕拉休拉曼（A. Parasuraman）、赞瑟姆（Valarie A Zeithamal）和贝利（Leonard Berry）（1985）提出了服务质量"差异模型"，并开始注重对感知服务质量的评价研究，提出了SERVQUAL评价方法。PZB（1991）提出"恰当服务"和"理想服务"概念。同时，大量文献围绕服务提供者与顾客之间的互动问题进行论述，比如顾客如何评价服务接触、服务人员和顾客在服务传递过程中的参与作用等。现在服务设计的大部分研究成果仍然是以萧斯塔克（Shostack）旅行社服务质量控制系统建立研究的服务蓝图为主。

续上表

(3) 深入研究时期 (20 世纪 90 年代至今)。

这一时期的研究呈现出明显的深入性、系统性和整合性。例如，李亚德尔 (Veronica Liljander) 于 1995 年出版的专著《顾客感知服务质量研究中的比较标准》和斯特拉迪维克于 1998 年推出的《顾客感知服务质量"容忍区域"》都采用了全新的研究方法，提出了关系模型 (relationship model)，对服务业中的具体问题进行了探索，开始寻找内部因素 (服务质量、员工满意度、内部服务质量) 与外部产出 (盈利、顾客满意度、顾客忠诚) 之间的联系，从顾客角度审视企业长期的获利能力。一些研究者运用 SERVQUAL 量表进行了大量的应用研究，并针对旅行社服务质量控制系统建立研究不同的行业和企业，对该表进行了修订，还有一些研究者探讨了文化对服务质量的影响。后来，服务修复成为研究热点，其研究大多集中在服务修复与顾客满意的关系、服务修复过程和措施以及对服务修复的评价。

2. 国内服务管理的研究

国内关于服务管理的学术起步较晚，且大多数是对国外服务管理理论的引进和学习。在国内服务管理相关文献中，服务质量依旧是研究的核心，大量学者从不同的角度、不同行业探讨了服务质量的要素体系。例如，徐金灿 (2002) 在对大型商场研究的基础上，提出了该行业的服务质量主要有保证、有形、售后服务、方便和可靠因素；朱流、汪纯孝等人 (1999) 则从企业管理人员的角度将服务质量划分为技术、感情、关系和环境质量；王永贵和韩经纶 (2000) 进而指出不同服务企业的质量要素是不同的。关于服务质量的评价方法、差距理论和 SERVQUAL 量表也在国内得到了广泛的应用。不少研究还探讨了服务质量与顾客满意度的关系，不同服务部门的服务质量对宾客的总体满意度的影响是不一样的；韦福祥 (2001) 对报业和酒店业进行了抽样调查和分析，指出顾客感知服务质量对顾客满意和重复购买意向具有决定性作用，而它与顾客保留的相关程度却很低。此外，其他关于服务质量的研究也不少，如范秀成 (1999) 从服务交互过程入手，分析了交互质量的含义和改善交互质量的途径；汪孝纯等人 (2003) 对服务质量、消费价值、顾客满意这三个因素与顾客行为意向的关系做了实证研究；韦福祥 (2004) 对 SERVQUAL 评价方法的跨文化适用性进行了研究；关晓光、姚辉等 (2003) 提出用质量利润法 (ROQ) 改进服务质量，并运用财务指标衡量服务质量改进的效果。旅游业对于旅行社企业服务质量的研究从 20 世纪 90 年代开始，但我国对于旅行社服务质量评估的研究是在近几年才开始关注的。其中，卢丽宁 (2005) 构建了一套旅游者评价旅行社服务质量的指标体系，并通过保证性、可靠性、可感知性、反应性、移情胜五个服务属性对旅游者的满意程度进行评价分析。周瑞琪 (2007) 以 Parasuraman 等三位学者提出的服务质量模式和 SERVQUAL 量表为基础，对广东四大旅行社的服务质量进行了问卷调查，并根据结果指出了旅行社改进和提升服务质量的方向。

3. 服务质量理论的研究

学术界对于服务质量的探讨始于 20 世纪 80 年代，其理论框架源自 70 年代旅行社服务质量控制系统建立研究对顾客满意的研究。Zeithmal (1981) 认为所谓服务质量是一种被察

续上表

觉、体验的品质，或是顾客对一实体所有付出和所得的判断，被感知的服务质量是一种评价或整体的判断。这一观点阐述了服务质量在本质上是顾客的一种体验与判断，解释了服务质量是什么的问题。20 世纪 80 年代初，芬兰学者格罗鲁斯（Gronroos）于 1980 年在瑞士杂志上发表的一篇关于服务质量的文章，将质量初次引入了服务领域，标志着服务质量研究的开始。他认为顾客感知服务质量是顾客对服务期望与感知服务绩效之间的差异比较。感知服务绩效大于服务期望，则顾客感知服务质量是良好的，反之亦然。同时，顾客感知服务质量包括两个基本方面，即技术质量（又称为结果质量）和功能质量（又称为过程质量）。技术质量是服务的结果，也就是顾客在服务过程结束后得到了什么。功能质量则指的是企业如何提供服务以及顾客是如何得到服务的，涉及服务人员的仪表仪态、服务态度、服务方法、服务程序、服务行为方式等，相比之下更具有无形的特点，因此难以做出客观的评价。在功能质量评价中，顾客的主观感受占据主导地位。期望是顾客感知服务质量的重要组成部分。经过后人的总结补充，归纳出影响顾客期望的五个主要因素如下： （1）经验：顾客过去的经验以及与现在所提供服务相关的服务经历。 （2）个人的需要：由于顾客特定的身体、心理、社会特征而产生的个人要求。 （3）口头传播：由于其他群体而不是公司所作的关于服务将会像什么样的陈述。这些陈述既可能来自个人（例如亲戚、朋友等），也可能来自专家（例如消费报告、专家推荐等）。 （4）服务承诺：包括明确的服务承诺和暗示的服务承诺两种。明确的服务承诺指企业对提供给顾客的服务所做的陈述（例如广告、人员推销等）。暗示的服务承诺是指与服务有关的暗示，而不是明确的许诺（例如价格、与服务相联系的有形物等）。 （5）竞争状况：指所提供的同类服务产品的市场上竞争者数目的多少以及竞争的激烈程度。Lewis 和 Booms（1983）认为服务质量是由传送的服务质量符合顾客期望的程度来衡量的。PZB 认为所谓的服务质量是对服务的一种长期体验，他们认为服务质量的产生是由消费者本身对服务的预期以及实际感受到的服务成果知觉二者的比较。1988 年，他们又对服务质量的概念进行补充，认为服务质量是在传递过程以及服务提供者和消费者互动过程中产生的服务优劣程度。同年他们指出服务质量是由消费者定义，而非由管理者定义的。
研究内容： 通过对旅行社服务质量管理的理论研究以及广之旅服务质量管理系统的实证分析，总结广之旅的成功管理经验，发现旅行社质量管理存在的问题，提出解决对策建议。 **（一）论文框架结构** 中文摘要 Abstract 1　文献综述与概念界定 1.1　服务管理文献综述 1.1.1　西方服务管理理论的研究 1.1.2　国内服务管理的研究 1.1.3　服务质量理论的研究

续上表

1.2　相关概念的界定 1.2.1　旅行社的概念 1.2.2　旅行社产品的概念 1.2.3　旅游产品的特点 1.3　旅行社服务质量 1.3.1　旅行社服务质量的概念 1.3.2　旅行社服务质量的特征 1.3.3　旅行社服务质量的影响因素 1.3.4　旅行社服务质量的衡量标准 2　本文研究的思路与重点 3　我国旅行社服务质量管理现状 3.1　我国旅行社服务质量管理现状 3.2　我国旅行社存在的各种服务质量问题 3.3　我国旅行社服务质量管理主要模式 3.3.1　我国旅行社服务质量管理主要模式简介 3.3.2　两种模式的比较 4　广之旅国际旅行社服务质量管理 4.1　广之旅国际旅行社简介 4.2　广之旅旅游质量管理现状 4.3　广之旅服务质量管理系统分析 5　结论 6　参考文献 7　致谢 **（二）主要难点** 1. 到目前为止，我国旅游业质量管理还处在转型期，相关管理法律法规还不健全，我国旅游业市场的秩序不够规范，旅行社对于质量的管理还处在探索阶段，对于质量的管理还没有足够的重视，各省市的旅行社服务质量管理良莠不齐，管理系统不够成熟。对于旅行社质量管理问题的理论研究和实证研究不充分。 2. 对于此问题的研究，我国与外国存在较大的差距，且我国旅游业发展的特殊性，加大了理论收集的难度。 **（三）可能的创新点** 1. 通过对广之旅旅行社服务质量管理的实践研究，为旅行社企业进行有效决策、绩效监控、合理资源配置及改善服务质量提供有价值的信息。 2. 分析广之旅服务质量管理应用现状及问题，发现旅游质量测量、监督的新趋势。

续上表

研究方法、手段及步骤：
（一）研究方法、手段 1. 理论研究：综合分析相关研究理论。 2. 实证分析：广之旅全面质量管理。 第一、二、三部分是整个研究的基础，主要是以综合分析相关理论研究为出发点，提出旅游质量控制的特殊性，探讨旅行社质量管理的重要性，从而讨论质量管理对于旅行社管理的影响。第四、五、六部分是整个研究的主体，通过理论分析和实证研究来论证影响质量管理的因素、分析实际质量管理存在的问题及解决对策。第七部分是在实证分析后，给出结论与建议措施。 **（二）步骤（进度安排）** 1. 构思阶段。调查本研究方向在目前国内外的研究现状，分析其难度和可行性，确定文章的大体框架与结构。（2008 年 11—12 月初） 2. 收集和阅读相关文献。吸取已有的研究成果并准备在其上做更深一步的研究。（2008 年 12 月中） 3. 收集实证例子及问卷数据整理，并得出数据分析结论。（2009 年 1 月） 4. 论文撰写阶段。完成论文的理论部分研究，给出验证结果，得出论文初稿。（2009 年 3 月初） 5. 修改阶段。对论文中出现的问题做出修改。（2009 年 3 月中—4 月初） 6. 最后定稿。（2009 年 4 月 10 日）
参考文献： [1] 李健明．旅行社服务质量管理新论［M］．北京：中国科学技术出版社，2007. [2] 李天元．旅游学［M］．2 版．北京：高等教育出版社，2006. [3] 戴斌，杜江．旅行社管理［M］．2 版．北京：高等教育出版社，2006. [4] 常红生．受控状态下的旅行社质量管理［J］．江汉大学学报（社会科学版），2008(3). [5] 吴英鹰．论新形势下旅行社全方位服务质量管理的构建［J］．河北职业技术学院学报，2008（1）. [6] 周国忠．旅行社服务功能质量管理探讨［J］．商业经济与管理，2003（2）. [7] 汪传才．旅行社质量保证金制度的重构［J］．旅游学刊，2006（3）. [8] 林松．旅游质量监督制度的改造［J］．旅游科学，2006（5）：68－72. [9] 刘劲柳．合同是提高旅游服务质量的基本保障［J］．旅游学刊，2005（2）. [10] 张俐俐．重视投诉处理是提高服务质量的有效途径［J］．旅游学刊，2005（2）. [11] 邬敬民．叫我如何不宰你［M］．石家庄：花山文艺出版社，2006. [12] 曾文标．加强全程服务质量管理，提高顾客忠诚度［J］．经济师，2006（1）. [13] 旅游产品质量管理特质及策略［N］．中国经济时报，2006－04－05.

续上表

<table>
<tr><td>［14］弓建军．建立诚信经营机制，完善质量管理体系，全面提升旅行社的管理水平和服务质量［J］．陕西旅游，2006（4）．
［15］伍爱．质量管理学［M］．广州：暨南大学出版社，1996．
［16］广之旅．公司简介．http://www.cnto.com/．
［17］旅游局旅游质量监督管理所．2008 年全国旅游投诉情况通报［Z/OL］．http://www.cnta.com/html/2009－2/2009－2－19－9－11－02769.html．
［18］殷晓晶．旅行社服务质量控制系统建立研究［D］．浙江：浙江工商大学，2008．
［19］谭丽林．对构建旅行社服务质量管理体系的探讨［N］．广西师范大学学报，2006－07－10．
［20］张海燕．旅行社内部服务及其质量管理研究［D］．广州：暨南大学，2008．</td></tr>
<tr><td>指导教师意见：

指导教师签名：</td></tr>
</table>

注：例文来自网络。

评析

这是一篇管理专业毕业论文的开题报告。其填写的内容符合要求：题名明确简洁，副题名揭示了论文的研究类型和研究方法。“研究意义”的阐述简明扼要。“国内外研究现状”的阐述脉络清晰，文献综述全面具体。“研究内容”撰写既概括又具体，“论文框架结构”“主要难点”“可能的创新点”简洁清晰。关于“研究方法”，论文每个部分的研究方法都有阐明，明确具体。论文写作的进度安排具体合理。参考文献著录规范，篇目较多。

一份好的开题报告对论文写作具有很强的指导作用。不同学科的论文开题报告有专业内容上的区别，不同学校的开题报告表格的设计也有区别，但撰写方法均可从此范文中得到借鉴。

第三章 毕业论文（设计）资料的搜集与使用

第一节 资料的搜集

一、资料的种类

毕业论文（设计）的资料，按其来源可分为两大类：

一是直接材料，即作者亲自调查、实验、测量或观察得来的第一手资料，包括调查、实验、测量或观察所得到的事实、现象、数据等，其载体包括实物、图片、照片、录音、录像、实验（考察、观测）记录等。

二是间接材料，即通过查阅文献资料所得到的或者他人提供的资料，包括前人或他人的研究成果、理论见解，以及有关的背景资料等。

二、资料搜集的意义

论题选定之后，就需要花费大量的时间，围绕论题搜集尽可能全面的资料。全面搜集资料是开展科学研究很重要的一个环节，是一切科研工作都应该遵循的根本途径，因为科学研究的全过程始终建立在资料的基础上，毕业论文（设计）写作也不例外。虽然在实际的写作中经常出现这样一种情况，即先搜集一定的材料，然后确定论题，最后再围绕论题搜集和整理材料。但是，不论哪种情况，搜集资料、积累资料、整理资料都是必不可少的。马克思说："研究必须充分地占有材料。"当代一位曾在一年内发表 10 多篇论文的学者说，这是他 5 年来积累资料的结果。他深有体会地说："写论文就是资料运动，运动资料而已。"发表过 30 多篇论文，还出版了 2 本专著的学者沈鹤翔说："写论文写书没有什么诀窍，我是从资料堆里走出来的。"语言学家王力在谈论文写作时说："一个小小的题目，我们就要占有很多的材料。往往几十万字，要做几千几万张卡片。""别看写出来的文章只有一万字，几千字，收集的材料却是几十万字，这叫做充分占有材料，材料越多越好，材料不够就写不出好文章。"

有人初步统计过，一个科研人员在科研项目中的时间分配是：搜集资料占50.9%，实验研究占32.1%，思考计划占9.3%，撰写论文只占7.7%。这个时间分配虽然不是绝对的，但目前大多数的学者都肯定他们用于搜集、整理资料所花的时间占全部科研时间的一半以上。而他们都舍得花大量时间去搜集资料，是因为他们都深知资料是研究的基础。

思维科学专家指出，形成科学思维的基础是信息储存。日本创造会给“创造”的83个定义中，1/4的定义与资料信息有关。例如：“创造是把资料信息按新的形态组合产生新事物的过程。”“创造是以丰富的资料库为基础的信息与概念的飞跃的结合，是这些信息、概念的凝聚。”“创造是通过对储存的资料做出选择和判别产生新的有价值的东西。”等等。

资料搜集与科学研究之关系，犹如庄子所说的“水之积也不厚，则其负大舟也无力”；“风之积也不厚，则其负大翼也无力”。俄国生物学家巴甫洛夫也有类似的比喻论证。他告诫青年，“不论鸟翼多么完善，但如果不凭借空气，它是永远不会飞翔高空的。事实（即资料）就是科学家的空气，你们如果不凭借事实，就永远不能飞腾起来”。所以说，科研实力和水平首先在于资料占有的充分和典型。能搜集到最新鲜、最生动、最富有特色的信息的人，最有成功的希望。

材料是文章的要素，是产生和表现主题的基础。搜集资料对毕业论文（设计）的质量有着重要的意义。我们不仅要舍得花时间去搜集资料，还要对搜集资料的艰苦性有足够的认识，需要有坚忍不拔的顽强精神。

三、资料搜集的步骤

资料搜集无捷径可走，却有科学规律可循，大致可分为下面三个步骤。

（一）定向

搜集资料的第一个步骤是确定好搜集的方向。这样，才不至于置身于资料的“汪洋大海”，茫然不知何处是岸，以致湮没在一大堆与论题无关的资料中，白白浪费时间和精力。

根据搜集资料尽可能全面、充分的原则，宜将搜集资料的方向定得多元化一些，既考虑纵的方向，也考虑横的方向。纵向是对某一论题的溯源或寻流，能使我们站在历史的制高点上，居高临下地把握事物发展或理论形成的进程。横向是广泛涉猎在同一时间点上的各种各样看似无关实则有关联的其他专题的资料，以避免孤陋寡闻、知识单一造成的主观片面性。横向拓展能使我们的思路开阔起来，从而使我们对所要研究的问题获得新鲜的刺激和深刻的启发，以达到新的高度。

著名美学家朱光潜在《克罗齐哲学述评》的序里说："我因为要研究克罗齐的美学，于是被牵引到他的全部哲学；又因为要研究他的全部哲学，于是不得不对康德以来的唯心主义作一个总检讨。我穷溯克罗齐哲学是怎样起来的，他对于前人采取了些什么，除去了些什么，他要解决的是哪些问题。"朱光潜的这段自述，道出了纵横结合搜集资料的宝贵经验，以及做学问一丝不苟的钻研精神。

根据纵横结合的定向原则，我们以文学专业为例，以《论××作家的小说艺术》为论题，设定其搜集资料的初步方向。

从纵的方向定：

①这位作家创作的小说；

②这位作家谈论自己的小说的言论和文章；

③这位作家谈创作的理论；

④关于这位作家写小说的起因、轨迹、所接受的文学影响等的资料。

从横的方向定：

①别人评论这位作家的小说的文章；

②别人评论其他作家的小说艺术的文章；

③这位作家除小说以外的其他作品；

④同类风格小说的比较；

⑤小说创作理论；

⑥文学评论方法。

设定以上纵横10个方向之后，还可以随着资料搜集的过程进一步设定必要的新的方向。但是，一个初步的大体的方向是必须先确定的。这个初步的方向，可以在选题时已涉猎一定资料的基础上确定，亦可以在导师具体指导下确定，还可以主动请教师兄师姐及选择同一论题的同学。

（二）择式

这里所说的择式，是指选择搜集资料的方式。

除确定好搜集的方向之外，还要正确选择合适的搜集资料的方式。因为不同的论题，搜集资料的方式不同。如果方式选错了，就会事倍功半。如自然科学，其资料可通过观察调查、实验等方式获得。而社会科学，则有些可以通过文献检索方式获得。有时只用一种方式，有时则可多种方式并用。

常用的搜集资料的方式有以下几种。

1. 调查

调查是搜集第一手资料的方式。有些资料需要通过调查才能搜集到。例如方言，由于多种原因，很多古代音韵学的资料已经丧失。如果到至今仍保存有古音的福建闽南地区去调查，就能搜集到宝贵的第一手古音韵资料。又如前沿性的论题，没有现成的文字资料可查，通常要通过调查才能搜集到研究的资料依据。大型交流电机的“绝缘击穿”故障一度被我国公认为是不可预防的。武汉后湖泵站的工程师王道明用了7年时间对长江中下游的50个泵站进行调查，搜集到上万个数据，率先研究出预防和排除“绝缘击穿”故障的方法。他的成果被国内最大的排涝泵站和最大的灌溉水利站先后采纳应用。

调查的主要方式如下：

（1）普遍调查。普遍调查是把有关范围内所有的对象逐一进行调查。这种调查搜集到的资料全面但肤浅。

（2）典型调查。典型调查是从有关范围内挑选最有代表性的对象进行调查。这种调查搜集到的资料具有典型意义，但难以全面。

（3）抽样调查。抽样调查是把调查对象进行总体分类，每一类用随机原则抽样的方式抽取若干样本，通过样本数据统计推算总体。这种调查方式兼有普遍调查和典型调查的优点。其搜集到的资料具有比较准确的科学依据，但不排除偶然性成分。

（4）对比调查。对比调查是在有关的范围内选取不同对象或同一对象在不同时间进行同一项目的调查。对比调查有横比调查和纵比调查两种。横比调查是抽取不同对象进行同一项目的调查。纵比调查是对同一对象不同时间进行同一项目的跟踪调查。

对比调查可与典型调查和抽样调查结合起来。在挑选对比对象时，可采用典型调查方式对比，也可采用抽样调查方式对比。

至于调查的方法，则有座谈法、个访法、问卷法、电话法等。假如选定调查作为搜集资料的方式，就有必要学习调查研究的理论和知识，在科学理论指导下开展有效的调查，搜集到更多、更新、更典型的资料。

2. 观察

观察是搜集第一手资料或验证间接资料的方式。观察可以直接获得系统的科学事实，是认识发展的基础和源泉，是科学发展的重要途径。科学家们通过对力学现象的观察，总结发展了经典力学；通过对可以直接观察到的物质运动的客观现象的研究，建立了力学、热学、声学、光学、电磁学等各门学科。天文学、地质学、气象学、物候学、考古学、心理学、临床医学、社会学等，也都是在观察的基础上发展起来的。

观察是人们对事物感性认识的一种主动形式，是有计划、有目的地用感官考察研究对象的一种方法。

科学的观察要做到以下四点：

（1）坚持观察的客观性。这是科学观察的首要原则。进行科学观察，要采取实事求是的唯物主义态度，尊重客观事实，从而获得真实、准确地反映客观事物和现象的科学事实。

（2）坚持观察的全面性。科学的观察要求全面地、系统地、动态地观察事物，以获得广泛的、完整的而非零碎的可靠资料，如实反映客观事物的全貌。为提高观察的全面性，要尽可能多方面、多层次、多角度进行观察，把握观察对象的各种特征，减少各种失误。

（3）全神贯注，眼脑结合。科学的观察与通常意义上的感性知觉有原则上的区别。科学观察是在理性参与下去感知所需了解的事物和过程，要目不转睛、全神贯注，眼脑并用，看想结合，边观察边思索，琢磨所感知到的现象。

（4）做好观察记录。把感知认识用文字记载下来，观察才最终成为搜集资料的方式。光观察不记录，资料搜集就会半途而废。

观察记录要客观、准确，不要加上猜想，更不能凭空捏造。观察记录要完整有序，将观察的全过程完整记录下来，不要大意地丢失细节或其中的某个现象；按原有顺序详细记录每个现象，不能杂乱无章、随意变换顺序。有序的记录不仅能为下一步研究工作打下良好的基础，还可能从顺序中揭出研究对象的内部联系规律。

3．实验

实验是研究者利用专门的仪器和设备，对研究对象进行积极的干预，尽可能排除外界的各种影响，突出主要因素，人为地变革、控制或模拟研究对象，以便在最有利的条件下进行观察和研究，从而获得经验事实的一种搜集资料的方式。美国微生物学和病理学家杜博斯说："实验有两个目的，彼此往往互不相干：观察迄今未知或未加释明的新事实，以及判断为某一理论提出的假说是否符合大量可观察到的事实。"

实验是在自然科学领域经常使用的搜集资料的基本方式。因为在科学研究中，搜集经过验证的资料是极为重要的。

实验在社会科学的某些领域如教育科学、心理科学、语言科学等中也被经常运用。目前，社会科学领域广泛开展的探索性试点、检验性试点、可行性试点以及推广性试点等，就是一种广义上的实验。

常用的实验方式有：

（1）定性实验。定性实验是一种基本的实验方法。它只要求对研究对象的性质做出回答，一般不涉及量的关系。

（2）定量实验。定量实验是用来测定某个研究对象的性质、组成及其他影响因素的数量值的一种实验方法。在许多科学研究中，只有把研究内容测量出来，并用数学方式来表示，才能使科学发现具有普遍意义。

（3）析因实验。析因实验是由已知结果去寻找未知原因和分析因果关系的一种实验方法。

（4）对照实验。对照实验是将研究对象作为“试验”组，另外设置一个“对照”组，以此作为比较的对象和标准，然后通过某种实验步骤及对实验结果进行比较来揭示研究对象的某种性质和某种原因的一种实验方法。

（5）模拟实验。模拟实验是根据研究对象的本质特征，人为地建立或选择一种与之相似的模型，再在模型上进行研究；或仿造一个适合研究对象所需的自然环境进行实验，以获得可靠的实验结果的一种实验方法。

4．文献检索

文献检索指文献资料的查找，是搜集间接资料的方式。文献是将人类知识用文字、图形、符号、声音、图像等手段记载下来的，有长远历史价值或当前实用价值的资料。

文献资料分为纸质文献和电子文献两大类。纸质文献是以纸张为载体，用书写或印刷等方式记录知识的文献，主要有图书、报纸、期刊、论文集、学术报告等。电子文献，是指以数字方式将图、文、声、像等信息储存在磁、光、电介质上，通过计算机、网络或相关设备使用的文献信息资源，包括电子书刊、数据库等。

（1）纸质文献检索。

有效提高纸质文献检索效率的基本方法有以下几种：

①熟悉图书馆分类法。

图书馆分类法是指图书馆对图书分类排放管理的方法。它根据图书内容的学科性质或其他特征划分图书类型，予以系统的组织编排及必要的揭示。图书分类法既是图书管理的方法，又是为读者服务的工具。

目前，国内图书分类法主要有：中国图书馆图书分类法（以下简称“中图法”）、中国人民大学图书分类法（以下简称“人大法”）、中国科学院图书分类法（以下简称“科图法”）。

中图法是我国目前通用的分类图书的工具，只要掌握了这一分类法的有关知识，便能迅速、有效地查寻全国各图书馆的馆藏。中图法以科学分类为基础，将图书分为五大部类，在五大部类基础上，组成二十二个大类。大类用英文字母作序列，称为第一级类目，以下展开第二级、第三级、第四级和第五级类目（如表3－1所示）。

表 3－1　中图法

五大部类	二十二个基本大类
第一部类（马克思主义、列宁主义、毛泽东思想、邓小平理论）	A 马克思主义、列宁主义、毛泽东思想、邓小平理论
第二部类（哲学）	B 哲学、宗教
第三部类（社会科学）	C 社会科学总论
	D 政治、法律
	E 军事
	F 经济
	G 文化、科学、教育、体育
	H 语言、文字
	I 文学
	J 艺术
	K 历史、地理
第四部类（自然科学）	N 自然科学总论
	O 数理科学和化学
	P 天文学、地球科学
	Q 生物科学
	R 医药、卫生
	S 农业科学
	T 工业技术
	U 交通运输
	V 航空、航天
	X 环境科学、安全科学
第五部类（综合性图书）	Z 综合性图书

②熟悉检索途径。

图书馆一般同时使用多种检索途径，以便于读者查寻。熟悉图书馆的各种检索途径，才能准确地知道你所要找的资料放在图书馆的哪一个书架上。

目前国内图书馆使用的检索途径有：

• 书名途径，即按书名或文章篇名的字顺排列的检索途径。可根据书名或篇名查找。

• 著者途径，即按作者姓名的字顺排列的检索途径。可根据著者姓名查找。

• 分类途径，即按文献所属学科进行排列的检索途径。可按学科分类体系查找。

• 其他途径，即按号码、分子式、地名、药物名称等排列的检索途径。可按特殊系统去查找特种文献资料。

熟悉以上几种检索途径，就可以选用其中的一种途径，查出所需要的资料属中图法的第几部类第几大类第几项等，再根据中图法的分布，在相应的书架上就可找到要查找的资料了。

③善于使用检索工具。

检索工具是人们用以积累和查找文献线索的手段，是显示书库里具体有哪些资料的目录总述图书或刊物。

检索工具的种类有很多，按内容分为书目、索引、辞书、文摘等。

我国现有的检索工具有以下几种：

• 书目，检索国内版图书的工具。如《全国总书目》《全国新书目》《科技新书目》等。

• 索引，检索期刊论文的工具。如《全国报刊索引》《中国科学引文数据库（CSCD）》《中文社会科学引文索引（CSSCI）》《中文核心期刊要目总览》《国外社会科学论文索引》《国外科技资料索引》等。

• 辞书，检索知识或资料目录的工具。如《辞海》《辞源》《中国大百科全书》《简明社会科学词典》等。

• 文摘，检索文献主要内容的工具。如《新华文摘》《经济学文摘》《科技文摘》《专利文摘》《化学文摘（国外版）》《生物文摘（国外版）》《科学文摘（国外版）》等。文摘是一种能将大量分散的文献资料加以搜集、摘录并分类组织整理的刊物。文摘分为指示性文摘和报道性文摘两大类。指示性文摘供读者了解文献主题，以判断是否阅读全文。报道性文摘基本上反映文献的创造性内容，读者不查阅原文便可了解文献内容要点。

④熟练掌握检索方法。

• 常用法。这是利用检索工具查找文献的方法。因为它是最普遍、最常用的检索方法，所以人们称之为常用法。常用法中又包括顺查法、倒查法和抽查法。

顺查法，是利用检索工具由远及近地查找文献资料的方法。

倒查法，是利用检索工具由近及远地查找文献资料的方法。

抽查法，是利用检索工具全面了解某一课题研究的有关目录索引文摘后，抽取其中的文献资料进行查找的方法。

• 追溯法。这是以所掌握的一种文献之后所附的参考文献为基础，追溯查找其他文献，再以这些文献后所附参考文献目录为基础去查找……这样不断地追查下去的一种检索方法。这种方法又被形象地称之为“滚雪球法”，即以一篇文献为基础，范围不断扩大，资料越搜越多。这种方法可在没有专门的检索工具的情况下使用。

• 综合法。这是将常用法和追溯法结合进行检索的方法，既利用检索工具，又利用文献后的参考文献目录；既顺查，又倒查，也抽查。

（2）电子书刊数据库检索。

现在各大学图书馆都非常重视电子文献数据库的建设。电子文献数据库不但种类齐全，而且检索速度快，是大学生查找毕业论文（设计）写作资料的首选。以广州工商学院图书馆为例，适用于毕业论文（设计）资料搜集的数据库有中国知网（CNKI）、维普中文科技期刊数据库、超星期刊、超星电子图书、国家哲学社会科学文献中心等。

目前我国自建的影响大、使用率高的综合性中文期刊全文数据库主要有三个，即中国期刊全文数据库、中文科技期刊全文数据库和万方数据系统的数字化期刊。国内发表的全部期刊论文几乎都可以在这些期刊数据库检索到。

①中国知识基础设施工程网（CNKI 数据库）。该数据库简称“中国知网（CNKI）”，具有完备知识体系和规范知识管理功能的、由海量知识信息资源构成的学习系统和知识挖掘系统，由清华同方光盘股份有限公司和清华大学中国学术期刊（光盘版）电子杂志负责牵头实施，始建于 1999 年 6 月。目前拥有国内 8 200 多种期刊、700 多种报纸、600 多家博士培养单位优秀博硕士学位论文、数百家出版社已出版图书、全国各学会/协会重要会议论文、百科全书、中小学多媒体教学软件、专利、年鉴、标准、科技成果、政府文件、互联网信息汇总以及国内外上千个各类加盟数据库等知识资源。其中综合性数据库有中国期刊全文数据库、中国优秀博士学位论文全文数据库、中国优秀硕士学位论文全文数据库、中国重要报纸全文数据库和中国重要会议论文全文数据库。每个数据库都提供初级检索、高级检索和专业检索三种检索功能（如图 3－1 所示）。

图 3 – 1　中国知网

②万方数据知识服务平台。万方数据知识服务平台是中国科技信息研究所、万方数据集团公司开发的网上数据库联机检索系统，涵盖了学位论文、学术期刊、学术会议、外文文献等多种学术全文文献库，以及专利、标准、成果等科技信息数据库，权威的法律法规数据库，全面完整的企业产品机构服务系统。库内收录学术期刊 6 400 余种，覆盖基础科学、医药卫生、农业科学、工业技术、哲学政法、社会科学、经济财政等多个学科；收录国内 600 余家重点高校和学位培养单位学位论文，是国内收录最全、数据量最大的中文学位论文全文数据库；会议论文全文数据库全面收录 1 300 余个国家级学会、协会、研究会及重点实验室举办的国家级学术研讨会论文（如图 3 – 2 所示）。

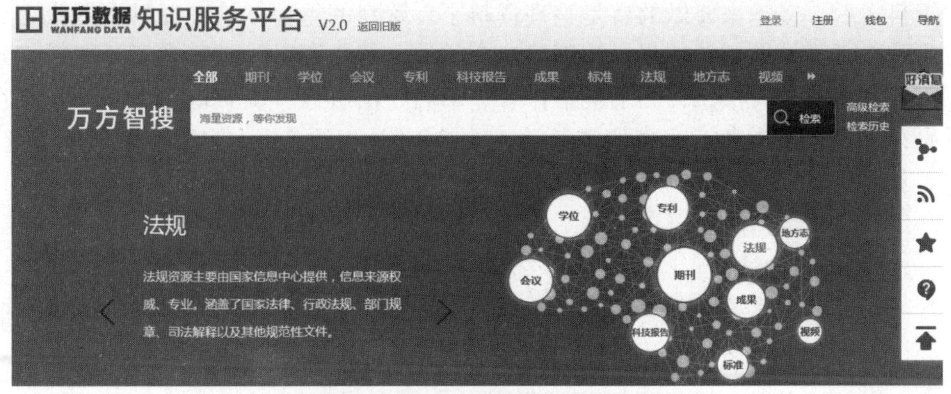

图 3 – 2　万方数据知识服务平台

③维普中文科技期刊数据库。维普中文科技期刊数据库，源于重庆维普资讯有限公司1989年创建的中文科技期刊篇名数据库，是国内大型综合性数据库之一，收录我国自然科学、工程技术、农业科学、医药卫生、经济管理、教育科学和图书情报等学科8 000余种期刊。维普由专业质检人员对题录文摘数据进行质检（包括标引和录入错误），确保原始文本数据的质量。数据库具有检索入口多、辅助手段丰富、查全查准率高和人工标引准确等优点（如图3－3所示）。

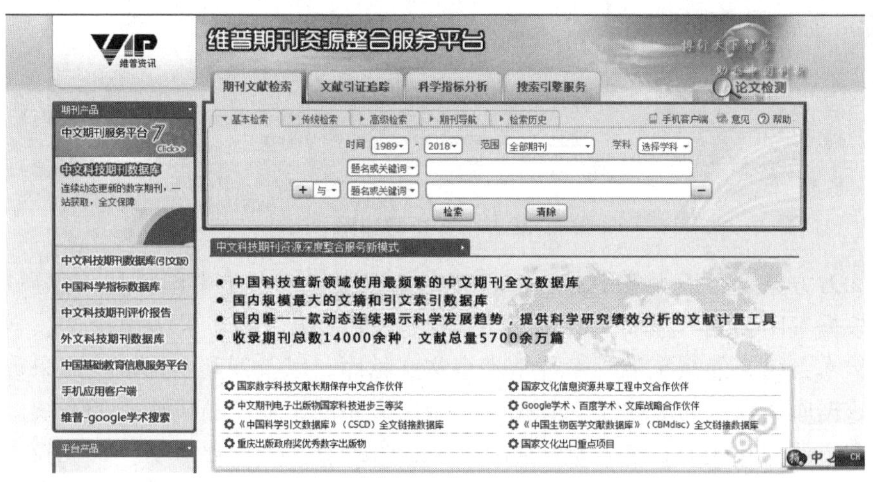

图3－3 维普期刊资源整合服务平台

（三）整理

根据论题的学科性质和研究基础，选择了合适的搜集资料方式，搜集到一定的资料之后，接下来要做的就是整理资料了。资料的整理，是继资料的搜集之后极为重要又不易做好的一步。特别要注意的是，搜集资料的时候必须要即时记录下资料来源的相关信息：图书包括作者、书名、出版社、出版地、出版年、所在页码；期刊包括作者（有多位作者时记录前3位）、题名、刊名、出版时间、卷、期、页码等。

资料整理包括以下三项基本工作：

1. 思考性阅读

资料搜集往往需要花费一段时间，资料日积月累，越来越多，容易淡忘。通过阅读可以进一步熟悉资料。这个熟悉资料的过程，实际上是一个思考的过程。一般来说，研究者在搜集资料的过程中对论题有了更深刻的认识和更成熟的思考，这时再回过头来阅读搜集到的资料，就能将零碎的、杂乱无章的资料卡片或只言片语联系起来，形成比较清晰的想法，也就是使资料“活起来”。

2. 分类组合资料卡片

经过对资料进行思考性阅读之后，可以把内容相同或相关的资料卡片放在一起，形成若干小卡片群，并写出其中的小论点；然后把内容相同或相关的小卡片群组成中卡片群，并写出其中的分论点；最后把内容相同或相关的中卡片群组成大卡片群。这样由小到中再到大进行分类组合，就能提炼归纳出中心论点。科学创见就是通过对资料的分类、整理、归纳而形成的。

3. 汰粗存精增补资料

经过思考和分类组合之后，还要用提炼归纳出来的论点去反证资料的价值，重新对资料进行筛选，即按真实、典型、新颖这三项基本要求逐个审视手中的资料。不合乎以上三项要求的弃之，不够的继续搜集补充，直至资料准备充分为止。

第二节　资料的使用

写作一篇毕业论文（设计）需要搜集大量的资料。但搜集资料只是写作的前提与必要准备，更重要的是要懂得如何使用资料、怎样合理安排资料。如果说，资料的搜集要务求其多，务求其全，那么，资料的使用就要小心谨慎，力求其精，力求其当了。

一、选择真实、准确的资料

所谓真实，就是资料没有一点虚假，完全是客观存在，并反映着事物的本质。所谓准确，就是资料没有一点错误，如实地反映客观实际。真实、准确是资料的可信性标准，是科技论文科学性的必然要求，也是文章观点和结论赖以成立的基石。一篇文章中只要有一份资料是虚假的，就会引起读者的怀疑，整篇文章的立论和结论的可靠性也会受到影响。因此，文章的资料必须完全真实，不能夸大也不能缩小，更不能虚构捏造。

要保证资料的真实、准确，首先要做好调查、观察、实验的第一手资料的记录。记录时一定要精细准确、完整无误、及时。其次是要鉴别资料的真伪，破除疑点，引用别人的资料要有根据、有出处，且要仔细核对原文，不能断章取义，更不能歪曲原意。

二、选择必要、充分的资料

所谓必要，就是资料是必不可少的，缺少它就无法深刻地表现文章的思想。

所谓充分，就是资料必须是足够的，能充分地说明论点和得出结论。资料的必要、充分，必要是指质而言，充分是指量而言。要选择必要的资料，就必须对资料进行取舍。那些与主题无关或者关系不大的资料，不论它本身多么生动和完美，都应该舍去。同时，资料必须能足以说明问题。如果资料虽然很好，但不足以说明问题，就难以支持论点和结论的成立。

三、选择典型、新颖的资料

所谓典型，就是资料具有代表性，能揭示事物的本质、代表事物的特征，这样的资料才有最强的说服力。典型性和必要性是一致的，必要的资料都应该具有典型性，那些非典型性的资料大多也是不必要的。所谓新颖，就是资料要有新鲜感，是别人没有见过、没有听过、没有用过的资料。有的资料虽然比较典型，但是已经老旧，就会使读者感到厌腻。

要使资料具有典型性，就要深入挖掘，认真比较，精心选择。要使资料新颖，就要努力去做开拓性的工作，不断创造新的成果。

第四章 毕业论文（设计）的写作规范

第一节 毕业论文（设计）的学术规范

规范就是标准、准则、典范。所谓学术规范，是指学术共同体根据学术发展的规律制定的有关各方共同遵守的、有利于学术积累和创新的各种准则和要求。

学术规范的内容是多方面的。教育部2004年8月发布的《高等学校哲学社会科学研究学术规范（试行）》规定了高校哲学社会科学研究应遵循的规范，主要内容包括学术引文规范、学术成果规范、学术评价规范和学术批评规范四个方面。2009年6月，教育部社会科学委员会、学风建设委员会出版了《高校人文社会科学学术规范指南》，规定了人文社会科学学术规范的内容包括学术伦理、选题与资料规范、引用与注释规范、成果呈现规范、学术批评规范、学术评价规范六个方面。2010年8月5日，教育部科学技术委员会、学风建设委员会出版了《高等学校科学技术学术规范指南》，规定了高等学校自然科学和工程技术研究的学术规范的内容包括项目申请规范、项目实施规范、引文和注释规范、参考文献规范、学术成果的发表与后续工作规范、学术评价规范、学术批评规范、人及实验动物研究对象规范等八个方面。

毕业论文（设计）虽然是学生初次进行的科学研究实践训练，但它是建立在深入而系统的学术研究基础上的，理应遵守学术活动的基本规范。毕业论文（设计）遵守的学术规范，主要是指在毕业论文（设计）的写作过程中，尊重知识产权和学术伦理，严禁抄袭剽窃，充分尊重别人已有的相关学术研究成果，并通过引证、注释等形式加以明确说明，从而在有序的学术对话、学术积累中加以学术创新。

根据毕业论文（设计）的写作实际，本章从学术道德规范、学术法律规范、学术引用规范三个方面对毕业论文（设计）的学术规范进行论述。

一、学术道德规范

学术道德规范属于《高校人文社会科学学术规范指南》中学术伦理的范畴，

是指在学术研究中不应违背学术界公认的道德理念，应遵循一定的道德伦理，表现出一定的道德情操。学术道德规范是对学术研究工作者从思想修养和职业道德方面提出的要求，是学术规范的核心内容。

毕业论文（设计）的学术道德规范的具体要求主要包括以下三点：

（一）遵守学术诚信

毕业论文（设计）必须是学生独立思考、独立探讨的成果，是学生基于自我思考与研究而进行的创作。学生在研究或实验过程中要坚持严谨认真的科学态度，不得弄虚作假，不得捏造、伪造、篡改实验数据和引用资料等；反对投机取巧、粗制滥造浮躁作风；反对急功近利、贪图捷径，甚至不劳而获、抄袭剽窃、买卖论文等不端行为。

（二）保持学术公正

毕业论文（设计）学术评价应遵循客观、公正、准确的原则，如实反映成果水平。学生应在充分掌握国内外资料、数据的基础上，对研究课题做全面分析、评价和论证；不得刻意贬低别人，抬高自己，不可滥用“国际领先”“国内首创”“填补空白”等词语；应坚决反对在学术评价中掺杂个人情感因素甚至弄虚作假的行为。

（三）坚持继承与创新的有机统一

要充分尊重前人的劳动成果，在论文中应明确交代哪些是借鉴引用前人的说法，哪些是自己发明创新的成果，应按国内外学术界通行的规矩，在论文附加必要的注释并列出足量的参考文献，以标明本人对前人理论、观点、资料、方法等的参考与借鉴。

二、学术法律规范

学术法律规范是指在学术研究中必须遵循国家相关法律法规的要求，做到知法、守法、不违法。

关于学术法律规范，目前我国尚未制定专门的法律法规来规范人们的学术活动。与学术活动有关的行为规则，主要分散在《中华人民共和国宪法》《中华人民共和国民法通则》《中华人民共和国著作权法》《中华人民共和国著作权法实施条例》《中华人民共和国专利法》《中华人民共和国国家通用语言文字法》《中华人民共和国科学技术进步法》《中华人民共和国统计法》《中华人民共和国保守国家秘密法》，以及《出版管理条例》等法律法规中，其中最主要的是《中华人民共和国著作权法》和《中华人民共和国著作权法实施条例》。而在毕业论文写作中遵守这些法律法规，就构成了学术法律规范的基本内涵。

（一）遵守《中华人民共和国宪法》

宪法是国家的根本法，具有最高的法律效力，全国各族人民、一切国家机关和武装力量、各政党和各社会团体、各企业事业组织，都必须以宪法为根本的活动准则，并且负有维护宪法尊严、保证宪法实施的职责。宪法规定中华人民共和国公民有进行科学研究、文学艺术创作和其他文化活动的自由，但在毕业论文（设计）写作中，不能有违反宪法的观点和理论，也不得有损害国家的、社会的、集体的利益和其他公民的合法的自由和权利的言论。要坚持学术研究为社会主义现代化建设服务的方向，不断推动学术进步。

（二）遵守《中华人民共和国著作权法》

按照《中华人民共和国著作权法》等有关法律文件的规定，应特别注意做到以下几点：

（1）不允许剽窃、抄袭他人作品。应坚决杜绝或者直接将他人作品的全部或部分内容，或者稍微改变他人作品形式或内容而据为己有的剽窃行为。

（2）毕业论文（设计）如果作为合作创作的作品发表，其版权由合作作者共同享有合作作者中的每一个人都无权单独行使合作作品的版权。合作作品的署名应按照对科学研究成果所做贡献大小进行排序，但另有学科署名惯例或作者另有约定的除外。

（3）未参加创作，不可在他人作品上署名。学术成果的创作是艰苦的智力活动，需要创作者付出创造性劳动如果没有参加创作，或只是参加了一些创作活动的准备、组织及咨询服务性工作，不能认为是参加了作品的创作，因而不能在作品上署名。

（4）合理使用他人作品的有关内容。毕业论文写作离不开对他人成果的借鉴和利用，程度不同地存在引用他人已发表（出版）作品文字的现象，即对他人作品著作权的合理使用。合理使用他人作品的有关内容必须符合以下条件：①引用的目的仅限于介绍、评论某一作品或说明某一问题；②所引用的部分不能构成引用人作品的主要部分或者实质部分；③不得损害被引用作品著作权人的利益。符合这三个条件，可不经过著作权人同意而使用其相关内容，不需向其支付报酬，但必须在自己作品中指明被引用作品的作者姓名、作品名称及版权事项。

（三）遵守其他适用法律法规

遵守《中华人民共和国保守国家秘密法》，对研究成果中涉及国家机密等不宜公开的重大事项，均应在送审批准后才可公开发表。按照《中华人民共和国民法通则》规定，不得借学术研究以侮辱、诽谤方式损害公民、法人的名誉。按《中华人民共和国统计法》规定，必须对属于国家机密的统计资料保密；属于企业、单位、私人、家庭的单项调查资料，必须经单位或本人同意，方可在论文中使用。毕业论文（设计）中使用标准、目录、图表、公式、注释、参考文献、数字、计量单位等应遵守国家标准化法、计量法等法律法规的规定。

三、学术引用规范

文献引用是毕业论文（设计）写作的重要内容。文献有助于课题研究者了解某个领域已经做过哪些研究，有哪些值得后续研究；也可以帮助研究者建立理论和概念架构，据此解释研究成果；还能使研究者区分研究中的重要变量及变量间的因果关系，通过前人对相关领域或理念架构的探讨，启发自己发现问题以及思考解决问题的方法与途径。

对于本科毕业生来说，由于在学校的学习时间与学术研究精力有限，因此在以往的学术研究的基础上进行课题研究，直接或间接地引用学术成果，是撰写毕业论文（设计）的有效途径。

（一）文献引用的规则

1. 对已有文献的任何形式的引用，都必须注明出处

学术论文中所使用的他人研究成果，包括观点、结论、数据、公式、表格、图件、程序等必须在正文中标明，并在注释或文后参考文献中注明文献出处。

对已有文献的任何形式的引用注明出处，一方面体现了作者实事求是、言之有据的科学态度，以及尊重他人著作权的精神；另一方面，把作者的成果和前人的成果明确地区分开来，为读者深入了解相关内容、查找相关资料提供线索，也为文献信息的定量统计提供便利。

一般来说，研究性作品文献的引用必须注明出处，教材和主要供大众阅读、以传播知识为主的科普性作品则要求没那么严格。毕业论文（设计）本身就是研究性作品，撰写毕业论文（设计）也是学术规范的一种训练，因此，毕业论文（设计）对文献的引用必须注明出处。

2. 原则上不采用间接引用方式

间接引用就是一般所说的“转引”，即引用第三者作品中所引用的内容。由于转引不能确保所引内容的准确无误，故在学术研究中，转引在原则上是不允许的。如果间接引用确实难以避免，则必须明确注明“转引自”，否则会被认为是对出处的不实标注。

3．引用以必要、适度为限

必要是对引用文献的质的要求。在引用文献前应仔细阅读文献内容，了解文献作者的研究方法、研究结果和结论，以及这些结果、结论与自己研究工作的关系，保证引用的必要性。

适度是对引用文献的量的要求。引用他人成果应适度，引用的成果不应构成本人研究成果的主要部分或核心内容。不论以何种方式将他人成果作为自己研究成果的组成部分均将构成抄袭或剽窃。而且，研究论文是记录研究成果的文章，如果没有自己的研究成果，把论文变成资料的汇集，让引用的内容成为研究成果的主要部分或实质部分，那么，即便是注明了出处，文章也从根本上失去了存在的价值。

4．引用不得改变或歪曲被引内容的原貌、原义

引用时应尊重文献的原意，不可断章取义。改变或歪曲被引内容的原貌、原义，被认为是不实引用。不实引用被视为学术上的弄虚作假。

5．引用原则上使用原始文献

这是针对引用文献的来源的规范。有些文献，特别是一些著名文献，往往有汇编本、改编本、简本、摘要等形式，这些版本形式都有可能改变原始文献的内容和表达形式。作为原则，引用时应尽可能使用原始形态的文本。

6．引用原则上使用最新版本

一般来说，新版本作者都会在旧版本的基础上做增删改动，旧版本可能无法反映作者思想的真实性，因此引用时以最新版本为好。

7．引用标注应完整、准确地显示被引作品的相关信息

这是对引用标注技术方法的规范。所谓相关信息，包括作者、题名、刊名、出版地、出版时间、卷期、页次等。完整、准确地显示相关信息，一方面体现了引文的确切性，体现学术研究严谨的科学态度，同时也为读者以此为线索进一步查找提供方便。

8．引用网络资源必须注意其“动态性”

网络资源的引用出处一般由网址和时间信息构成。时间信息包括网络资源的发布、更新时间和引用者的获取时间。

（二）文献引用的处理

1．处理的原则

（1）尽可能简明扼要地使用文献资料，不要让自己的思想被所引用的他人思想所左右。

（2）哪些是自己的思想，哪些是文献资料，要显示清楚，不要混淆。

（3）自始至终要解释清楚所引用的每一处资料与文章内容或观点的关系。

2．处理的方法

（1）间接引用的处理。

间接引用是用自己的话转述文献资料的意思，其方法是对文献资料进行复述或概括。概括时，最好用自己的话提炼出文献的要点，偶尔插入文献中原有的一些句子或短语，用引号引起。在复述文献的时候，必须注意改变原文的行文和句法结构，以免有剽窃之嫌。

示例：

> 细读每一套《申论》卷的“注意事项”，我们不难发现，出题者对“阅读理解能力”是何等的重视。卷子里的“注意事项”共三条，条条都提到“阅读”。第一条，说明申论考试“是对分析驾驭材料的能力的考试”，“是对应考者阅读理解能力的测试”；第二条，提出作答参考时限，“阅读资料40分钟”；第三条，再次提醒考生“仔细阅读给定的资料”。
>
> 资料来源：陈妙云．《申论》刍议［J］．广东社会科学，2006（3）．

这段话就是间接引用《申论》试卷的材料证明“出题者对‘阅读理解能力’是何等的重视”。先用一句话概括原文献的要点：“卷子里的‘注意事项’共三条，条条都提到‘阅读’”。然后对三条“注意事项”进行概述，文献中的一些原有的句子或短语用引号引起。

（2）直接引用的处理。

直接引用就是一字不差地引用文献原话，被引用的部分必须放在引号中。如果引用的文字超过三行，则应独立成段，左右缩入两格，以不同字体编排，无须加引号。直接引用重要的是保持原状，如果要给原文的某些语句或字词加下划横线或着重号，须用括号注明横线或着重号为引用者所加。如果原文有文字或语法错误，则在相关字句后用括号注明“原文如此”字样。

直接引用也要讲究简洁，尽量删减与自己观点关系不大的语句，删减的部分用省略号注明。但不要在引语开始的地方使用省略号，也不要在引语结束处使用省略号。

一般来说，学术论文包括毕业论文（设计）应尽量采用间接引用而少用直接引用。直接引用一般用于如下情况：

①文献已经把问题阐释得非常清晰、简洁，以至引用者找不到更好的表达方式。

②文献的语句特别生动、鲜明，或者其所讨论的问题特别典型、具有代表性。

③文献的内容深奥，内涵丰富，需要深入分析，因而要求提供原文，以使读者能够把握作者的分析。

④在批评或反驳某个观点时，为了避免曲解原文的嫌疑，需要充分地引用原文，以使上下文的意思清楚明白。

示例：

在此前的表述中，弗洛伊德未对这种现象作指称明确的命名，他一直在阐释梦。而接下来的论证值得我们讨论。弗洛伊德说："这种发现可以由古代流传下来的一个传说加以证实：只有我所提出关于儿童心理的假说普遍有效，这个传说的深刻而普遍的感染力才能被人理解。我想到的就是伊谛普斯王的传说和索福克勒斯以此命名的剧本。"

这就是"俄狄浦斯情结"的原始论证。其逻辑方法是，第一，作者的"发现"，即儿童心理的假说在先。第二，这个"发现"要由一个"古老的传说"来证实。第三，这由古老传说证实的"发现"，又用来证实（作者用的是"理解"）那个"古老的传说"。第四，"我想到的就是"一句进一步证明了作者的论证程序是，先有假说，再想到经典；用经典证明假说，再用假说反证经典。

资料来源：张江．当代西方文论若干问题辨识：兼及中国文论重建［J］．中国社会科学，2014（5）：4－37.

这段话中弗洛伊德"说"后面用引号引起的一段话就是直接引用。

（3）文献引用提示。

为了使自己的思想与引用的内容有明确的区分，不致混淆，必须在引用前告诉读者引语的作者（出处）及内容，切忌不作任何提示就大段地转述或引用别人的话。常用的引用提示语有："××说道""××写道""××认为""××注意到""××建议""××强调""××断言""××承认""××声称"，等等。

示例：

近些年来，波兰尼（Karl Polanyi）早年提出的著名的"双向运动"理论，受到了越来越多的关注。他强调：在一切都商品化的市场经济里，经济活动在社会关系中居于决定性地位，形成了经济自由主义的运动；而与此相对应，为了防止市场机制给社会带来的侵害，还存在反向的社会自我保护运动，并因而需要政府对市场经济进行干预。

资料来源：张守文．政府与市场关系的法律调整［J］．中国法学，2014（5）：60－74.

这段话中用了“他强调”来提示后面的话是引用。

示例：

弗洛伊德是把这部著作当作精神分析传记来写的。1909 年 10 月，他在写给荣格的信中说：“传记的领域，同样是一个我们必须占领的领域。”接着又说，“达·芬奇的性格之谜突然间在我面前开豁了。靠着他，我们将可在传记的领域踏出第一步”。他把达·芬奇当作一个精神病患者来分析和认识，告诉朋友说“自己有了一个‘显赫’的新病人”。弗洛伊德不是从达·芬奇的作品入手展开分析，而是以其俄狄浦斯情结为前提，从达·芬奇浩如烟海的笔记中找到一个童年记忆，由此记忆生发开去，作出符合他自己理论期待的结论。达·芬奇在笔记中写道：“我忆起了一件很早的往事，当我还在摇篮里的时候，一只秃鹫向我飞来，它用尾巴撞开了我的嘴，并且还多次撞我的嘴唇。”从这个记忆出发，弗洛伊德认定：第一，“在古埃及的象形文字中，秃鹫的画像代表着母亲”，达·芬奇刚出生就失去父爱，秃鹫是达·芬奇生母的象征，秃鹫的尾巴就是母亲的乳房，“我们把这个幻想解释为待母哺乳的幻想”。第二，达·芬奇在三岁或五岁时，被当初弃家另娶的生父接到一起生活，达·芬奇有了两个母亲的经历，“就是因为幼年时有过两个爱他的漂亮年轻妇人，他后来所绘画的蒙娜丽莎，才会流露出那样暧昧的、朦胧的笑容。蒙娜丽莎的永恒性，正是达·芬奇在经验与记忆间跳跃所产生的创造性火花所造就的”。这就是达·芬奇的恋母情结，正是这一情结造就了达·芬奇的千古名作。

资料来源：张江．当代西方文论若干问题辨识：兼及中国文论重建［J］．中国社会科学，2014（5）：4－37.

这段话既有直接引用，也有间接引用。直接引用用引号把原话引起，间接引用用“弗洛伊德认定”一语提示，并在对文献进行概述时，用引号把偶尔插入的文献中的一些句子或短语引起。

第二节　毕业论文（设计）的表达规范

毕业论文（设计）和其他的学术论文一样，其语言使用与别的文体之间有一个很大的不同之处，那就是它的语言的二重性，即学术论文写作不但使用书面语言的符号系统——自然语言，还使用学术论文特有的非自然语言系统——符号、公式、图表等人工语言，这两种语言符号系统组成了学术论文写作特有的语言体系。

在语言表达上，由于毕业（学位）论文要经过考核和答辩，因此，无论是论述、文献综述，还是对实验装置、实验方法的介绍都要比较详尽；而学术性或技术性论文是写给同专业的人员看的，因此要力求简洁。除此之外，毕业论文（设计）与学术性论文和技术性论文之间并无严格的区别，其表达规范也并无不同。因此，毕业论文（设计）的写作可以参照学术论文的表达规范。

学术论文的表达规范，一方面来源于长期写作实践所形成的习惯，另一方面来源于有关标准规范的规定。

一、语言表达规范

学术论文的语言表达规范，主要表现在如下几个方面。

（一）语言表达的专业性

语言表达的专业性主要体现在语言专业术语化。学术论文作者常运用专业术语和专业性图表符号来表达学术论文内容。由于学术论文的读者对象多是本专业的科技工作者，是同行的“行家”，因此，为了把学术问题表达得更简洁、更准确、更规范，作者就不会迁就于非专业读者而无须避免使用专业术语或专业图表符号。这一语言表达特点，把学术论文与科学普及读物明显区别开来。

示例：

加工贸易的进出口以外资企业占主导地位的特点，使得外资与外贸之间的关联度日趋紧密，利用外资的规模和程度对进出口贸易的数量、金额和产品结构产生了重要影响。在中国被冠以“世界工厂”名称的经济全球化大背景下，对加工贸易的历史地位和作用应做新的分析和评价。商务部一份分析报告显示，加工贸易的产业聚集、配套和辐射效应，已经使得这种贸易形式的国内增值率达48%左右。加工贸易不仅推动了产业结构的升级和产品结构的优化，吸纳了2 000万以上的劳动力就业，而且每年由此获得了较大的贸易顺差，为增加进口提供了安全保障。2004年，加工贸易的顺差达近千亿美元，将一般贸易的逆差予以弥补，为全年贸易平衡做出了最重要的贡献。

资料来源：柴海涛. 互连互动　共存繁荣：论积极利用外资与进出口增长和健康发展［J］. 中国外资，2005（1）.

上述例子论述了“加工贸易的进出口以外资企业占主导地位”给国内经济带来的利益。其中加下划线的词语都是加工贸易领域的专业名词，属于社会科学术语中的一种专业词语。

（二）语言表达的科学性

语言表达的科学性首先体现在所阐述的知识、理论的准确性上。语言表述同客观事物有良好的相吻合程度，不夸大也不缩小，不溢美也不彰恶，不故作深奥，不装腔作势，做到概念清楚、表意明确，避免产生歧义。比如，在使用形容词或副词修饰名词或动词时，务必采取实事求是的态度，介绍科研成果的重要性方面注意区分“比较重要”“非常重要”“极其重要”等字眼，说明课题价值时慎用“填补空白”“国内首创”“国际水平”等字眼。

其次体现在结构的清晰、严谨上，不搞花架子，不追求无谓的生动和变化。句法上要求严密、完整。运用多重复合长句时，必须做到意义完备、结构严密、无懈可击。表达时讲究清晰直接，尽量不使用倒装、委婉等手法。

最后体现在语言精确、明快、庄重上。一般情况下，不使用象声词、儿化词、感叹词和语气词，极少用甚至不用带形象和感情色彩的词。比如，“康拜因一艘绿色的舰艇，在滚滚的金色麦浪中徐徐前进”“人造卫星在太空翱翔”这类绘声绘色的描写，在文学或科普读物中是屡见不鲜的，但这样的用词、句子在学术论文中则显得轻浮、夸张、格格不入。若表述为“联合收割机在收割小麦时”“人造卫星在自己的轨道上运行”，这样不带主观的感情色彩，真实而简洁地表述客观事实，则显得朴实、可信。

（三）语言表达的论证性

学术论文是表达作者研究的新理论、新观点的文章，因此，学术论文的语言表达，必须对结论展开逻辑的精密的论证，以达到无懈可击、不容置辩的说服力；必须揭示论点与论据之间的内在逻辑关系，能从对事实、对材料的充分分析中做出本质的概括，阐明事物的因果，揭示事物的规律性。学术论文以议论为主要表达方式，它的论证性主要体现在概念、判断等组成的推理体系上，也体现在论证过程的各种表达形态上。

有的人写学术论文，开头写几句议论，接着便举几个与论题有关的例子，最后再发几句议论。这样的学术论文，仍然以叙述为主要表达方式，是变相的记叙文，没有深透的论证过程，当然也就没有说服力。

二、数字使用规范

在毕业论文（设计）写作中，数字的使用非常普遍。

我国使用的数字主要有阿拉伯数字、汉字数字、罗马数字等三种，其中阿拉伯数字和汉字数字为常用数字，罗马数字应用较少。阿拉伯数字是用0、1、2、

3、4、5、6、7、8、9 十个表示数目的记数方法。汉字数字分为大写和小写两种，即大写：零、壹、贰、叁、肆、伍、陆、柒、捌、玖、拾；小写：〇、一、二、三、四、五、六、七、八、九、十。大写数字用于发票、汇款、财务等金额总计中，小写数字为一般数字。

阿拉伯数字和汉字数字各有优缺点。阿拉伯数字组数简短，表达精确，醒目，易于辨识。其缺点是当数字较长需要移行时，书写不慎容易出错，有时在表达上会产生歧义。例如，“早在 1500 年以前我国就发明了火药”，这里的“1500 年以前”，是“一五〇〇年以前”还是“一千五百年以前”，在认知上会产生误解。汉字数字具有强烈的修辞色彩，例如“白发三千尺”“千钧一发”“十五只吊桶打水——七上八下”等，这些汉字数字是绝对不能用阿拉伯数字替代的。汉字数字的缺点，主要是书写不简洁，阅读不直观。

为了对汉字数字和阿拉伯数字的书写系统在使用上做比较科学、明确的分工，使中文出版物上的数字用法趋于统一、规范，1987 年 1 月 1 日，国家语言文字工作委员会等七个单位联合公布了《关于出版物上数字用法的试行规定》。经过近 10 年的试行，有关部门在广泛征求意见的基础上，对试行规定进行了修改，1995 年 12 月 13 日经国家技术监督局批准，颁布国家标准《出版物上数字用法的规定》（GB/T 15835—1995），并于 1996 年 6 月 1 日正式实施。后来，有关部门又在《出版物上数字用法的规定》基础上进行修改，于 2011 年 7 月 29 日发布了《出版物上数字用法的规定》（GB/T 15835—2011），并于 2011 年 11 月 1 日开始实施。

该标准针对的虽然是出版物上数字的用法，但毕业论文（设计）亦有可能投稿发表。同时，该标准规定的虽然是出版物上汉字数字和阿拉伯数字的用法，但也指出政府和企事业单位公文，以及教育、媒体和公共服务领域的数字用法，也可参照本标准执行。学生毕业后走上工作岗位，要面对各种各样的文件、文章的写作，因此，通过毕业论文（设计）写作中数字用法规范的训练，也为今后的工作打下基础。

根据《出版物上数字用法的规定》（GB/T 15835—2011），毕业论文（设计）写作要注意的数字使用规范如下。

（一）阿拉伯数字的使用

根据《出版物上数字用法的规定》（GB/T 15835—2011），阿拉伯数字主要用于以下场合。

1. 用于计量的数字

如：－125.03、34.05%、63%～68%、1∶500、97/108。

当数值伴随有计量单位时，例如长度、容积、面积、体积、质量、温度、经纬度、音量、频率等，特别是当计量单位以字母表达时，应采用阿拉伯数字。

如：523.56 km（523.56 千米）、567 mm^3（567 立方毫米）、34 ~ 39 ℃（34 ~ 39 摄氏度）、605 g（605 克）、北纬 40°（40 度）、5.34 ㎡（5.34 平方米）、100 ~ 150 kg（100 ~ 150 千克），等等。

2. 用于编号的数字

如：电话号码、邮政编码、通信地址、电子邮件地址、网页地址、汽车号牌、公交车号、道路编号、公文编号、图书编号、刊物编号、章节编号、产品型号、产品序列号、单位注册号、行政许可登记编号，等等，均应采用阿拉伯数字。

3. 已定型的含阿拉伯数字的词语

如：4G 手机、MP3 播放器、G8 峰会、维生素 B_{12}、97 号汽油、“5 · 27”事件。

（二）汉字数字的使用

1. 非公历纪年

干支纪年、农历月日、历史朝代纪年及其他传统上采用汉字形式的非公历纪年等，应采用汉字数字。

如：丙寅年十月十五日、庚辰年八月五日、腊月二十三、正月初五、八月十五中秋、秦文公四十四年、太平天国庚申十年九月二十四日、清咸丰十年九月二十日、藏历阳木龙年八月二十六日、日本庆应三年。

2. 概数

如：三四个月、一二十个、四十五六岁、五六万套、五六十年前、几千、二十几、一百几十、几万分之一。

3. 已定型的含汉字数字的词语

如：万一、一律、一旦、三叶虫、四书五经、星期五、四氧化三铁、八国联军、七上八下、一心一意、不管三七二十一、一方面、二百五、半斤八两、五省一市、相差十万八千里、八九不离十、白发三千丈、不二法门、二八年华、五四运动、“一 · 二八”事变。

4. 选用阿拉伯数字与汉字数字均可

①如果表达计量或编号所需要用到的数字个数不多，选择汉字数字还是阿拉伯数字在书写的简洁性和辨识的清晰性两方面没有明显差异时，两种形式均可使用。

如：17 号楼（十七号楼）、3 倍（三倍）、第 5 个工作日（第五个工作日）、100 多件（一百多件）、约 300 人（约三百人）、40 左右（四十左右）、50 多人（五十多人）、第 25 页（第二十五页）、第 8 天（第八天）、第 4 季度（第四季度）、共 230 位同学（共二百三十五位同学）、0.5（零点五）、76 岁（七十六岁）、1/3（三分之一）、20 世纪 80 年代（二十世纪八十年代）、公元 253 年（公元二五三年）、1997 年 7 月 1 日（一九九七年七月一日）、下午 4 点 40 分（下午四点四十分）、4 个月（四个月）、12 天（十二天）。

②如果要突出简洁醒目的表达效果，应使用阿拉伯数字，例如：北京时间 2008 年 5 月 12 日 14 时 28 分；如果要突出庄重典雅的表达效果，应使用汉字数字，例如：十一届全国人大一次会议（不写为“11 届全国人大 1 次会议”）。

③有法律效力的文件、公告文件或财务文件中可同时采用汉字数字和阿拉伯数字。如：2008 年 4 月保险账户结算日利率为万分之一点五七五零（0.015750%）、35.5 元（35 元 5 角、三十五元五角、叁拾伍圆伍角）。

（三） 数字形式的使用

1. 阿拉伯数字的使用

（1）多位数。

四位以上的整数或小数，可采用以下两种方式分节：

①千分撇。整数部分每三位一组，以“,”分节；小数部分不分节；四位以内的整数可以不分节。

如：624,000、92,300,000、19,351,235.235767、1256。

②千分空。从小数点起，向左和向右每三位数字一组，组间空四分之一个汉字，即二分之一个阿拉伯数字的位置。四位以内的整数可以不加千分空。

如：55 235 367.346 23、98 235 358.238 368。

（2）纯小数。

纯小数必须写出小数点前定位的“0”，如：0.46 不写为 .46。

（3）数值范围。

在表示数值的范围时，可采用波浪式连接号“~”或一字线连接号“—”。前后两个数值的附加符号或计量单位相同时，在不造成歧义的情况下，前一个数值的附加符号或计量单位可省略，如果省略数值的附加符号或计量单位会造成歧义，则不应省略。

如：-36 ~ -8℃、400—429 页、100—100 kg、12 500 ~ 20 000 元；9 亿 ~ 16 亿（不写为 9 ~ 16 亿）、13 万元 ~ 17 万元（不写为 13 ~ 17 万元）、15% ~ 30%（不写为 15 ~ 30%）、$4.3\times10^6\sim5.7\times10^6$（不写为 $4.3\sim5.7\times10^6$）。

（4）年月日。

①年月日的表达顺序应按照口语中年月日的自然顺序书写。如：2008 年 8 月 8 日、1997 年 7 月 1 日。

②“年”“月”可按照 GB/T 7408—2005 的 5.2.1.1 中的扩展格式，用“—”替代，但年月日不完整时不能替代。如：2008—8—8、1997—7—1、8 月 8 日（不写为 8—8）、2008 年 8 月（不写为 2008—8）。

③四位数字表示的年份不应简写为两位数字。如：“1990 年”不写为“90 年”。

④月和日是一位数时，可在数字前补“0”。如：2008—08—08、1997—07—01。

（5）时分秒。

计时方式既可采用 12 小时制，也可采用 24 小时制。如：11 时 40 分（上午 11 时 40 分）、21 时 12 分 36 秒（晚上 9 时 12 分 36 秒）。

时分秒的表达顺序应按照口语中时、分、秒的自然顺序书写。如：15 时 40 分、14 时 12 分 36 秒。

“时”“分”也可按照 GB/T 7408—2000 的 5.3.1.1 和 5.3.1.2 中的扩展格式，用“:”替代。如：15:40、14:12:36。

（6）含有月日的专名。

含有月日的专名采用阿拉伯数字表示时，应采用间隔号“·”将月、日分开，并在数字前后加引号。如：“3·15”消费者权益日。

2. 汉字数字的使用

（1）概数。

两个数字连用表示概数时，两数之间不用顿号“、”隔开。如：二三米、一两个小时、三五天、一二十个、四十五六岁。

（2）年份。

年份简写后的数字可以理解为概数时，一般不简写。如：“一九七八年”不写为“七八年”。

（3）含有月日的专名。

含有月日的专名采用汉字数字表示时，如果涉及一月、十一月、十二月，应用间隔号“·”将表示月和日的数字隔开，涉及其他月份时，不用间隔号。如：“一·二八”事变、“一二·九”运动、五一国际劳动节。

（4）大写汉字数字。

大写汉字数字的书写形式：零、壹、贰、叁、肆、伍、陆、柒、捌、玖、拾、佰、仟、万、亿。

法律文书和财务票据上，应采用大写汉字数字形式记数。如：3,504 元（叁仟伍佰零肆圆）、39,148 元（叁万玖仟壹佰肆拾捌圆）。

（5）“零”和“〇”。

阿拉伯数字“0”有“零”和“〇”两种汉字书写形式。一个数字用作计量时，其中“0”的汉字书写形式为“零”，用作编号时，“0”的汉字书写形式为“〇”。如：“3052（个）”的汉字数字形式为“三千零五十二”（不写为“三千〇五十二”）；“95.06”的汉字数字形式为“九十五点零六”（不写为“九十五点〇六”）；“公元 2012（年）”的汉字数字形式为“二〇一二”（不写为“二零一二”）。

（6）阿拉伯数字与汉字数字同时使用。

如果一个数值很大，数值中的“万”“亿”单位可以采用汉字数字，其余部分采用阿拉伯数字。如：我国 1982 年人口普查人数为 10 亿零 817 万 5 288 人。

除上面情况之外的一般数值，不能同时采用阿拉伯数字与汉字数字。如：108 可以写作“一百零八”，但不应写作“1 百零 8”“一百 08”；4 000 可以写作“四千”，但不应写作“4 千”。

3. 其他

（1）数值增减。

①区分“增加到几倍”与“增加了几倍”。

增加到 4 倍——原来为 1，现在为 4；

增加了 4 倍——原来为 1，现在为 5。

②减少不能用倍数，常用分数、百分数或几成。

减少 1/5——原来为 1，现在是 4/5；

降低了 80%——原来为 1，现在是 0.20；

降低到 80%——原来为 1，现在是 0.80；

减产 2 成——原来为 1，现在是 0.80；

减少 2 个百分点——原来为 10%，现在是 8% [如果是减少 2%，则原来为 10%，现在是 9.8%（10% −10% ×0.02）]。

③翻番问题。

翻 2 番——原来为 1，现在为 4；

翻 4 番——原来为 1，现在为 16；

翻 n 番——原来为 1，现在为 $2n$。

（2）正确使用数值前后表示概数的词。

①约、近、左右、上下等不能并用。

如：销售额增加约 20% 左右。

②最值不能用概数。

如：最高成品率 80% ~95%；最低温度 18 ~22 ℃。

③某些混乱的表达。

如：超过 300 多人；近 500 多 kg。

三、计量单位使用规范

《学位论文编写规则》（GB/T 7713.1—2006）规定，学位论文应采用国家法定的计量单位。

关于计量单位的使用，国家标准《量和单位》（GB 3100 ~3102—93）有严格的规定，主要应注意以下几个方面（自然科学论文的计量单位使用规范比较复杂，这里仅从社会科学论文常用的计量单位使用规范中列举）。

（一）量的符号一般为单个拉丁字母或希腊字母

如：长度的量符号 l，速度符号 v，时间符号 t，质量符号 m，面积符号 S，体积符号 V，电流符号 I，电阻符号 R，流量符号 Q，等等。量符号在论文排版中，一律排斜体。

（二）单位一律使用国际符号，单位符号与数值间要留 1/4 格

如：10 kg（公斤），6 m（米），80 km（公里），20 s（秒），15 min（分钟），3 h（小时），100 hm（公顷），20 mL，15 L，等等。

（三）单位符号不能跟中文符号构成组合形式的单位

如：流量单位不能写成“m^3/秒”，应写成“m^3/s”；用药量单位不能写成“mg/（kg·天）”，应写成“mg/（kg·d）”。只有当单位中含有计数单位或没有国际符号的计量单位时，才允许同时使用汉字和单位的国际符号构成组合单位，如：元/t，m^2/人，kg/（月·人）。

（四）不要使用已废弃的计量单位

根据国家标准规定，已经废弃的计量单位大致包括以下几类：

（1）所有市制单位。如斤、两、尺、里等，尤其是土地单位面积“亩”，早在 1992 年 1 月 1 日起就停止使用了。只在以农民为主要读者的普通书刊中，土地单位面积用公顷时，可以括注亩。如：30 公顷（450 亩）、12 吨/公顷（800 公斤/亩）。土地面积法定单位有“平方千米（平方公里）”“公顷”和“平方米”，这些单位及其习惯使用场合如表 4 -1 所示。

表 4－1　土地面积法定单位及其大致使用场合

名　称	中文符号	国际符号	换算关系	大致使用场合
平方千米/平方公里	千米^2	km^2	$1\ km^2 = 10^6 m^2$	国家版图、地区疆域面积
公顷	公顷	hm^2	$1\ hm^2 = 10^4\ m^2$ = 15 亩	耕地、林地、草地面积
平方米	米^2	m^2		建筑面积、宅基地面积

（2）除公斤、公里、公顷外的“公”字头单位，其他如公尺（米）、公分（厘米）、公亩（百平方米）、公升（升）、公吨（吨）等，均已为废弃单位。

（3）英制单位。如英尺（呎）、英寸（吋）、英里（哩）等。

四、图表使用规范

图表是插图和表格的合称。图表因其简洁、直观、易读的特点，在学术论文中的运用十分广泛。在自然科学论文中，几乎达到了每 1 000 字就有一幅插图的比重。在社会科学学术论文中，尤其是在经济类论文中，实证研究方法广泛应用，经济模型需要图表来表达，因此图表的使用也越来越受到青睐。

（一）插图的使用规范

1. 插图的使用要求

插图要精选，应具有自明性，且不要与表格及文字表述重复。

插图应有阿拉伯数字连续编号的图序（如仅有一个图，图序可定名为“图 1”）和图题，图中的术语、符号、单位等要与表格和文字表述所用的一致。

插图一般随文排，先见文字后见图。

2. 插图的种类

毕业论文（设计）的插图种类很多，就其表达功能和制作工艺的不同，可分为散点图、线条图、示意图、地图和照片图等类别。

（1）散点图。散点图又称散点分布图，是以一个变量为横坐标，另一个变量为纵坐标，利用散点（坐标点）的分布形态反映变量统计关系的一种图形。其特点是能直观表现出影响因素和预测对象之间的总体关系趋势。

示例：

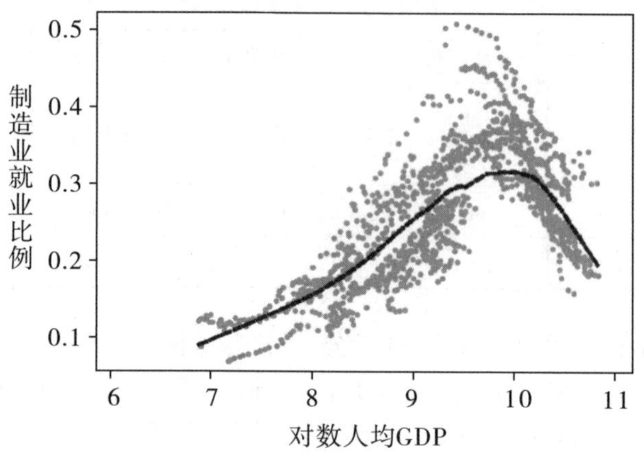

图 4－1　制造业就业比例与人均 GDP

（2）线条图。线条图又称墨线图，具有表达清晰、简练、灵活和容易制作的优点，是论文写作使用最多的插图。常见的线条图有曲线图、等值线图、直条图（柱图）、构成图、示意图、地图等。

①曲线图。又称折线图，是利用曲线的升、降变化来表示被研究现象发展变化趋势的一种图形。曲线图在分析研究社会经济现象的发展变化、依存关系等方面具有重要作用。

示例：

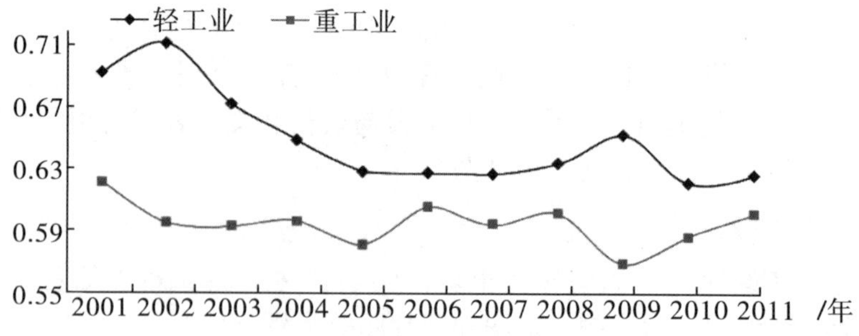

图 4－2　轻、重工业产能利用率曲线图

②直条图。又称“条形图”，是在直角坐标系中，用相同宽度长条的不同长短来表示数量资料的多少，还可在同一张图表中用不同颜色或阴影的条形表示研究对象中不同的各组，能直观地进行数量多少的对比。如果用柱形代替条形就得到柱形图，其原理与直条图相同。

示例：

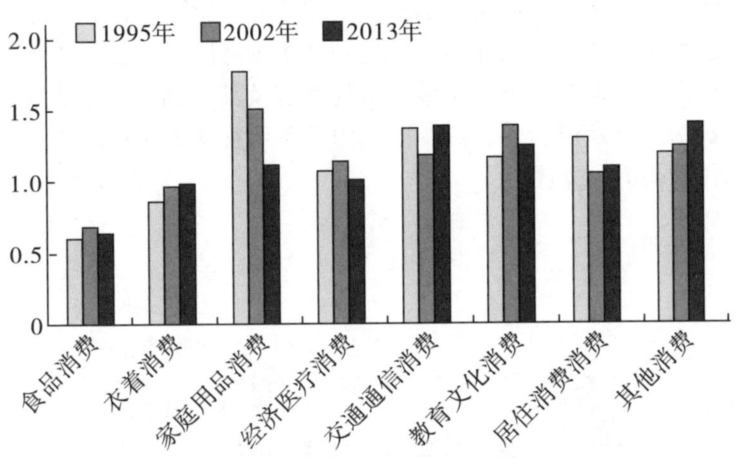

图 4－3　城镇家庭八大类消费的支出弹性

③构成比圆图。与构成比直条图相仿，构成比圆图亦用来表示全体中各部分的构成比例。它是一个整圆，以圆的 2π 弧度中心角作为 100%，用不同的线型或图案按各构成部分所占的比例把圆分割成若干扇形面。各部分标注的数字、字母和符号可直接置于扇面内，或者用引线拉出圆外。文字说明可用图注方式放在图面的合适位置。为了表达准确、图形美观，对圆心角的分度要仔细，径向分割线都应汇聚于圆心。

示例：

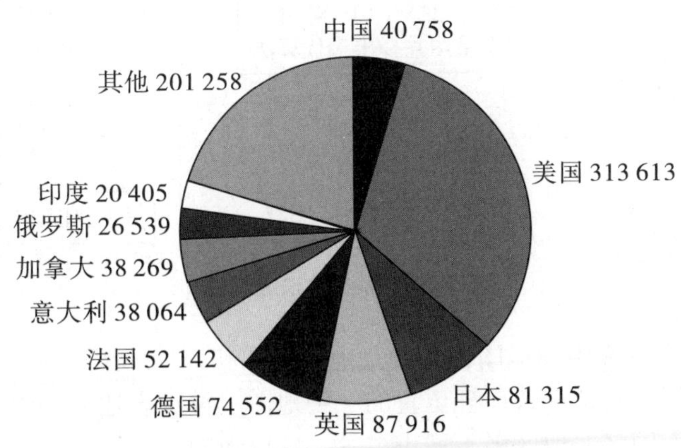

图 4－4　构成比圆图示例

（3）示意图。示意图主要用于定性描述。因为它形式多样，表现力强，图形简洁，绘制方便，所以在论文中应用较多。示意图主要有以下几种：

①结构示意图。结构示意图是用线条描绘物体外形的轮廓及其与周围环境关系的一种插图，一般用来表述用文字难以叙述清楚的物体，而且它在表述形态变化的细节方面甚至可能优于照片图。常见的结构示意图有机器、设备、仪表等的零部件或整体，地质地貌，山川流域，生物器官及其解剖，分子和原子结构，各种模型和建筑物，以及声、光、热、电、力等不可视或无定形的物质的传递系统装置或零部件结构等示意图。

示例：

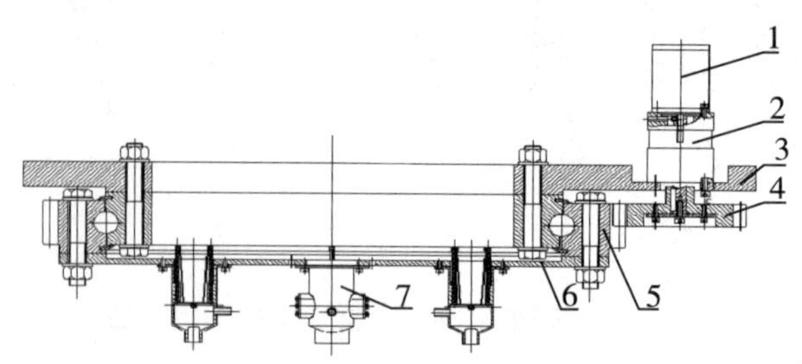

1－步进电机；2－减速器；3－上座架；4－齿轮；5－回转支承；6－下座架；7－分装存储室

图 4－5　分装系统结构图

②工作原理（或流程）示意图。这种插图用于描述某些工作装置、机器部件、生物器官等动态系统的工作原理、工作过程或工作状态。

示例：

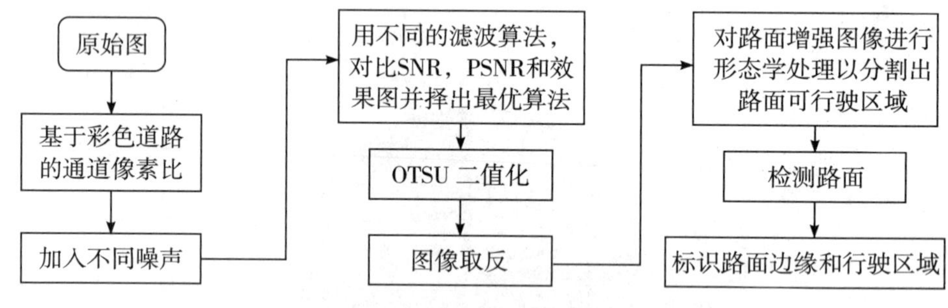

图 4－6　系统算法流程图

（4）地图。论文中的地图常见的是地界地图和统计地图。

①地界地图。它是反映地理位置的一种地图，重点表述的是疆域地界。绘制时凡涉及国界、国名、地区名、城市名等，应以地图出版社出版的《中华人民共和国地图》和《世界地图》最新版本为准，并随时注意情况变化而采用最新的正式资料，应正确描绘和标示已定或未定地界，注意地图的规定画法。尤需注

意：绘制中国地图时必须绘出我国南海海域，稍不注意将会出现政治问题。

②统计地图。它是用不同的线条、点型和其他标志或图案在地图上分别表示某些被统计量在不同地域的统计分布，用以反映各种物产、矿藏、行业、经济、人口、疫情、土壤、植被、森林、气候等的地理分布特性。

（5）照片图。照片图即实物图。照片图能真实反映事物的形貌、形态，给人以强烈的感性印象，在生物学、医学、艺术设计等学科领域的论文中使用比较普遍，如电镜图、光镜图、电泳图、医学影像图等。照片图又分黑白图和彩色图两种。

（二）表格的使用规范

表格简称表。在科技论文中，表格和插图一样，都是用于代替或补充文字的叙述，其特点是简洁、清晰、准确，具有很强的逻辑性和对比性，最适合科技论文尤其是实验型论文记录数据或事物分类等的表达。

1. 表格的种类

根据形式的不同，表格可分为无线表、系统表、卡线表三种。

（1）没有线条，只以空间隔开的表格为无线表。

示例：

表 4－2

机车类别	最高效率 $\eta/\%$
蒸汽机车	6～7
电气机车	12
内燃机车	25

（2）各项目之间用大括号或横、竖线连接的表格为系统表。

示例：

表 4－3

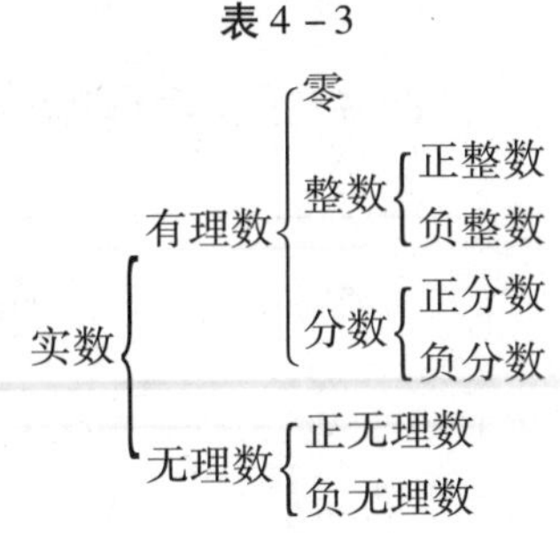

（3）由栏线和行线排成的表格为卡线表。

示例：

表 4－4　评估表

评估因素	权数	评估数值		
		丹麦若维信	环信科技	梁山环科
产品质量	0.2	9	8	8
技术水平	0.2	8	8	6
信誉度	0.15	9	8	7
合格率	0.15	8	8	7

卡线表的横向叫栏，竖向叫行；分隔栏的叫栏线，分隔行的叫行线。栏线和行线相交使表身形成许多小方格，用以填入各种数据和事项。卡线表的边线称为表框线。表框线包括顶线和底线。顶线和底线分别位于表格的顶端和底部。表框线均应排反线（粗线）。一般的表格不排墙线。

2. 三线表的制作

卡线表的优点是各项数据之间分隔清楚，隶属关系一一对应，易于阅读；缺点是横线和竖线多，显得繁杂、不简练，制作起来也复杂。所以现在国际上和国内的期刊都推荐使用三线表。在《学位论文编写规则》（GB/T 7713.1—2006）中，学位论文表的编排建议采用国际通行的三线表。

（1）三线表的特征。

三线表是一般的卡线表经简化和改造而成。它以卡线表为基础，省略了横、竖分隔线（即行线和栏线），通常一个表只有顶线、底线和栏目线 3 条线，故名曰“三线表”。其中顶线和底线用反线（粗线），栏目线用正线（细线）。三线表必要时可加辅助线，但无论加多少辅助线，仍称三线表。

示例：

表 4－5　2000—2010 年中国农产品进出口贸易情况

单位：亿美元

年度	进出口	出口	进口	贸易顺差	比上年增减/%		
					进出口同比	出口同比	进口同比
2000	269.7	157	112.7	44.3	23.3	15.2	36.7
2001	279.4	160.9	118.5	42.4	3.6	2.5	5.2

续上表

年度	进出口	出口	进口	贸易顺差	比上年增减/%		
					进出口同比	出口同比	进口同比
2002	306.3	181.6	124.7	56.9	9.6	12.9	5.2
2003	403	213.3	189.7	23.5	31.5	17.4	52.1
2004	514.4	233.9	280.5	-46.5	27.7	9.7	47.8
2005	563.8	276	287.8	-11.8	9.6	18	2.6
2006	636	314.2	321.7	-7.5	12.8	13.9	11.8
2007	750.9	339	411.9	-72.9	18.1	7.9	28
2008	993.3	405.4	587.9	-182.5	32.3	19.6	42.7
2009	923.3	396.3	527	-130.7	-7	-2.2	-10.4
2010	1219.6	494.1	725.5	-231.4	32.2	24.8	37.7

（2）三线表的构成要素及其规范格式。三线表由表序与表题、项目栏、表身、表注（或说明）四部分组成。

示例：

表 4-6　三线表格式

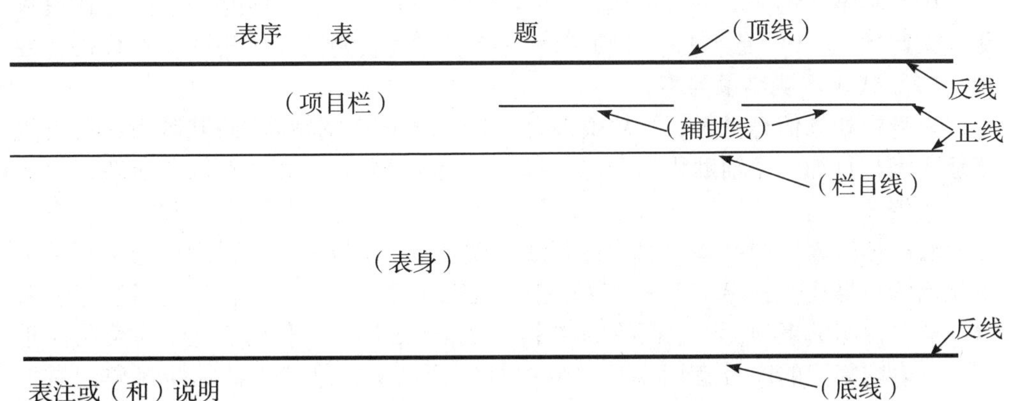

①表序与表题。

表序即表格的序号。在科技论文中，表序按表格在文中出现的先后分别以“表 1”“表 2”……形式连续编号。如果论文只有一个表，则表序编为“表 1”。

表题即表格的名称。表题要简短精练，能准确反映表格的特定内容，避免用泛指性的词语作表题，如“数据表”“对比表”“参量变化表”“计算结果”等。

这样的标题缺乏专指性，不便理解。

②栏目栏。

栏目栏指表格顶线与栏目线之间的部分。所谓栏目就是栏目栏中放置的项目。不同的栏目反映不同项目的特征或属性。如果栏目反映的是某种性质，那么栏目就可以用词语来概括，如“组别”“性别”“年份”“类别”、“实验前后”等；如果栏目属于某种量的实验结果，这时栏目名称就要用量的名称或符号与单位之比来表示，量名称或符号与单位之间用“/”隔开，如“面积/ha^2”“时间/d”“增长率/%”等。

要注意的是，标题已有的信息不要在栏目重复出现，以保证表格的简洁、清晰。

③表身。

表身就是表格栏目线与底线之间的部分，用以表达表格各栏的信息，是表格的主体。

表身内的数字一般不要带单位，包括“%”，单位符号和%应归并在栏目中。如果全部栏目中的单位相同，则可把单位标示于表格顶线上方的右端。

表格上下左右相邻栏内的文字或数字相同时，应重复写出，不能用“同上”“同左”等字样或“"”符号代替，但可用共同栏的形式处理。

表身中数据小数点前的“0”不能省略。

表身中无数字的栏目，不能随便写“0”或“—”线填空。《科学技术报告、学位论文和学术论文的编写格式》（GB 7713—87）规定：表内“空白”代表未测或无此项，“—”或“…”（因“—”可能与代表阴性反应相混淆）代表为发现，“0”代表实测结果为零。

表身中如果信息量大，行数很多时，为了便于读者阅读和查找数据，可有规律地相隔数行加一条辅助线隔开，或留出一较大的行空。

④表注。

表注是对表格中某些内容的注释或说明。《科学技术报告、学位论文和学术论文的编写格式》（GB 7713—87）规定：必要时应将表中的符号、标记、代码，以及需要说明的事项，以最简练的文字，横排于表题下，作为表注，也可附注于表下。表内附注的序号宜用小号阿拉伯数字并加圆括号置于被标注对象的右上角，如××××①，不宜用星号“*”，以免与数学上共轭和物质转移的符号相混。

注释或说明则按表内注的顺序在表下也以阿拉伯数字加圆括号逐项写出，注与注之间用分号“;”隔开，最末一注末尾不加标点符号。

3．几种特殊情况的处理

（1）横表分段。当表格栏目多而行少的时候，可将表格沿横向等分成若干段（根据版面布局需要），各段上下重叠，段与段之间用双细线隔开，每段的第一栏重复排上。

示例：

表4－7　甲、乙班各科毕业平均成绩比较

单位：分

班别	语文	数学	英语	物理	化学	生物	历史
甲班	95.5	85.4	78.6	82.0	90.3	88.1	97.0
乙班	93.5	86.3	79.9	86.4	89.0	85.5	94.8
班别	地理	体育	音乐	美术	电脑	生理卫生	
甲班	89.5	95.4	80.5	78.3	98.6	67.9	
乙班	86.7	93.3	83.1	74.8	99.0	68.8	

（2）竖表分栏。当表格行过多而栏目太少时，可以将表格沿竖向等分成若干截，然后横向平移成若干栏，栏与栏之间用双细线隔开，每栏栏目重复编排。

示例：

表4－8　1978—2008年我国耕地面积

单位：万公顷

年份	耕地面积	年份	耕地面积	年份	耕地面积
1978	9938.9330	1989	9565.6000	2000	13003.9200
1979	9949.8000	1990	9567.2900	2001	13003.9200
1980	9930.5330	1991	9565.3600	2002	13003.9200
1981	9903.7330	1992	9542.5800	2003	13003.9200
1982	9860.6670	1993	9510.1400	2004	13003.9200
1983	9835.9330	1994	9490.6700	2005	13003.9200
1984	9785.3700	1995	9497.3900	2006	13003.9200
1985	9684.6300	1996	13003.9200	2007	13003.9200
1986	9622.9900	1997	13003.9200	2008	13003.9200
1987	9588.8700	1998	13003.9200		
1988	9572.1800	1999	13003.9200		

（3）续表。表格在一页内排不下时，则可采用续表的形式转页编排。处理方法是在该表出现的页上选合适的行线处断开，用细线封底，而在次页上重排表头，并在表头上加注“续表”字样，省略表序和表题。

4. 表格的使用要求

（1）表格要根据在论文中的必要性精选。如果采用多组数据表说明同一现象时造成了本身的重复，则应选择一组最准确、最有说服力的表，将重复的表删除。如果文字叙述与图、表相重复，则应保留三者中最合适的一种表达方式。

（2）表格选用的种类要合理。如果表格的内容比较简单，而且为了突出比较效果，可选用无线表。如果要表达上下位关系或隶属关系的多层次事项，则选用系统表。如果要表达复制的内容，就要选择卡线表，科技论文使用的大多数是卡线表。

（3）表格应具有自明性。内容要突出重点，如果没有特殊需要，表格中不必出现一般调查观察、实验测定或分析计算时使用的常规性仪器、手段、材料或条件等事项说明。表述要简洁，除列出反映研究成果的重要现象参数、算式和结论外，其他诸如在研究、测试、推理、分析或运算过程中的中间步骤、环节、数据等一律删除。设计要科学，要把实验或观察研究的背景条件、比较前提和使用方法交代清楚，实测（或计算）数据和最后结果等要逐项有序列出，令人一目了然。

第三节　毕业论文（设计）的学术失范

毕业论文（设计）作为高等学校教学计划的一个重要组成部分，不仅是对学生所学专业的基本知识、基本理论和基本能力的综合检验，更重要的是通过毕业论文（设计）的写作，让学生熟悉科学技术研究和论文写作的基本方法和技巧，培养学生运用所学知识分析、解决实际问题的能力。然而，由于种种原因，多年来，毕业论文（设计）写作的失范行为屡见不鲜，严重影响了毕业论文（设计）的质量，违背了毕业论文（设计）写作的初衷，也经常受到社会的诟病。

一、毕业论文（设计）学术失范的表现

毕业论文（设计）的学术失范行为实质上就是毕业论文（设计）的作假行为。教育部于2012年11月13日发布、2013年1月1日起施行的《学位论文作假行为处理办法》，其中第三条明确学位论文作假行为包括下列情形：①购买、出售学位论文或者组织学位论文买卖的；②由他人代写、为他人代写学位论文或者组织学位论文代写的；③剽窃他人作品和学术成果的；④伪造数据的；⑤有其他严重学位论文作假行为的。

根据上述规定，我们可以把毕业论文（设计）的学术失范的表现概括为以下几种。

（一）抄袭与剽窃

一般而言，不指明来源，在自己的毕业论文（设计）中大量抄录他人论文的称为抄袭；将他人论文改头换面作为自己论文发表的称为剽窃。抄袭和剽窃虽然在语义上存在程度轻重的区别，但在实际中，二者很难有清晰的界限，所以在《中华人民共和国著作权法》中，抄袭和剽窃被规定为同一性质的侵权行为。《现代汉语词典》对“剽窃”的解释是：抄袭窃取（别人的著作）。美国现代语言联合会《论文作者手册》对剽窃的定义为：“剽窃是指在你的写作中使用他人的观点或表述而没有恰当地注明出处。……这包括逐字复述、复制他人的写作，或使用不属于你自己的观点而没有给出恰当的引用。”美国哈佛大学对抄袭的标准是：第一，“在较长的论文中，较之整篇大面积的照搬，抄袭更多情况是拼接。学生常常将原文中的词句或观点糅合起来，并用自己的语言和观点来说明；或者是从不同的资料来源中找到自己需要的，不注明来源，拼接成自己的东西”；第二，“如果你的句子与原始资料在观点和句子结构上都非常相似，并且结论与引语相近而非用自己的话重述，即使你注明出处，这也是抄袭。”

国内一些大学或研究机构对抄袭、剽窃认定的标准是：

（1）引用他人观点、方案、资料、数据等，不加注释说明出处。

（2）使用他人观点构成自己论文的全部、核心或主要观点，将他人学术成果作为自己学术成果的主要部分或实质性部分。

（3）与他人论文内容雷同，达到1/3及以上篇幅，且发表时间在后，又不能证明自己没有对他人论文构成抄袭；雷同部分虽未达到1/3篇幅，但已成为自己论文内容的主要部分或实质性部分。

（4）二人以上署名，非第一作者重复发表或使用了论文的全部内容。

（5）二人以上署名，除第一作者外，论文使用者使用了非本人撰写的内容。

大学生毕业论文（设计）抄袭与剽窃的主要表现：有的引用他人的文章却不注明来源，有的大段大段地粘贴拼凑，有的甚至把整篇文章直接换成自己的名字占为己有。为了加强对毕业论文（设计）抄袭现象的检测和惩处，近年来，许多大学引进反抄袭软件对毕业论文（设计）进行检查，毕业论文（设计）的抄袭现象有所遏制。

（二）伪造与篡改

科学研究是人们为了认识客观事物的内在本质和运动规律，利用一定的方法和设备进行调查、实验、试制等的一系列活动，其目的是为创造发明新产品和新技术提供理论依据。科学研究不但能造福人类，也为科学研究者带来巨大的荣誉和利益。一些人受名利思想的驱使，突破诚实的道德底线，在科学研究的过程中弄虚作假。

在毕业论文（设计）写作中，最普遍的造假行为是对资料或实验、调查的数据和结果的伪造和篡改。

伪造的主要表现：编造不以实际调查或实验取得的数据、图像；伪造无法通过重复实验而再次取得的样品等；编造不符合实际或无法重复验证的研究方法、结论等；编造能为论文提供支撑的资料或参考文献等。

篡改的主要表现：将不完整的实验数据修改得更完整；保留符合期望的数据而舍去不合期望的数据；拼接不同图像从而构造不真实的图像；从图像整体中去除一部分或添加一些虚构的部分，使对图像的解释发生改变；对使用文献资料断章取义，使之符合自己文章论证说明的论据。

（三）代写与买卖

一些学生缺乏研究的精神和毅力，不愿下功夫，急功近利，或受社会风气的影响，或在撰写论文时发现自己的研究能力匮乏，为了能毕业和获得学位，不惜请枪手代劳或干脆到网上花钱买论文。2015 年，中国高校传媒联盟随机抽取了 318 名大学生，就“论文代写”进行了调查。结果显示，31. 13% 的大学生表示考虑过找人代写论文，73. 9% 的大学生身边出现过论文代写现象。而“找人代写论文”的原因则分别是工作压力大、考研出国忙、偷懒和拖延症等。可见，这种现象十分普遍。

代写与买卖毕业论文（设计）是违反学术道德的。许多代写的论文也是抄袭而来的，存在造假的现象，无法通过反抄袭软件的检查。

二、毕业论文（设计）学术失范承担的责任

抄袭与剽窃、伪造与篡改、代写与买卖等毕业论文（设计）学术失范行为，不仅有违学术精神，扼杀了学生的创新能力，影响人才培养的质量，而且败坏了学风，不利于学生健康成长。因此，毕业论文（设计）学术失范行为理应受到遏制和惩处。教育部在 2012 年 11 月 13 日发布的《学位论文作假行为处理办法》，就是一个遏制和惩处毕业论文（设计）失范行为的法规文件。

其中第七条规定：“学位申请人员的学位论文出现购买、由他人代写、剽窃或者伪造数据等作假情形的，学位授予单位可以取消其学位申请资格；已经获得学位的，学位授予单位可以依法撤销其学位，并注销学位证书。取消学位申请资格或者撤销学位的处理决定应当向社会公布。从做出处理决定之日起至少 3 年内，各学位授予单位不得再接受其学位申请。

前款规定的学位申请人员为在读学生的，其所在学校或者学位授予单位可以给予开除学籍处分；为在职人员的，学位授予单位除给予纪律处分外，还应当通

报其所在单位。”

第八条规定：“为他人代写学位论文、出售学位论文或者组织学位论文买卖、代写的人员，属于在读学生的，其所在学校或者学位授予单位可以给予开除学籍处分；属于学校或者学位授予单位的教师和其他工作人员的，其所在学校或者学位授予单位可以给予开除处分或者解除聘任合同。”

作为即将踏上社会工作岗位的大学毕业生，对于毕业论文（设计）这一大学学习的最后一个环节，应该老老实实坚守学术道德，遵守学术规范，特别是遵守和掌握学术引文规范，杜绝学术失范行为，绝不可因一时私念铤而走险，给自己的毕业之旅造成不必要的障碍和麻烦。

第五章
毕业论文（设计）的撰写

第一节　毕业论文（设计）观点的确立

一、确立学术观点的意义

学术观点，即研究的结论。这个结论写进毕业论文，就称之为论点。从研究的过程看，确立论点已经是整个研究过程的结果。但从毕业论文（设计）写作的过程看，确立论点只是论文写作动笔前的一个环节。这一环节对开始写作后的影响极大。动笔前先立意，这是任何文体写作都应该坚持的原则。“意犹帅也”已是老生常谈的道理。“意”在文中起统帅作用，材料的取舍、篇章的结构、遣词造句等，都得服从“意”的需要。毕业论文（设计）写作也不例外。

毕业论文（设计）写作强调动笔前先确立论点，其意义还在于毕业论文（设计）写作不能只是罗列研究过程中所获得的大量材料。毕业论文（设计）作为学术论文的一种，和其他学术论文一样，不是信息资料，不同于实验报告。毕业论文（设计）要运用理性思维和科学抽象的方法，对资料进行研究，形成概念，经过思维的飞跃和理性概括得出科学结论，然后通过论证把结论表达出来。确立论点的过程，正是对资料进行理性思维和科学抽象的过程，是概括科学结论的过程。只有经过确立论点这一理性思考的过程，才能深化对论题的认识。认识越深化，其概括和抽象就可能越广阔、全面，论点的价值就越高。如果不先把意思想好就下笔写，那就肯定写不好。“意在笔先”，要想好了再写。思考得越成熟，对事物的本质认识得越深透，结论的论证表达就会越充分、严密，论文的理论色彩也就可能越浓。

本科毕业生的理论修养还不是很深厚，论文写作的经验也不是很充足，如果在确立论点这一环节的理性思考不成熟，没想好就写，写出来的文章必然是肤浅的。

此外，还有些学生在搜集资料时，形成了一些朦朦胧胧的想法，便以为已经确立了论点，于是动笔写作，结果写出来的论点不明确，论证东拉西扯。有的描述了一大堆材料却理不出材料间的内在联系，显得凌乱，甚至离题。有的段落层次之间缺乏内在的自洽性，等等。综上种种写作失败的现象，概因动笔前没有确立好论点。

动笔前确立好论点，是提高论文质量的重要环节。因此，我们应自觉坚持“意在笔先”的写作原则。边想边写是不好的写作习惯，我们应自觉克服。

二、确立论点的思维方法

我国著名国学大师程千帆教授在谈学术研究的方法时说：“科学研究当然应有符合科学研究的工作步骤和程序。我这里主要是指思维上、逻辑上的步骤。”

程千帆教授所指的“思维上，逻辑上的步骤”是怎样的一种步骤？他说：“你一定要非常认真虚心地阅读有关你所研究的问题的各种文献。第二，你要根据选题本身的特殊性质，采取适当的方法去解决它。方法论在哲学上总是与本体论联系在一起的，二者互相影响。拿搞文学的人来说，我们最注重的是两个东西：一个是材料，称作文献学；另一个是对作品本身的艺术思考，叫做文艺学。真正好的研究成果，往往是将文献学与文艺学两方面相互结合、渗透、协调在一起所取得的。在材料上，要考证清楚，尽量使它没有问题，靠得住；在艺术分析上，成为一般读者可以感觉到的东西。这二者完美地结合起来，当然很困难，不是每一个人都能做到的，但一定要考虑到这些方面。如果题目是偏重于文献学的题目，需要进行考证的，那就不能用艺术手段去解决，你不能用艺术学或美学的观点和方法去研究一个历史考证问题，反过来也一样。”①

程千帆教授这里的具体阐析，首先指出了确立论点的第一步思维方法，就是要对资料进行思考和分析。这是唯物主义的认识论的思维方法，是确立论点的正确的思维方法。

当然，从材料中引出正确的结论，还需要研究者科学的头脑。著名语言学大师王力先生说：“所谓科学的头脑，也就是逻辑的头脑。”确立论点所需要的逻辑头脑主要是分析和综合、抽象和概括的头脑。

分析是人类认识事物的基本思维方法，所以确立论点首先应从分析开始，把整体分解为部分，把复杂事物分解为各个要素，对这些部分或要素进行研究和认识。著名哲学家张世英教授所说的：“写论文，要一层一层地多问几个为什么，要把材料安放在这些‘为什么’的回答之中，把这些问题的答案融化在材料之

---

① 程千帆．学术论文写作贵在创新［J］．文艺理论研究，1996（2）：3－12.

中。这样，才会使论点明确，步步深入，理论性强。”[①] 这个分析的过程，实质上是一个从现象逐层向本质深入的过程。分析的方法，主要有定性分析、定量分析、角度分析、层次分析、结构分析和因果分析。面对自己所研究的课题，就应像程千帆教授所说的，“根据选题本身的特殊性质，采取适当的方法去解决它”。

光分析而不综合，则无论分析得多么透彻和具体，终究是支离破碎，不利于对事物的整体把握。综合可以实现由个别向一般的转化，可以使人超越已有的认识，获得关于客观对象的新的认识，得出更新、更有理论价值的结论。综合的关键是从零乱的材料背后揭示出条理和隐秘联系，形成科学抽象的前提。

抽象就是从研究对象的全部联系和全部属性中抽取出一部分内容、一部分属性加以考察的思维方法。在确立论点过程中的抽象，主要是在完整的、系统的资料基础上，进一步找出最关键的资料、最本质的属性、最重要的方面，而暂时舍弃其余的部分。抽象有待于概括，抽象必须向概括过渡。只有实现了概括，使认识由个别上升为一般，才能形成具有普遍意义的理论。概括越广、越全面，其理论色彩就可能越浓厚，事物的本质就越可能得到充分显示。如果概括只在少量的资料上进行，分析、综合、抽象又不得法，就很可能导致概括片面、论点缺乏理论的广度和深度。

以上是确立论点的思维方法和步骤。确立论点时常见的问题有如下几种。

1. 直接沿用他人的论点

有的学生平时学习不注意知识的积累，写毕业论文（设计）的时候也不愿意多动脑筋思考，只是图省事，走“捷径”，直接沿袭他人论文的观点。这种拾人牙慧的做法，实际上就是抄袭。

这种“改头换面”的造假，应该坚决摒弃。他人的看法，当然可以参考，但不能是人云亦云地沿用，而只能是更进一步的探索和引导。即使是没有水平超越他人的论点，也不应该直接“拿来”，而应该是通过自己对材料的理性思考后，用自己的语言把思考结果概括出来。这样，论点虽然没有新的贡献，但培养了正确的研究方法，锻炼了概括和思考能力，从这一点上看，还是有意义的。

2. 先有观点后找材料

有的论文作者，采取先有论点，然后根据论点需要去搜集资料的做法。这种做法看似能节省搜集资料的时间，较之“论从史出”更容易写出论文来。但这样的做法是很难写出有价值的论文的。

毕业论文（设计）写作最重要的是在资料的搜集和阅读中，或者在社会实

---

① 张世英. 谈谈哲学史的研究和论文写作［M］//王力，朱光潜，等. 怎样写学术论文. 北京：北京大学出版社，1981.

践和实际调查中发现问题，然后运用所学的专业理论知识去分析问题和解决问题。如果先有论点，再搜集资料，那么写出来的论文也必然是纸上谈兵，脱离实际，没有意义。王力先生多次批评学生中这样写论文的做法。他说："搞研究工作最忌的是先有结论，然后找例证。这是很有害的。"为什么很有害呢？王力先生说："凡是先立结论，然后去找例证，往往靠不住。因为你往往是主观的，找一些为你所用的例证，不为你所用的就不要，那自然就错误了。"①

3．简单分析和抽象，结论肤浅片面

科学研究活动总是先认识现象，后认识本质。这是一个不断深化的辩证运动过程。本质的东西往往隐藏得很深，不易为人们所发现。只有通过由表及里、步步深入的理性思考，才能抓住本质。论文水平的高低，主要决定于能否在"结论"中，从研究对象的各种表面现象中，揭示出隐藏得很深的内在本质。

历史学家周一良曾介绍过他如何防止论点肤浅片面的经验。他在研究梁武帝对于所取代的齐王朝宗室不但不杀，还笼络任用这一现象时，采用对比的思维方式，将梁武帝与前两个"开国之君"进行比较，发现了他们的年龄差异。梁武帝代齐时年仅 38 岁，萧道成代宋时 53 岁，刘裕代晋时已 65 岁了。由此，周一良认为：刘裕、萧道成即位时年事已长，害怕自己不久于人世，深恐嗣子不能维持新王朝的统治局面，为预防已被灭的旧王朝复辟的危险，所以对旧君和前朝宗室采取剪除的方针。而梁武帝萧衍即位时年富力强，不忧天下不稳，所以敢于采取宽容的态度，笼络任用前朝宗室。

周一良并没有轻易满足于这个初步思考的结果。他与研究魏晋南北朝史的专家祝总斌再作进一步的思考，找到了更本质的解释。祝总斌认为，年龄因素所起的作用不可否认，但不是主要的原因，更主要的原因是新旧王朝统治阶级力量的对比。刘裕即位时，虽已把异己分子消灭殆尽，但司马氏还是有些影响力的人物，所以刘裕必须对司马氏加以剪除，杜绝可能产生的后患。萧道成本人威信不高，篡位以前基础不牢固，如果不马上杀死宋顺帝并打击刘家宗室，怕维持不住。萧衍不杀前朝宗室并加以任用，是因为萧齐王朝年代短促，萧道成的嫡系子孙又大多已被齐明帝消灭掉，所以萧衍才敢于宽大为怀。

周一良回顾这次研究，深有体会地说，最初的认识，只从年龄上做对比，只从君王的主观因素上做思考，陷入唯心主义。祝先生既从主观因素上分析，又能从新旧王朝阶级力量对比这一客观因素上做全面深入的理性思考，找到了最本质的历史唯物主义的结论。

---

① 王力．谈谈写论文［M］//王力，朱光潜，等．怎样写学术论文．北京：北京大学出版社，1981．

从周一良的这个经验，我们应清醒地意识到，“论从史出”，不仅是个方法问题，还是个认识水平和研究态度的问题。马虎思考、草率概括的做法，是提炼不出有价值的论点来的，更揭示不出那些隐藏得很深的内在本质。对资料只作简单的思考，就会使整个研究工作半途而废。

4. 综合概括不出与资料相洽的论点

有的学生面对一大堆资料，往往觉得茫然无措，理不出头绪，想不出与资料相一致的论点。这种缺乏理性思维的缺陷反映在论文内容里，必然是只见材料不见观点、陈述材料没有论证目的、材料堆砌并没有内在联系，等等。

王力常常说：“科研有两个条件，一个条件是时间，一个条件是分析能力。没有时间就没法充分占有材料。要有分析能力就要有科学的头脑、逻辑的头脑。”①

著名美学家朱光潜说：“写说理文究竟难在哪里？难就难在这方面。”他认为，“写说理文，首先就要学会思考”，“分析和综合的思想方法”是要“长期辛苦训练”的。②

确立具有普遍意义的有理论价值的论点，并非轻而易举之事。具有科学头脑的人尚且要下大力气，分析能力不强的人就更需要花更大的力气。理性思维能力不是一时一次能培养出来的，这需要通过长期的修养和训练逐步提高。

三、提炼论点的任务

通过对资料的分析、综合、抽象、概括等理性思维之后，论点就基本上确立起来了。但是，要把想好的研究结果（即学术观点）用文字固定下来，还需要做提炼推敲工作，才能进一步把论点表达得准确、清晰、优美。

提炼论点主要有以下三项任务。

（一）明确判断

论点是作者对资料进行理性思维抽象概括出来的一个判断。这个判断来自对所判断的对象清晰而深透的认识。例如，医生要对某病人做出准确诊断，就得对病人的身体状况做全面的检查并对其病史有清楚的了解。要写一篇关于企业制度改革的论文，就必须对我国企业制度的历史、现状、存在的问题做深入的调查

---

① 王力．谈谈写论文［M］//王力，朱光潜，等．怎样写学术论文．北京：北京大学出版社，1981.

② 朱光潜．谈谈说理文［M］//王力，朱光潜，等．怎样写学术论文．北京：北京大学出版社，1981.

了解。

所以说，论点的明确，首先是认识上的明确。准确的判断有赖于明确的认识。人对事物的认识总要有一个过程。起初，总会遇上一种“说不清楚”的现象，仿佛意识到了一点什么，却若隐若现，捉摸不定，这就是认知上的模糊现象。这个认识是不明确的认识，要继续认识下去，直至十分明确为止。

（二） 明确分论点之间、 分论点与中心论点之间的关系

确立论点，通常包括中心论点和分论点的确立。中心论点是统帅全文的总论点，是作者对研究对象理性思考抽象概括出来的总判断。分论点是构成中心论点的各个部分、各个方面的判断，是中心论点的论据。

由于毕业论文（设计）内容比较丰富，论证比较复杂，因此通常通过对多个分论点的论证来逐步完成对中心论点的论证。

在确立论点阶段，必须要明确中心论点与分论点的关系以及各分论点之间的关系。这样才能避免分论点游离于中心论点，避免各分论点之间混乱松散，缺乏内在的自洽性。

一般来说，中心论点与分论点之间的关系，是主从关系。每一个分论点都必须从属于中心论点。如果分论点对中心论点没有论据作用，这个分论点就没有存在的必要。

各分论点之间的关系，常见的有两种：

第一种是并列关系，即各分论点是总论点的其中一个组成部分，各分论点之和等于总论点。并列式分论点分别从不同角度对总论点展开论述，其好处是论证全面，有条有理，让人一目了然。

第二种是推进关系，即分论点之间的关系是环环相扣的，上一个分论点是下一个分论点的基础或前提，下一个分论点是上一个分论点的进一步论述。通过一个又一个分论点的论证，一步一步把中心论点说深说透。推进关系的形式较为多样，有时间线索的演进论证，有由浅入深的层层递进，还有由点到面的逐步集中，以及层层剥笋的向内推进等。各分论点具有十分严密的排列顺序和内在的逻辑性。

（三） 推敲论点句

论点句常常直接写入毕业论文（设计），并放在文章最显眼的地方，如题名、小标题、段首、独立段等“居要”位置。因此，这些论点句必须认真推敲，咬文嚼字，连句式也要精心设计，才能表达好。

推敲时应特别注意以下两点：

1．注意表意清晰明达

论点是作者对资料进行理性思考、抽象概括的结果。这个思考结果想清楚了，还需要表达得明确，论点才能明确。

要把抽象思维结果表达明确，就要对句式和用字进行认真的推敲。例如，“实践是检验真理的唯一标准”。这个论点表达得十分明确，是因为作者很考究地选用了单句形式，简洁明快地把判断表达出来，同时，用“唯一”一词加以限制，使判断的内涵和外延更加明确。

但是下面这句判断表达得就不清楚了：“电影制作要追求票房价值的观点，在最近一些论文中曾提出了批评。我认为是正确的。”

这个表达不明确，是因为读者对这个判断可以有两种理解。一种理解为：“电影制作要追求票房价值，我认为是正确的。”另一种理解为：“对电影制作追求票房价值的观点提出批评，我认为批得对。”两种理解互为相反的判断。

所以，确立论点，要注意论点句的推敲和表达，力求把已想好的抽象概括的思考结果表达明确。

2．注意表意辩证科学

保证论点的科学性是十分重要的。我们在强调事物某一个方面的重要性时，往往容易偏激，说过头话。例如强调“学习写作理论很重要”时，就会写出“不管做什么工作都要学会写文章；写好文章是我们搞好工作必须具备的一项基本条件”。只要认真推敲这个无条件复句，就不难发现其中的偏颇。

推敲论点的科学性，首先要推敲资料的真实性。提炼论点如果毫不顾及资料的真实性，就容易导致论点的不科学。还有一种不科学的提炼论点的态度是资料为我所用，不是从资料的全面而系统的思考中概括出科学的论点，而是断章取义，自欺欺人。有的虽不是故意反科学，却由于对资料缺乏全面系统的思考，不自觉地陷于片面性。例如，有一篇研究科学家品质的论文，对牛顿做出了“对科学缺乏坚贞品质”的评价。作者根据牛顿50岁出任造币厂督办之后的45年无大建树这一历史现象，断定牛顿为了追求金钱而放弃学术研究的结果。后来有人撰文反驳。反驳者认为，前文作者对牛顿的生平资料缺乏全面而准确的了解，得出的结论是武断的。牛顿50岁出任造币厂督办的原因绝不仅仅为了钱。牛顿就任造币厂督办有多方面的原因，只有对其原因做全面而系统的了解才能做出客观的评断。同时，前文作者对牛顿出任造币厂督办之后有无放弃学术研究也缺乏全面了解。事实上牛顿任造币厂督办后并没有背弃科学，而继续以多种形式发表了或写下了大量科学论著，同时终生担负着科学界的重要领导职务。另外，把牛顿50岁之后无大建树的原因只归咎于就任造币厂督办是不公正的。牛顿晚年科学创造逐渐下降有多种因素，至少年龄就是因素之一。事实上，牛顿晚年对科学的贡献虽然没有前期那么重大和突出，但仍对科学做出了重大贡献。由于前文作者不是从事实的“总和”及其联系出发，因而对牛顿做出了武断的评价和失之偏颇的指责。初学论文写作者应以此为戒。

论点的科学性，还取决于思维方法的正确性。资料真实并不意味着结论就一定正确。如果在判断、推理过程中违反逻辑规则，或在概括结论时运用错误的观点和方法，真实的前提也会得出不真实的错误的结论。这在论文写作中并不少见，应引以为戒。

自然科学的结论，其正确性通常可验证。如有位研究内分泌的专家在一篇医学论文提出自己的新见解：“切除垂体的鸡，凡在黑暗中的都死了。但若每夜开灯两次，每次一小时，则鸡可以存活下去。”这个结论一经实验，便可验证出真假。

社会科学的一些结论，是不能用实验的方式来检验的。但要言之成理，持之有故，符合充足理由律，经得起实践的检验。

四、论点的表达

在论文里有两种截然不同的表达方式：一种是“立片言以居要”的明确表达方式；另一种是“潜在论点”的写法。

请看两个实例比较：

示例1：

孔子的“正名”逻辑思想，对中国古代逻辑学的产生和发展具有重大意义。

第一，孔子的正名理论第一次提出“名”（概念）这一逻辑范畴，指出了“名”在逻辑思维中的重要作用。“名不正则言不顺”，“名正”是“言顺”的必要条件。“名”就是名称、概念，“名正”，就是名实相符，概念明确、准确；“言”就是表达思想的语句，即命题、判断，“言顺”指判断恰当、合乎情理。“名之必可言也，言之必可行也”，是说正确使用概念可使判断恰当，判断恰当可以指导正确的行动，因此，“君子于其言，无所苟而已”，君子不能随便乱下判断，必须在明确概念的前提下遵循一定的法度去思维，才能做到判断恰当。

自从孔子提出“名”的基本范畴并指出“名正”是正确思维的基本条件之后，研究“名”成了一门内容极其丰富的专门学问——名学，名学就是中国古代的逻辑学，与之有关的学术问题有名法、名理、名言、名实、名辩、名公、名守、形（刑）名等等。必须指出，“名学”决不仅指《汉书·艺文志》所言“名家”的学说，而是指研究“正名

（概念）”、“析辞（判断）”、“立说（推理）”、“明辩（证明）”的有关规律的学说，即古代的逻辑学。因此，可以说正名理论的提出标志着中国古代逻辑史的开端。从这个意义上说，孔子就是中国逻辑的开创者。

第二，孔子的正名理论强调了逻辑的政治伦理意义，奠定了中国古代逻辑学为政治伦理服务的传统。孔子认为，春秋末年之所以出现社会动荡、礼崩乐坏的混乱局面，乃是由于“名实相违”已久的缘故，他认为“名失则愆”（《左传·哀公十六年》），所以他提出“为政必先正名”（《鲁论》），只有通过正名，才能消除社会动荡，恢复礼治。这种把逻辑与政治伦理紧密结合的逻辑思想，对后世逻辑思想发展产生了极大影响。自孔子以后，墨家、法家及后期儒家（以荀子为代表）虽然政治主张不同，伦理观念各异，但他们的逻辑学说无不具有明显的政治伦理色彩。即使是政治色彩最淡的名家如公孙龙之流，虽然其白马、坚白之论似乎远离政治，但他本人也自我标榜“以正名实而化天下”（《公孙龙子·迹府》）。

第三，孔子的正名理论最先提出了名实关系问题，发起了春秋战国时期问题的长期争论。孔子的正名理论是针对当时社会“名实相怨”已久的现实而发的，他所说的“名正”，就是要求“名实相符”，但他的名实观颠倒了思维和存在的关系，企图以主观的名去纠正客观的实。《论语·雍也》记载了孔子对“觚”的一番感叹：“觚不觚，觚哉觚哉！”意思为：觚本来是腹足有棱角的，而现在的觚已经没有棱角了，这哪里还能算是觚呢！他不是要求对已经变易的酒器改一个名称，而是要求恢复觚原来的样子。孔子的感叹决不仅仅是对觚这种酒器而发的，他实际上是在对周礼制度名存实亡的现实发感慨。要以周礼的名分来正春秋末期礼崩乐坏的现实，实际上是要求以事实去适就“名”。

自孔子提出“以名正实”的逻辑原则后，墨、道、名、法各家以及荀子等纷纷就此提出各自的逻辑原则和理论：墨子提出“取实予名”的原则，后发展为后期墨家的“以名举实”的完整理论；老子主张“无名”，庄子则提出“名者实之宾也”的观点；公孙龙认为“名者，实谓也”；后期儒家的荀子则在《正名》篇中全面阐述了“制名以指实”的名实观，韩非注重“综核合名实”来推行法治。延续数百年之久的名实问题的争论，促进了概念（名）、判断（辞）、推理（说）、论证（辩）等问题的研究，推动了中国古代逻辑学（名学、名辩之学）的发展。

资料来源：杨树森. 孔子“正名”思想的提出及其对中国古代逻辑的影响[J]. 学术论坛，1994，9（5）：71. 有改动.

示例 2：

历史上曾有许多现象不能不令我们深思。两千多年前，当佛教作为异域文化传入我国后，尽管不久都被奉为国教。可是，当我们认真地审阅一下佛教艺术从南北朝经隋唐而至宋所发生的演化，就不能不惊异于作为中国本土文化艺术那种不可抗拒的消融力量。超凡脱俗的精神性逐渐走向对世俗人间秩序的认同，反理性的宗教迷狂，逐渐纳入了宁静的理性轨道，这是中国文化与外域文化的第一次大汇通，其结果不是本土文化趋附于外来文化，恰恰相反，是外来文化消融于中国本土文化中。固然，它确曾给我国传统的文学艺术注入了活力。这种情况在近代历史上也不乏其例。19 世纪末 20 世纪初，中国先进知识分子为寻求国体的振兴和精神的解放，他们对外域文化的承受更加积极自觉，在弃旧图新的激进精神驱使下，“西方”几乎成了“新”与“先进”的代名词，西方文学一时成了中国有出息的文学家向往、学习的楷模。鲁迅甚至还说过这样的话：“新文学是在外国潮流的推动下发生的，从古代文学方面，几乎一点遗产也没摄取。”然而，中国文学最终仍没有与历史的传统和现实土壤断裂，没有走上西方文学发展道路（包括内容和形式），而只能是将西方文学和一些新的因素熔铸在自己的母体中，这是因为中国的文学家们始终无法摆脱孕育他们成长的中国文化土壤在他们身上所留下的一切。美籍学者叶维廉在议论“五四”时期一批作家时，有一段话是颇有见地的，“所谓完全否定传统常常只是一种表面的姿态，所有这些知识分子，胡适、鲁迅、郭沫若、徐志摩、闻一多等等，受的都是古典文化的教育。所以，在文学上的表现或是社会思想形态的思考上，沉潜在他们下意识里的一些传统的美学观念和文化思想，仍然如鬼灵般左右着他们的取舍。就拿早期的郭沫若来说吧，他的诗歌特色常常是使用一连串顿呼修辞法，爆发性地歌颂自我，大声疾呼自己是彻头彻尾的离经叛道者。然而，就在他接受自由思想的同时，他又有意无意唤起道家思想作为中国的平行例证”。（引自陈美兰《热浪中的沉思》，见《文艺报》1989 年 2 月 11 日）这点，对于今天仍然生活在中国文化生态环境中的当代作家们，恐怕仍有某种警觉的意义吧！

以上两例一比较，我们便不难看出论点表达方式的区别所在。示例 1 中，用并列式的三个分论点，十分明确地表达了孔子的“正名”逻辑思想，对中国古代逻辑学的产生和发展所具有的重大意义。这就是“立片言以居要”的明确的表达方式。

示例 2 中，我们不能在文中画出哪一句作为论点句。作者坚信“中国文化对外域文化始终具有不可抗拒的消融力量”这一论点，是在论证的全过程中表达出来的。读者通过佛教被中国文化消融，以及五四时期西方文学被熔铸在中国文化的母体之中这两个历史事实，领会出作者对中国文化坚信不疑的态度。这种写法便是“潜在论点”的写法。

尽管论点在论文中有明确和潜在两种表达方式，但无论采用哪种写法，都需要作者在确立论点这一环节里将论点提炼到明确的程度。第一种表达要求把论点明确到用判断句式推敲成论点句。第二种写法同样需要作者把潜在的那个论点先明确地固定下来，在论证过程中，虽不和盘托出，但作者心中始终要对那个潜在的论点有清醒的把握，否则极容易在论证过程中不知不觉地偏移论题。以其昏昏，使人昭昭，是根本不可能的。如果作者对潜在的论点不是十分明确，那么，他也无法在论证过程中把那个潜在的论点表达清楚，让读者准确地领会出那个潜在的论点来。

第二节　毕业论文（设计）写作提纲的构建

一、拟定提纲的意义

（一）拟定提纲是论文写作必不可少的环节

凡有导师指导的论文写作，必须提交论文提纲，经导师审定批准后，才准动笔成文。这已是论文指导的一种固定程序。即使没有导师指导的论文写作，也需要先拟定好提纲，然后依纲成文。想好了再写，论文才写得好。

（二）提纲便于构思酝酿

论文提纲是作者对全文的总设计，是作者思路外部形态的一种体现。这个总设计和思路，需要经过一个由粗到细、由朦胧到明确、由粗疏到精密的过程。将构思的过程用文字固定下来，既便于明确，又便于推敲。拟定提纲，应该是酝酿构思最佳的方式。

（三）提纲能避免写作中出现大的失误

拟定提纲的过程，是作者对思路反复进行斟酌、深化和修改的过程。反复酝酿拟定的提纲，通常是一个完整的最佳方案。有了这个最佳方案，论文写作就有了蓝图。作者全文在胸，思路明晰，就可以避免结构混乱，详略不当，材料与论点不合，跑题甚至下笔千言却不知所云等乱写一气的失误。

有导师指导的论文写作，将论文提纲交导师审定，就能在成文前及早发现问题，避免成文后才纠正的失误。这较之成文后才指导显然优胜得多，指导效果事半功倍。

（四）提纲有助于文脉贯通

毕业论文（设计）不是千字短文，一气呵成不大可能。其篇幅较大，难度较大，写作时间较长，这就很需要借助提纲来保证全文文脉贯通，不受阻塞。有了论文提纲之后，作者可以依纲逐段写作，相对集中精力于一段，像一口一口细嚼慢咽似的精心把一段一段写好，而又能文脉贯通地构成全文。对于不得不常常中断写作的作者，提纲更是得力的好帮手。它可以使作者重新提笔时，能在较短时间里回想起应该写的内容，使断断续续的写作也能文脉贯通，不受阻塞。

二、论文提纲的基本内容

一份论文提纲应在下面四个方面酝酿成熟并反映出其内容：

（1）题名。

（2）中心论点和分论点。

（3）层次段落。

（4）各分论点所用的资料。

请看一份内容齐备的规范的论文提纲。

示例：

古代文艺肖像与美学宗教意蕴

袁明光

（论文写作提纲）

绪论：简要阐述论题研究的意义和价值

本论：具体阐述古代文艺肖像与美学宗教意蕴

一、狞厉美：中国古代原始宗教意蕴对肖像的渗透（小标题入文内）

（一）史前社会人类把野兽的形象幻化成图腾

（二）图腾崇拜的具体意蕴

1. 中国西部夏部落以龙为图腾的意蕴

2. 中国东部殷部落以凤为图腾的意蕴

（三）图腾崇拜的宗教意识对人物肖像的渗透

1. 女娲肖像的宗教印记

2. 伏羲肖像的宗教印记

3. 由女娲、伏羲肖像窥见狞厉美的审美意蕴及根源

二、中和美：儒家中庸之道的哲学思想在肖像上呈现的表征（小标题入文内）

（一）儒家追求的美的最高境界是中和美

（二）肖像描绘所体现的中和美

1. 司马迁描绘刘邦

2. 王充描绘孔子

3. 宋玉描绘东邻美女

（三）中和美的心理内质剖析与发展

三、自然美、空灵美：道教的美学意蕴在肖像上留下的痕迹（小标题入文内）

（一）道教的哲学思想的核心是崇尚自然

（二）道教的美学理想主要体现为自然美

（三）自然美在肖像上的表现

1. 葛洪笔下的太上老君

2. 老子穿着的五彩衣

（四）自然美的辩证认识

（五）道教美学的另一重要范畴——空灵美

（六）空灵美在肖像上的表现

1. 孔明肖像

2. 林黛玉肖像

四、虚无美：佛教的美学意蕴给肖像烙下的印记（小标题入文内）

（一）佛教教义的主要内涵

（二）佛教美学意蕴在肖像描绘中的印记

1. 陈寿《三国志》描绘刘备、魏明帝、晋武帝

2. 如来佛之头发、手、耳的特点已移植到中国帝王的肖像上

3. 虚无美的肖像

（1）敦煌壁画“割肉贸鸽”

（2）龙门石窟十一尊雕像

4. 虚无美的辩证认识

结论：肖像的历史与现实的效应

（一）古代文艺肖像的丰富内涵

（二）古代文艺肖像所积淀的多元一体审美观之精神效应

（三）多元一体的美学观对现代文艺的巨大作用

编者注：原文载《学术论坛》1994 年第 6 期，提纲由本书作者拟制。

这是一份酝酿成熟的论文提纲。其优点如下：

（1）明确拟定了全文的大标题和各部分的小标题。全文前后一致，均采用论点句作标题的方式。四条小标题的句式工整，判断明确。

（2）中心论点和分论点已明确拟定，并已推敲成论点句式。

（3）明确拟定了全文的层次段落，且详细到第四级的段落安排，如本论一、（一）1.（1）。全文分绪论、本论、结论三大部分。本论分四个层次，层次间呈横式关系，分别从四个方面分述中心论点，条分缕析，清清楚楚。

（4）明确了各分论点运用的论据。例如本论一的（二）将用龙和凤具体论证图腾崇拜的具体意蕴。

这份提纲内容齐备、纲目清晰，是一份好的论文提纲范例。

三、提纲的两种形式

（一）单句式提纲

单句式提纲，即用单句将提纲内容概括出来，一行一行排列显示全文骨架。如前述袁明光的《古代文艺肖像与美学宗教意蕴》的提纲就是单句式提纲。

这种提纲的优点是一目了然，易拟易记。缺点是概括过于扼要，只能自己了解，别人不一定明白，甚至时间长了，自己也有可能感到模糊不清。

（二）摘要式提纲

摘要式提纲，即用简约的语言将每层每段的大意概括出来。这种提纲更加比单句式提纲费时费力，对全文的布局不如单句式提纲清晰。

下面是一份摘要式论文提纲。

示例：

借鉴、创新的光辉范例

——鲁迅与果戈理的同名小说《狂人日记》之比较

沈渝丽

（论文写作提纲）

绪论分两段写。

第一段提出本文将要探讨的三个问题：这两篇小说的内在联系是什么？鲁迅在创作小说时受果戈理哪些启发和影响？他俩的小说在思想艺术上有哪些异同？

第二段介绍鲁迅对这两篇小说的三个评价：中国青年对《狂人日记》的强烈反响，是由于不了解欧洲早已有了这一类作品；小说的同名不是偶合，而是特殊意义上的模仿；鲁迅的《狂人日记》比果戈理的《狂人日记》在对不幸人的同情和对旧制度的控诉上更深广。

本论分三部分，用一、二、三序码标示。

第一部分论述鲁迅与果戈理“叫喊和反抗精神”的同异。分三个分论点论述。

其一从时代探究两位作家共同精神的原因。果戈理所处正是俄国封建制度垂死挣扎的时代。沙皇为扑灭革命烈火，疯狂镇压革命党人，鞭笞、流放、监禁、绞杀等。而人民的愤怒情绪到处高涨起来。鲁迅所处的是辛亥革命后，封建势力依然猖獗，袁世凯称帝、张勋复辟、军阀混战。《新青年》举起反帝反封建的旗帜，影响全国青年激进的资产阶级革命思想。

其二从思想和身世探究两位作家共同精神的原因。果戈理出身地主家庭，只身到彼得堡做大事业，结果严酷的等级制度逼得他不得不屈身于卑琐的工作中求生，后受普希金、别林斯基影响形成反封建民主主义思想。鲁迅出身地主家庭，从小饱尝了由小康堕入困顿的艰辛。他又目睹帝国主义、封建主义对中国的压迫。国家腐败、民族危机，激发了鲁迅的革命意志，后来他接受陈独秀资产阶级激进民主主义者的影响。

其三从时代、立场、观点、思想等质的差异探究鲁迅比果戈理的“叫喊和反抗”要坚决彻底得多的原因。果戈理所处的是俄国革命的第一阶段。果戈理站在贵族资产阶级立场反封建等级制度。他的反抗，只是哀叹抱怨、无可奈何的呼喊和濒于绝境的求救。鲁迅比果戈理晚半个世纪，世界已诞生无产阶级专政的国家，对鲁迅影响很深。因此，鲁迅以封建阶级逆子的姿态参加战斗，他以文艺为武器，促封建大厦之将倾。更由于他始终与人民同呼吸，因此，他的反封建精神比果戈理坚决得多，彻底得多。

第二部分（略）

第三部分（略）

结论总结两篇上乘之作，指出如何对前人的继承、发展的启发意义。

编者注：原文登载于《河北师范大学学报》1982 年第 2 期，提纲由本书作者拟制。

这份摘要式论文提纲共有 2 000 余字，限于篇幅，以上只引录了绪论和第一部分，目的是展示摘要式论文提纲写法上的范例。

第三节　毕业论文（设计）的编写格式

论文提纲是全文的框架。这个框架的设计，应该符合国家制定的毕业论文（设计）编写格式要求。

一、国家标准的学位论文编写格式

为了统一学位论文和学术论文的撰写和编辑的格式，便于信息系统的收集、存储、处理、加工、检索、利用、交流、传播，我国于1987年制定了国家标准《科学技术报告、学位论文和学术论文的编写格式》（GB 7713—87）。后来，有关部门又将其修订为《学位论文编写规则》（GB/T 7713.1—2006）、《科技报告编写规则》（GB/T 7713.3—2009）和《科技论文编写规则（草案）》（GB/T 7713.2）等三个标准文件。其中《学位论文编写规则》从2007年5月1日开始实施。

根据《学位论文编写规则》的规定，学位论文一般由以下5个部分组成：①前置部分；②主体部分；③参考文献；④附录；⑤结尾部分。每部分项目内容写作都有具体的规定和要求（详见本书附录2）。

二、本科毕业论文（设计）的基本构成

本科毕业论文（设计）一般由封面、摘要、关键词、目次页、正文、致谢、注释、参考文献、附录等九个部分构成。

（一）封面

毕业论文（设计）的封面一般包括以下内容：论文题名、学生姓名、指导教师、班级、专业、学号。其中的学生姓名、指导教师、班级、专业、学号等内容按学校印刷好的封面格式填写就可以了。这里我们着重讨论题名的拟定。

1. 题名的概念

题名即论文的题目，是以最恰当、最简明的词语反映论文中最重要的特定内容的逻辑组合。“题名”是毕业论文（设计）和其他学术论文题目的规范术语，一般不称“标题”，因为标题既可指题名，也可指层次标题，具有模糊性。

2. 题名的类型

常见的题名有两种类型：论题指示型和论点概括型。

（1）论题指示型题名由“研究对象+研究类型”构成。其中研究对象指论文具体的研究内容。研究类型指研究方法、研究手段、研究角度和研究性质等，如试验研究、观测研究、应用研究、比较研究、调查统计研究、理论分析、推导、综合论述、专题论述、数值模拟、设计计算等。例如：《投资经济效果的统计分析》《抽样调查应用研究》两个题名，其中“投资经济效果”“抽样调查”是研究对象，“统计分析”“应用研究”则是研究类型。

题名有时也可以只反映研究对象，不必说明研究类型。例如：《中国企业员工管理的文化特征》《现代企业制度与市场经济》等。

（2）论点概括型题名以高度概括的完整语句表达论文的主要或基本论点，具有较强的自明性。例如：《科学技术是第一生产力》《“自主创新”是必由之路》。这类题名，让人一看就明白论文的中心论点是什么。

3．题名的要求

（1）准确得体。

题名要能准确地表达论文中最重要的特定内容，恰如其分地反映研究对象的范围、所达到的深度和所用的特殊方法，避免使用笼统虚泛的词语和华而不实的辞藻。

题名要做到准确得体，首先是用语不能过于宽泛，要用具体的语言准确地揭示论文特定的研究内容。例如：《方差分析的应用》，这样的题名就显得过于宽泛；而《方差分析在人力资源考评中的应用》，这样的题名就是具体的。其次是用语要把握分寸，平实客观。尽量不要把“……的机理”“……的规律”之类的词语用在题名上，除非你确实弄清了“机理”、掌握了“规律”，否则，用“……的一种解释”“……的一种机制”这样的表达会更恰当，留有更多余地。尤其是使用“……新方法”“……新发现”这样的题名时更要小心，如果没有十足的把握，就会很容易让读者感觉到作者的狂妄和无知。

（2）简短精练。

《学位论文编写规则》要求题名要以简明的词语恰当、准确地反映论文最重要的特定内容，一般不超过 25 字。在能够清楚地表达论文的重要内容的前提下，题名应越短越好。

要使题名简短精练，重要的是要学会简洁表达，善于删繁就简。减少题名字数、使题名简洁的方法有下面几种：

第一，删除冗余的词语。如《关于钢水中所含化学成分的快速分析方法的研究》，可改为《钢水化学成分快速分析法》。

第二，避免词义重叠。如《对我国市场营销环境的宏观分析探讨》，可把“探讨”删去，改为《对我国市场营销环境的宏观分析》。

第三，如果题名内容确实较多，可把部分内容抽出来作为副题名。副题名主要起补充、阐明题名的作用。例如《从产业结构合理化的标准看我国产业结构现存的主要问题及对策》，长达 28 字，可以把“从产业结构合理化的标准”这部分内容抽出作为副题名，改为《我国产业结构现存的主要问题及对策——基于产业结构合理化的标准》。

（3）便于认读。

题名通常由名词性短语构成，应尽量避免使用不常用缩略词、首字母缩写字、字符、代号和公式等，力求通俗易懂。

（二）摘要

1．摘要的概念和作用

根据国家标准《文摘编写规则》（GB 6647—86）的定义，摘要是“以提供文摘内容梗概为目的，不加评论和补充解释，简明、确切地记述文献重要内容的短文”。摘要是论文主要内容的浓缩，应包含与论文等同量的主要信息，供读者确定有无必要阅读全文，也可供二次文献采用。摘要一般应说明研究工作的目的、方法、结果和结论等，重点是结果和结论。

本科毕业论文（设计）中文摘要的一般字数为300～600字，外文摘要的实词为300个左右。如遇特殊需要，字数可以略多。英文摘要与中文摘要内容相一致。

2．摘要的种类和写作

摘要一般分为三种类型：报道性摘要、指示性摘要和报道—指示性摘要。

（1）报道性摘要，也称资料性摘要或情报性摘要。用以报道论文所反映的作者的主要研究成果，向读者提供论文中全部创新内容和尽可能多的定量或定性的信息，尤其适用于试验研究和专题研究类论文，多为学术性期刊所采用，篇幅以200～300字为宜。毕业论文（设计）应采用报道性摘要，字数为400字左右。

示例：

真空冷冻干燥对牡蛎品质的影响

摘　要：我国牡蛎产量丰富，除部分鲜销外很多加工为干制品，然而传统牡蛎干制品复水性差、产品附加值低。为了得到高品质的牡蛎干制品，本研究对牡蛎进行真空冷冻干燥加工，并对冻干加工牡蛎的复水性、质构和蛋白、脂肪及部分滋味成分含量的变化情况进行探讨。研究结果表明：牡蛎的共晶点和共熔点温度分别为－25 ℃和－17.5 ℃，牡蛎在－30～－35 ℃条件下预冻2 h，在冷阱温度达到－40℃后在真空度20 Pa条件下干燥15 h得到干品；与对照产品（市售蚝干）相比，冻干牡蛎复水性较好，其在20 min即可复水完全，复水比为3.68；冻干牡蛎的质构也优于对照产品，除脂肪含量较低外，蛋白质和几种滋味成分含量也均高于对照产品。由此可见，真空冻干燥不仅可以减少牡蛎干制时的蛋白损失，且能够较好保持质构和原有风味，可以用于高品质牡蛎干制品的加工。

资料来源：高加龙，沈建，章超桦，等. 真空冷冻干燥对牡蛎品质的影响［J］. 现代食品科技，2015（4）.

这是一篇报道性摘要。从研究目的、研究方法、研究结果、研究结论等四个方面报道了作者的主要研究成果和比较完整的定量及定性的信息。

（2）指示性摘要，也称说明性摘要或概述性摘要。主要用于提示文章内容，其目的是使读者对该研究的主要内容（即作者做了什么工作）有一个轮廓性的了解，字数一般在100字左右。

示例：

我国海洋生物物种多样性研究

摘　要： 综述国际海洋生物多样性研究的现状和海洋生物物种的数量及分布，以及我国海洋生物物种多样性研究现状、经济生物的数量、海洋珍稀物种的数量与分布；介绍国际海洋生物普查计划的缘起、项目的组织和实施以及全球海洋生物物种多样性的展望。探讨了我国海洋生物物种多样性研究的若干问题。

资料来源：周秋麟，杨圣云，陈宝红. 我国海洋生物物种多样性研究［J］. 科技导报，2005（2）.

此摘要只概括地介绍了论文研究的主要方面，使读者对论文的内容有大致的了解。

（3）报道—指示性摘要。报道—指示性摘要是报道性摘要和指示性摘要的综合形式，主要用于摘要长短受限制，或因文献类型与文体的限制，有必要对文献主要内容作报道性介绍，而对其他次要内容只作简介的情况。其行文长短介于报道性摘要与指示性摘要之间。

示例：

柴油机燃用棉籽油的试验研究

摘　要： 介绍了不经任何改装的S195型柴油机燃用棉籽油与柴油混合油或纯棉籽油的试验研究情况。结果表明，燃用棉柴混合油或纯棉籽油时，发动机性能良好，无异常现象；适当调整供油提前角、加大循环供油量，可以达到原机功率，而且烟度有所下降。还分析了S195型柴油机在试验工况下的燃烧特性和放热规律。

资料来源：李兴昌. 科技论文的规范表达：写作与编辑［M］. 第2版. 北京：清华大学出版社，2016.

这是一篇比较典型的报道—指示性摘要。此论文中价值最高的部分是试验结果，因此用报道性摘要的形式来表述，对其余部分则用指示性摘要的形式概括说明，如“介绍了……试验研究情况”“分析了……燃烧特性和放热规律”，而对“情况”怎样、“特性和规律”是什么，均未陈述。

3. 摘要的写作要求

（1）内容要有独立性和自明性。所谓独立性和自明性，就是摘要能脱离原文而独立存在，其内容是完整而明确的，读者不用阅读全文或查阅其他资料就能获得论文的主要信息。

（2）采用第三人称写法。摘要是对论文内容的客观表述，为了突出摘要的客观性，只能用第三人称而不是其他人称来写，不能出现“本文”“我们”“笔者”等做主语的句子。

（3）不要用评论性语言。摘要一般不对论文的理论意义和实践价值进行评价，不要出现“本文在理论上有重大突破”“国内首创，国际领先”“作者提出的理论新颖，具有重要的使用价值”等类似的评语。

（4）除了实在无变通办法可用的情况外，摘要中不要使用图、表、化学结构式、非公知公用的符号和术语。

（5）一气呵成，不分段。

（三）关键词

1. 关键词的概念和作用

关键词是为了满足文献检索的需要，从论文中选取出来的最能代表论文中心内容特征的词或词组，这些词或词组大多为各门学科的名词和术语。关键词应体现论文特色，具有语义性，在论文中有明确的出处。

每篇论文一般选取3～8个关键词，用显著的字体另起一行，排在摘要的下方。为便于国际交流，论文应标注与中文对应的英文关键词。

关键词的主要作用是引导读者阅读和检索。读者阅读论文时，未读全文，仅从关键词即可了解论文的主题，把握论文的要点。同时，读者若要查阅某方面的文献，只需在电脑中输入相关关键词，即可在数据库中搜索到相关的文献，既快捷又准确。

2. 关键词的选取和排列

关键词的用词是非常讲究的，不是随便从文章中摘取几个词语就可以了。关键词的选取，需要遵循一定的原则。第一个原则是有效。选取的词或词组要能概括论文的主题内容，使读者能据此判断出论文的研究对象、所使用的材料、方法和条件等。同时，选取的词或词组应该是名词、术语，形容词、动词、副词、介词、连词、感叹词、代词等不宜用作关键词。一些不具有学科性质的通用词语，如理论、报告、方法、问题、对策、措施、特点、发展、研究、思考等，运用于不同学科、不同领域，所指示的对象往往千差万别，缺乏专指度和唯一性，因此不能选为关键词。还有一些表示时间性的词，如新时期、转型期、20 世纪等，也不宜选为关键词。第二个原则是精选。应选取最能反映论文主题内容的词，不要滥选，不能将同义词、近义词并列为关键词。第三个原则是规范。要选取能准确体现学科的名词和术语，而未被普遍使用或未被专业公认的缩略词，如“邮码”（邮政编码）、“房贴”（房租补贴）、“FAO”（联合国粮农组织）等不能作为关键词。自然科学论文中，复杂的有机化合物以结构名称作为关键词，化学分子式不能作为关键词。

在选取关键词的过程中，常常会见到一些词组，如农业产业化、资源共享等，有的需要切分（分成两个关键词），而有的则不能切分。切分的原则是：当构成一个词组的两个单词处于整体与部分关系中时，这个词组应切分为两个关键词，如“大学教育”就应切分为“大学”和“教育”两个词。当一个词组由概念交叉的两个词组成时，需要将这个词组切分成两个关键词。如“计算机控制系统”，应切分为“计算机控制”和“计算机系统”两个关键词。若一个词组切分为两个关键词后，其含义发生变化，则应以原词组为关键词。如“绿色经济”就不能切分为“绿色”和“经济”两个词。专业术语、专用名词不能切分，如“法兰克福学派”“新文化运动”，就不能切分为“法兰克福”和“学派”，“新文化”和“运动”。一些固定搭配且具有特定含义的词组也不能切分。如“信息高速公路”就不能切分为“信息”和“高速公路”两个关键词。还有如“学习型社会”“现代企业制度”等，无须再作切分。

关键词的选取方法有两种：一种是直选法，即直接从文献的题名、摘要和正文中选取作者的用语作为关键词。如《〈申论〉刍议》一文的关键词“申论；定义；科目类别；考试目标；考试评价”，就是直接从文献的题名、摘要中选取的。另一种是提炼法。有的文章的某些主题在题名、摘要，甚至正文中都表达得不是很明确，但又隐含着某一主题内容，这时，就要通过对文献题名、摘要和全文做主题分析并经提炼后才能赋予某个关键词。

关键词的排列要反映出各词之间的逻辑关系和层次性要求。通常表达同一范畴概念的关键词应相对集中，意义紧密相连的关键词位置应紧靠在一起。属于同一语义场的几个关键词中，上位词应放在前面，下位词应放在后面。如《论应用型大学实践教育的课程设置》，其关键词应是“应用型大学”“实践教育”“课程设置”。这三个词属于同一语义场，它们之间存在属种关系：“应用型大学”是“实践教育”的上位词，“实践教育”又是“课程设置”的上位词。因此“实践教育”排在“应用型大学”之后，“课程设置”排在“实践教育”之后。一般的研究性论文可以按研究目的、研究类别、研究方法、研究结果的顺序来排列关键词。总之，关键词的排列要体现一定的层次性和逻辑顺序，这一方面有利于计算机存储，另一方面也有利于读者的检索和利用。

（四）目次页

目次是论文（设计）各部分组成的小标题，包括一级标题、二级标题、三级标题的名称、参考文献和附录对应的页码。目次页中的标题应与正文标题相一致。

示例：

B2C 电子商务企业物流业务流程的优化

目　次

（五）正文

1．绪论

绪论又称引言或前言，它是论文的引子，目的是为下面主体内容的展开做铺垫。

毕业论文（设计）的绪论一般应说明课题的来源，选题的目的和意义，完成任务的条件，采取的方法、步骤及须达到的目标，对文献资料的综述，说明课题研究的现状和发展趋势，从而衬托所论问题的必要性和重要性。

示例：

浅议 EVA 与企业价值的相关性

1 绪 论

如何提高企业绩效，提升企业自身的价值，增强企业竞争力，这一直都是学术界和企业界关心的问题。2010 年在中央企业经营业绩考核工作会议上，经济增加值（Economic Value Added，简称 EVA），作为一个新的企业绩效考核指标被全面推行了。EVA 旨在企业价值最大化，反映的是企业一定时期内的剩余收益。其实早在 2001 年 EVA 就被思腾思特咨询公司引入中国市场，只可惜因为无法适应当时的市场环境，该指标曾一度被认为不适合中国。与此同时，传统的会计指标尽管存在明显的局限性，却在我国市场广泛应用。那么 EVA 这种绩效考核指标究竟能否真实反映企业的价值，它适不适合中国的市场，如果这个理论可以借鉴，又该如何有效应用？本文将针对这些问题做粗浅的研究。

国外对企业价值的探究比国内早得多。企业管理理论认为企业价值体现在其市场价值，20 世纪 90 年代初，美国的两位学者 Stern 和 Sterwart 在前人研究的基础上，发明了 EVA。Stern & Sterwart 公司（1996）分析证明了 EVA 和 MVA 之间不仅存在很强的相关性，且 EVA 的解释度优于传统会计利润指标[1]。随后 EVA 对 MVA 有很强的解释性这个结论在接下来几年被 Gates（2000）[2]、Kramer and Peter（2001）[3] and Hatfield（2002）[4]等人用各种方法证实并给予肯定。国内对 EVA 的研究大多停留在对 EVA 概念的介绍上面，关于经济增加值的实证分析比较少。乔华、张双全（2001）通过经验研究发现 EVA 与 MVA 之间的相关性不强[5]。郭家虎、崔文娟（2004）证实了 EVA 与部分传统会计指标间的相关性和重叠度都比较高[6]。朱俊勇（2007）利用 EVA 估算出上海汽车股份有限公司的内在价值区域，体现了 EVA 在我国市场的实际作用[7]。

本文旨在通过实证分析的方法，研究 EVA 与企业价值的相关性，探讨利用 EVA 概念提升企业价值的方法，使股东权益最大化的目标在中国市场上得以更好地实现，增强国内市场的稳定性。

资料来源：谢文婷，陈涛. 浅议 EUA 与企业价值的相关性［J］. 广东海洋大学学报，2012（32）.

这是广东海洋大学经济管理学院会计学专业 2011 届毕业生谢文婷的毕业论文（指导教师：陈涛）的绪论部分。这篇绪论比较规范。第一段提出问题，说明课题的来源；第二段文献综述，说明课题研究的现状；第三段说明课题研究的目的和意义。

2. 本论

本论是论文的主体。包括对研究对象的分析、解决问题的总体思路、对各子问题（项目）的阐述、方案的论证和比较等。

本论写作的基本要求是：

（1）条理清晰，结构严密。

本论作为全文的重要部分，需要用较多的层次段落来表达。一般用小标题显示层次，其内在的逻辑联系有横式、纵式和纵横结合式等三种。这个内在的逻辑关系不在文中标明，只是作者自身明确，以使过渡衔接自然，文思贯通，结构严谨。

横式结构也称并列结构。其特点是围绕中心论点又分为几个论点和层次，平行排列，从不同角度和侧面对中心论点进行论证，各分论点之间体现出横向的内在联系。

纵式结构也叫递进结构。其特点是采用直线推动、逐层深入的方法安排结构，围绕中心论点逐层深入展开论述，最后得出结论。

纵横结合式是对以上两个方法的综合运用。它一般用于内容比较复杂、篇幅较长的论文。论文总体结构可采用纵式，其中某些部分可用横式；或者总体结构用横式，某些部分用纵式。

至于采用哪种结构形式，则须视具体情况而定。

（2）讲究论证方法，说服力强。

本论是分析问题、论证观点的主要部分。论证担负着回答“怎样证明”的任务，要做到这一点必须讲究论证方法。毕业论文（设计）常用的论证方法有例证法、引证法、分析法和比较法等。下面具体介绍几种主要的论证方法。

①例证法。

例证法是运用客观事实、统计数字、实验结果、图表照片等作论据证明论点的一种论证方法。“事实胜于雄辩”，让事实说话是最有效的论证方法。所以，例证法很自然地成为最主要的论证方法之一。

示例：

> 秦牧的比喻丰富、新鲜、独特，许多平常的事物，在他的笔下变得形象生动，妙趣横生。许多复杂的道理也突然简洁明了，耐人寻味。他叙述要熟练掌握文字工具时说：“文字是一头野兽，要设法驯服它。”他叙述读书有精读和泛读之分时，把精读形容为老牛反刍、慢慢地咀嚼、细细地品味；而把泛读形容为大鲸捕食、张口大吃、排出水分。他描写欧洲迷迷茫茫、灰灰蒙蒙的天色，“像是初曙时候的景色一样，就像北极圈里的什么‘白夜’一样，就像是一张走光的照片一样”；他描写北京长街的灯串，“遥望起来，就像是昆虫的两条触角”。
>
> 资料来源：许肇本. 从秦牧的散文看秦牧的思维［J］. 广东民族学院学报，1994（3）.

这段例证共枚举了四个例子归纳出秦牧的比喻的特色。这四个例子写得简约精当，为论点服务的目的性很明确，对论点的证明作用也大。

例证是要借助事例来证明论点。写好例证，关键是写好事例。例证陈述事例，不能使用记叙文的写法。例证如何写好论据，很值得用心留意，可从“已有定评”的好的学术论文中去领会，找到范例，以文为鉴。

②引证法。

引证法是运用已被实践证明了的科学原理、定义、定律、尽人皆知的常理，以及名人名言等作论据证明或推理的论证方法。科学的发展总是站在前人的肩膀上起步的，所以，引证法成为学术论文主要的论证方法之一。

引证法在逻辑思维上有多种思维形式。

第一种是直接证明。即引文目的起证实作用。下面这段引证便体现了这种思维形式。

示例：

从意境的表达看，诗歌是以情感人，以情取胜，极为讲究“象外旨，言外意”，在语言表达上，往往呈现出含蓄、蕴藉、内向的特点，故意给读者留下寻味的余地；散文则既言情又述理，在语言表达上，往往呈现出畅达、直率、外向的特色。这正如清人吴乔在《答万季野诗问》中谈到诗歌与散文的意境区别问题时所说的：“意喻之米，文喻之炊而为饭，诗喻之酿而为酒；饭不变米形，酒形质尽变。”吴乔的这段话，生动形象地说明了散文与诗歌在意境表达上的差别。

资料来源：刘孟宇，诸孝正．基础写作［M］．广州：暨南大学出版社，1989.

第二种是诠释证明。即引文后通过诠释引文达到证明的目的。下文是这种思维形式的引证。

示例：

鲁迅也和一切伟大作家一样，在创作上是经历过一个内心过程的。鲁迅说：“静观默察，烂熟于心，然后凝神结想，一挥而就。”（引自《且介亭杂文末编〈出关〉的“关”》）鲁迅这几句话虽然简单，但却是他自己的创作内心过程很扼要的表述。“静观默察，烂熟于心”，这里包含着一个渐进和创作对象融合的过程。这里当然既有头脑的思考，也有心灵的体验；“然后凝神结想，一挥而就”。这里我们清楚地看到鲁迅如何使自己推向创作高潮，使自己内心进入激动的，不可遏止的创作心理状态。这种创作的内心过程也是由量的变化直向质的变化的。

资料来源：陈涌．鲁迅小说的思想力量和艺术力量［M］//陈涌．陈涌文学论集：上下．上海：上海文艺出版社，1984.

此外，还有归纳推理，即引用多位名人的名言，归纳推理出论点的可信性；演绎推理，即引文作大前提，由此论证出小前提，然后推出结论；引申推理，即引文作基础，在引文基础上推论出更深的道理来；等等。

③分析法。

分析法是通过对问题所包含的事理进行分析，揭示其内在联系，使论点得到证明和深化的论证方法。分析是人类认识事物的基本思维方法，所以，分析法亦成为学术论文写作最主要的论证方法之一。

分析的含义是把整体分解为部分，把复杂事物分解为各个要素，并对这些部分或要素进行研究和认识的思维方法。分析的过程，实质上是一个从现象逐层向本质深入的过程。分析的任务，是从事物的总体中，分出构成该事物的部分要素和属性，使事物的各种属性和本质，清晰地呈现在人们面前。

分析的方法有很多。就分析的步骤论，分析的方法分为三个步骤：一是分解事物具有多样性的各个部分；二是考察各个部分的特殊结构与本质；三是研究多样性的各个方面的地位作用和相互关系。

就分析的切入口论，分析的方法分为定量分析、角度分析、层次分析、结构分析和因果分析等。

就分析的写法论，分析的方法有简单分析法和详细分析法两种。简单分析法是指对事理做简单的分解、考察和研究，并做出简要的论证。简单分析法常与其他论证方法交替使用，加强文章的理论色彩和说服力。下面是一段写得较简单的分析法。

示例：

韩愈看到贾岛对自己写的“鸟宿池边树，僧推月下门”两句诗反复吟哦，踌躇不定，就对贾岛说：“作‘敲’字佳矣。”为什么用“敲”字为佳呢？因为贾岛的诗题是《题李凝幽居》，月下找人，应该敲门，才和“幽居”相应。“幽居”谢绝外人，大门必然常关，门关则推不开，理应敲门。另外，鸟宿池树，夜深人静，明月之下，僧人敲门，这意境何等幽雅，这响声十分富有诗意！从音节上看，“敲”字也响亮一些。

资料来源：邹甲申，等. 科学写作方法论［M］. 南京：江苏科学技术出版社，1986：193. 有改动。

这段分析法，通过作者对诗句意境构成元素的分解，并从客观生活真实性思考和音韵美学思考，从两方面提出了“用‘敲’字为佳”的理由，从因果关系上提出了证明论点的两个论据，言之成理，颇有说服力。

详细分析法是指对事理做详细的分解、考察和研究，并做出详细的论证。可写成全文，也可与其他论证结合使用。

④比较法。

比较法是运用与论题同类、相近或相对的事物或观点做论据，通过比较说理，从而证明论点的论证方法。一切事物，有比较才能鉴别，才能使认识和研究得到深化。因此，比较法也成为学术研究和学术论文主要的论证方法之一。比较法有类比、纵比、横比等多种方式。

a. 类比。

类比是根据两个类似的对象在某些属性上相同、以此事物推论出彼事物也可能相同的一种比较法。

一位思维科学专家曾用类比法研究意识起源的过程。他通过与生物反映性的类比，揭示人类意识的前史；通过原始民族的意识的类比，揭示意识运动的趋势；通过人类化石的类比，追溯意识进化过程的阶段；通过儿童心理发展的类比，揭示意识过程运动的规律。下面是该文其中的一个类比。

示例：

……原始民族集体意识比较强烈，个体意识比较薄弱。这个特点表现在集体意识常常窒息了个体意识，个体意识则很少超越集体意识。非洲有的民族有这样一种集体意识，认为敌人的箭必定是念了咒语的，中了敌人的箭，不管箭伤如何，即使擦破点皮，咒语也会随箭而入，致人死命。这种集体意识如此强烈，以至把个人求生的欲望也压抑下去了。中箭的人会拒绝进食，躺着等死。还有一个民族认为，做梦是未来的预兆，凡做了被敌人抓走的梦意味着将要被敌人俘虏。解救的办法是请朋友像对待俘虏一样加以毒打虐待。做了这种梦的人会请朋友千方百计折磨自己，打成重伤也会感到高兴。

原始民族的意识可以看做（作）是古老的意识的活化石。今天发达的人类意识就是由这样的意识发展来的。因此，从原始民族的意识与今天发达的人类意识的比较中，可以看出意识进化的趋势：意识是逐渐由感性意识向理性意识、由具体意识向抽象意识、由集体意识向个体意识进化的。越是古老的意识，理性成分、抽象能力、个体意识的水平就越低。

资料来源：朱长超．试论用比较法研究意识起源的过程［M］//钱学森．关于思维科学．上海：上海人民出版社，1986：56.

人类由动物进化而来，人类意识由动物意识进化而来，揭示这个进化过程是一件困难的事。首先，意识的历史非常古老，意识的前史有33亿年，意识的孕育史有千万余年，人类意识的历史也有300万年。其次，意识本身是无形的东西，远古人类的意识，早已随着他们的大脑的消失而消失，而作为意识之成果的工具又十分稀少。最后，意识的产生就银河系和宇宙系来说，可能是普遍的现象，而就地球的太阳系来说，则是特有的现象。生物不会重复进化的老路，意识起源的整个过程不会重演。这些因素使得揭示意识起源的过程十分困难。朱长超运用类比来揭示意识起源的过程，其思维方式的选择是精明的，所以研究取得了突破性进展。就在这一个类比里，作者对原始民族的意识进行了具体分析，找出了这些古老意识的相似属性，从而推论出人类意识运动的趋势。

类比法用个别事实推论个别性的结论。这种由个别推个别的思维方法，结论带有或然性，但又最富有创造性。进行类比，要注意相类比事物的相同属性应尽量多，这些属性应该是本质的、同结论之间的联系是必然的，这样，类比推出的结论的可靠性就会增大。

b. 纵比。

纵比即将同一事物在不同时间内的不同情况进行对照，揭示对象之间的纵向差异。下面是一段纵比的论证。

示例：

伴随着固定资产投资的大幅度增长，银行的新增贷款也在迅速增加。1991 年，银行各项贷款增加 2 877 亿元；1992 年，银行各项贷款增加 3 572 亿元；1993 年银行各项贷款又进一步增加 4 846 亿元。从 1990 年至 1993 年，银行贷款增长率一直在 20% 和 20% 以上。银行贷款的迅速增加，导致信用总规模和货币供应量的不断扩张。

资料来源：张卓元. 坚持不懈地治理通货膨胀［J］. 求是，1994（21）.

这段比较法，通过三年中银行新增贷款数字的纵向比较，清晰地展示了迅速增加的趋势，从而有力地论证了“多年积累了通货膨胀的压力”这一分论点。

c. 横比。

横比即将两个（或以上）的事物进行横向对比，揭示两者间的不同。下面是一段横比的论证。

示例：

欧洲传统诗歌和中国古典诗歌在诗质的理解和表达方式的运用及效果上有明显的区别。欧洲抒情诗的传统是诗人向读者间接或直接灌输抽象的感情或感想，而不是用具象的语言描述或再现引起诗人感想的事物，借以诱导启示读者产生相应的体验，这是一种灌输方式。中国古典诗歌主要和具体的特定的可触可见的事物打交道，不谈抽象概念，但诗中的意象，并非纯白描地描绘自然物，而是在表现物象时带着深刻的意蕴的。诗人总是和大自然的情感相感应。所谓“一切景语皆情语”。豪德曼的诗：“人生苦短，一春又给弄糟；本来就少，一季又给减少。也许明年五月美好，也许不是；唉，但是我们将是二十四……”这节诗感慨很多，但它始终是一个逻辑分析——一种对情绪如何产生的分析，其中出现的是“持续的戏剧式评论”。陶渊明的诗：“霭霭停云，濛濛细雨。八表同昏，平路伊阻。静寄东轩，春醪独抚。良朋悠邈，搔首延伫。”这首诗是情景合一，诗中所描写的事物，不是作为布景或作为展现诗人的愁绪的氛围性道具而存在，而是内在地、不可避免地与诗的固有情绪相联系，组成意象的群体。外国现代诗评家认为，自然万物皆有情。在对自然物的认识中，带着我们（诗人和读者）在生存斗争中得到的感受。我们心中，都存储着这种意象——智性和感情的复合体。而“中国式意象”的魔力就在于用其具体性唤醒我们心中这种诗性的经验。

资料来源：广东写作学会. 写作训练题集（第234页）

这段议论，论点是中国式意象具有唤醒读者产生相应体验的魔力。这个论点是通过中国古典诗歌与欧洲传统诗歌的横向比较来论证出不容置疑的道理。在这段论证里，作者不仅在宏观上做横比，还在微观上做横比。通过欧洲大诗人豪德曼与中国古代诗人陶渊明同是感春的诗句，更具体、更仔细、更透彻地比较出欧洲诗人和中国诗人在诗质的理解和表达方式上的明显区别，从而颇有说服力地比较出中国式意象的出众之处。

横比可使人眼光开阔，说理浑宏。两个事例如果不做比较，就只是起例证作用，然而通过横向比较，就能在例证的基础上增加另一种论证功能。

⑤多种论证方法的综合运用。

一篇学术论文，通常运用多种论证方法写成，有时在同一段论证中，多种论证方法综合运用着。为了指导写作、传授和训练写作单项基本功，才把一个个方法独立出来，进行分解、赏析和训练。这样分解、归纳和概括各种写作的方法和规律，对引导写作入门是有益的、必要的。古人学习写作的经验是：先规矩后方圆。在规范指导下，经过长期训练，便熟能生巧。

我们有必要处理好单一性和综合性的关系，既重视单一写作技巧的学习和训练，又不机械地分割写作能力的综合性。但是，也不能只承认写作能力的综合性，而否定一条一条的写作规律，否定写作理论指导，否定单项基本功的训练。没有扎扎实实的写作单项基本功，就不可能构成综合的写作能力。

下面让我们欣赏一段综合运用多种论证方法写成的论证，领会单一性和综合性的辩证关系。

示例：

意境还讲究“言外之味”。王国维举例说：“‘红杏枝头春意闹’。着一‘闹’字而境界全出；‘云破月来花弄影’，着一‘弄’字而境界全出矣。”如果把“红杏枝头春意闹”改成“红杏枝头春意浓”，意思也差不多。为什么这么一闹，就“闹”出了境界呢？因为作者把静态的事物作动态的描绘，写出了气势和声音。正如钱钟书先生在《通感》中所解释的，他们“把事物的无声的姿态描摹成好像有声音，表示他们在视觉里仿佛获得了听觉感受”。这样，枝头的红杏，不但以一幅有色彩的图画呈现在人们的眼前，而且以一幅有生命的图景跃动于人们的想象里，既刻画出红杏怒放的蓬勃景象，又透露出作者喜迎春色的欢愉心情，形象逼真、鲜明、传神、令人遐想。同样是描写瀑布，徐凝的“千尺长如白练飞，一条界破青山出”历来被诗家所讥讽，原因是过直过露，缺少含蓄。而李白的“飞流直下三千尺，疑是银河落九天”却成为千古绝唱，因为它虚实结合，富于想象。

资料来源：张振金．意境与非意［M］//张振金．秦牧的散文艺术．广州：暨南大学出版社，1990：79.

在这段论证里，一共用了四种论证方法。其中有引证法、例证法、分析法和比较法。四种方法交替使用，汇集成一股论证的力量。在这段论证里，引述论据的手法有直接引用和串联引用两种，由于手法娴熟，所以论据与议论浑然一体，文思流畅，逻辑严谨。在这段论证里，多种逻辑思维形态交替运用，有证实，有诠释证明，有因果分析和横向比较推理等。由于论文作者对各种论证方法“熟”了便能生巧，所以这段运用多种论证方法的议论写得潇洒浑宏，既有理论性又有说服力。

（3）观点和材料有机统一。

毕业论文（设计）的本论，主要由观点与材料构成，两者之间是相互依存的关系。论文的观点必须在材料的支撑下才能成立，而材料也只有紧紧围绕观点展开才能真正发挥其应有的作用。观点在文章中要起到“统帅”的作用，将原本散乱、彼此之间不相干的材料集中到自己帐下，统一指挥，共同为表达中心论点服务。材料则要服从于观点的统帅，充分揭示其内涵，证明中心论点的正确。而要做到材料与观点的有机统一，关键在于要对材料进行分析研究，揭示出其与观点的内在联系，真正让材料起到证明观点的作用。

下面是一个材料与观点未能做到有机统一的例子。

示例：

黄宗英在报告文学中，最善于用细节表现人物鲜明的性格。（论点）

在《大雁情》里，黄宗英为了揭示秦官属群众关系的底蕴，是用动作和细节来表达。“我”刚到洛南县，秦官属来接“我”，“我”就提醒她：“你现在参加了全国科学大会，地位和从前不同了，你应该注意群众关系……”秦官属却“默默地折叠晾干的衣物，叠了又叠，拉了又拉，压了又压”。通过这些细节，准确地表现了她内心的语言。（论据一）这是从侧面写的。紧接着，作者从正面表现，在洛南县城的当晚“耳边，听着东厢房老秦和青年们融洽无间的谈话声……轮到思想斗争的倒是我了：什么叫群众关系？群众关系好不好的标准是什么？为什么对老秦会有两种截然不同的评价?”这是从作者的感受来写，是巧妙的暗示。(论据二) 到了谢底大队，作者用富有诗意的笔触写道：“一个小女孩，像一只淡粉色的蝴蝶，从山顶飞下来，一头扎在了老秦怀里……一个小男孩也过来抱住老秦的腿，把老秦拽进了家。”接着，写了孩子的妈怎样把“三亲六邻家里屋外的事一都噜一嘟噜地往外端”；怎样留不住老秦吃饭而“气咧咧”地把柿饼往老秦书包里塞。粉蝴蝶般的小姑娘又怎样把一小篮蒸糕放在老秦的床头柜上。作者从正反面，从自己的感受到亲眼所见的几个细节，成功地点染了秦官属的如鱼似水的群众关系，解开了自己心中的疑窦，驳斥了对秦官属的曲解和偏见，从而轰然矗立了秦官属鲜明生动的形象，突现了她的个性特征。(论据三) 另外，一句话“谁敢锯，先锯了我!”这个细节，不仅表现秦官属的性格，而且凝结了一个科学工作者对事业、对祖国的厚爱，她的形象也因此顿然高大起来了。(论据四)

这段文字是用四个材料例证“黄宗英在报告文学中善于用细节表现人物鲜明的性格”这一论点。乍读来似觉论据充分，且有理有据。实际上四个论据和论点都未能做到有机统一，犯了离题的毛病。

第一个论据是秦官属的四个动作细节。这个论据尚属细节，出自黄宗英的报告文学，所以这个论据与论点吻合。但这论据陈述得不艺术，引出这四个动作细节的文字过于冗长，存在主次详略不当的毛病。在论证上，作者在举例前先做了这样的议论：“黄宗英为了揭示秦官属群众关系的底蕴，是用动作和细节来表达的。”这一议论就与中心论点脱节了。举例后作者又作议论：“通过这些细节，准确地表现了她内心的语言。”这个议论再次与中心论点脱离，与前一句议论也脱节。究竟这四个动作细节用来证明什么，作者是不清楚的。

第二个论据是举“我”的感受为例。这个论据不是细节，也不能表现性格。这个论据与论点不吻合。“是巧妙的暗示”这个议论与中心论点相去更远。为此，这一层的“例”和“证”都离题了。

第三个论据是关于小孩和小孩的妈的几个动作细节。这些细节根本就不能表现秦官属的性格，足见论据与论点脱节。作者议论说“突出了她个性特征”。但究竟是什么个性特征，作者说不出来。这一节的例和证都是“貌合神离”的。

第四个论据是列举了一句话。这句话不是细节，论据已经离题了。接下来议论的文字虽不少，但作者始终没有议出黄宗英表现了秦官属的什么性格。这一节例和证也是离题的。

这种似有论据又有议论，实际离题的例证，在毕业论文（设计）中比较常见，值得引起注意和克服。

3. 结论

结论是全文的收束。这部分的内容可以是总论点的归纳，或者中心论点的反复强调；也可以说明还有待研究的问题，或者是对未来发展前景的展望。

示例：

港珠澳大桥的建设，受益最大者无疑是港、珠、澳三地，其中香港和珠海又是最重点的影响区域。大桥的修建，为珠三角地区带来了突破物流业发展瓶颈的机会。香港、珠海隔海呼应，将两地物流的联合作用覆盖了珠三角全境，为香港和珠海带来珠三角西岸的大量资源，同时亦拉动澳门和珠海两地较为薄弱的本土制造业发展，为珠海发展为区域物流中心提供了一条全新的道路。未来的珠三角地区，通过港珠澳大桥，将会实现港、珠物流联合发展的局面，结合广州、深圳原有的经济优势，珠三角地区的物流格局将从原本的港、广、深三足鼎立的局面，演化为港、广、深、珠四强齐头并进的强强局面。

这是广州工商学院物流系 2018 届毕业生黎锐锋的毕业论文《港珠澳大桥的建设对珠三角地区物流的影响分析》的结论部分。这个结论分两个层次：第一层个次用简练的语言对全文的主体内容，即港珠澳大桥建设对珠三角地区物流的影响进行了概括总结；第二个层次对未来珠三角地区物流的发展做了展望，进一步强调港珠澳大桥的建设对珠三角地区物流发展的意义。

示例：

物流资本的有效管理无论是对电商企业还是物流行业来说都具有重要意义。面对物流“最后一公里”配送存在的“污”“乱”“差”等问题和各种配送存在的弊端，加快物流“最后一公里”配送效率实属不易。本文界定“最后一公里”的概念，描述以往不同领域的专家提出的观点和各种解决物流“最后一公里”配送的配送模式并归纳这些典型模式的优缺点，从而提出应制定和完善快递配送的相关政策；建设更多的快递末端智能自提柜，加快末端节点布置，加快植入技术上的升级，如二维码扫描、人脸识别技术、联合公安系统构建严防的共享物流体系；提高各物流企业的合作意识，大力开展与第三方合作模式；培养专业化物流人才以及创新协同产业链等建议。如何选择配送模式，选择哪种配送模式才能够真正做到方便用户、提高用户满意度等，对当前物流客户群扩大和物流业的发展起着决定性作用。中国是人口大国，各地域之间存在着巨大差异，多种配送模式的存在能提供多种选择，从而尽可能地降低物流配送资本，提高客户满意度，达到“双赢”。而本文提出的创新要点，即共享物流，更是顺应全民创业的新时代。鉴于本人的知识层面和阅历有限，只是对共享物流做了定性分析，缺乏定量分析和实践操作案例。在往后的日子里，本人将进一步学习并在工作中积累经验，从而对物流“最后一公里”配送有更深入的研究，为我国物流事业更上一层楼献出自身微薄的力量。

这是广州工商学院物流系2018届毕业生何素静的毕业论文《电商物流背景下“最后一公里”配送模式优化研究》的结论部分。这个结论对全文论述的主要内容进行了概括总结，指出论文的创新要点及其意义，说明论文存在的不足，以及今后进一步研究的设想。

（六）致谢

一篇毕业论文（设计）的撰写，除了耗费作者所有的心力之外，还有其他人给予的帮助。凡对作者给予指导或协助完成毕业论文（设计）工作的组织和个人都应表示感谢，如导师、其他教师或者同窗、师兄师姐等。

致谢时，要尽量指出相应致谢对象的具体帮助与贡献。多用敬称或者敬畏的词，表达出对曾给予帮助者诚挚的敬意。对被感谢者不可直呼其姓名，而应冠以敬称，如“某教授”“某老师”“某同学”等。致谢应该尽量写得言简意赅，做到周全而不显得冗长。

和发表的学术论文的致谢相比，毕业论文（设计）的致谢可以写得感情丰富些。

示例：

致　谢

在本论文写作即将完成之际，笔者的心情无法平静。本文的完成既是笔者孜孜不倦努力的结果，更是导师×××副教授亲切关怀和悉心指导的结果。在整个论文的选题、研究和撰写过程中，导师都给了我精心的指导、热忱的鼓励和支持，他多次询问论文的写作进程，多次为我批阅文章并提出修改意见，他的精心点拨为我开拓了研究视野，修正了写作思路，对论文的完善和质量的提高起到了关键性的作用。另外，导师严谨求实的治学态度、一丝不苟的工作作风和高尚的人格魅力，都给了学生很大感触，使学生终身受益。在此，学生谨向导师致以最真挚的感激和最崇高的敬佩之情。

另外，我还需要特别感谢×××教授、×××副教授和×××副教授等对我多年的教育和培养之恩。俗话说：“教师是太阳底下最光辉的事业。”在你们身上，我看到了这句话的真谛，你们谆谆的教导，伟大的人格和无私奉献的精神，让我终生难忘，永远鞭策我前进。在此，我要向诸位老师深深地鞠躬。

向百忙之中抽出时间审稿和参加本论文答辩的老师致以深深的谢意。向你们说一声：敬爱的老师，您辛苦了！

×××
××××年6月

（七）注释

《学位论文编写规则》（GB/T 7713.1—2006）说明：注释为论文中的字、词或短语作进一步说明的文字。一般分散著录在页下（脚注），或集中著录在文后（尾注），或分散著录在文中。

许多作者分不清参考文献与注释的区别，常常将二者混淆。《中国学术期刊（光盘版）检索与评价数据规范》对参考文献和注释有一个十分清楚的规定："参考文献是作者写作论著时所参考的文献书目，一般集中列表于文末；注释是对论著正文中某一特定内容的进一步解释或补充说明，一般排印在该页地脚。参考文献序号用方括号标注，而注释用数字加圆圈标注（如①②……）"。

《经济研究》2018年第2期有一篇文章《中国城市居民家庭的消费结构分析：1995—2013》，文章的引言有两个注释：

而经过将近40年的经济高速增长、初等教育普及和高等教育扩招之后，[①]中国形成了3亿人左右的中产人群，到2025年中国的中产人群将达到5亿。[②]

在该页地脚，这两个注释是这样说明的：

①1977年中国恢复高考时当年招生27万人，1999年高校开始扩招，目前每年招生约700万人，目前约有1.2亿人受过大学教育，到2025年这个指标将为2亿人。

②《2014全球财富报告》的定义——"财富为1万至10万美元属于中产阶级"，该报告推算中国中产阶级人数大致为3亿，企业家马云在2015年天猫"双11全球狂欢节"启动仪式上曾说十年内中国的中产阶层人数将达到5亿。

从这个例子中，我们可以明白“注释是对论著正文中某一特定内容的进一步解释或补充说明”的定义。

（八）参考文献

参考文献是写作毕业论文（设计）时所参考的文献书目，要求要有一定数量的外文参考文献。著录格式按照《信息与文献 参考文献著录规则》（GB/T 7714—2015）的规定执行。

1. 参考文献的概念和意义

根据《信息与文献 参考文献著录规则》（GB/T 7714—2015）的定义，参考文献是对一个信息资源或其中一部分进行准确和详细著录的数据，位于文末或文中的信息源。参考文献是为撰写或编辑论文和著作而引用的有关文献信息资源，包括报刊文章、图书资料和网络资料等。

参考文献是学术论文不可或缺的重要组成部分。其重要性在于：

（1）参考文献明确地标示所引用他人的学术思想、理论、成果和数据，并标注来源，既体现了科学的继承性和对他人劳动成果的尊重，也体现了科学的严谨性，做到言之有据。

（2）作者可以借助引用文献省去诸多不必要的重复性叙述，节约篇幅。编者和读者可通过所引用的文献，了解作者对学科领域认知的广度和深度，评估论文水平和价值，鉴定和确认其成果。

（3）读者可通过参考文献进一步检索有关资料，达到资源共享。研究者可通过参考文献进行科学情报和文献计量学的研究，开展情报工作，探讨学科的发展和它的社会效益。

2. 参考文献的引用原则

参考文献不但能对论文内容起支持、佐证的作用，而且体现作者对该领域研究信息掌握的深度和视野，对论文的水平和价值的评价具有重要的指标作用。因此，参考文献的引用应遵循以下原则。

（1）多引权威学术期刊文献，少引图书文献尤其是教材。权威学术期刊报道的大多是最新的科学研究成果或进展，是一次文献。而图书的材料一般早已见诸其他各种科技文献，大多是二次文献。如果论文引用的都是图书文献而缺少权威学术期刊文献，就体现不出作者的研究已进入学科的前沿。

（2）多引新近文献。如果论文引录的文献过于老旧，会让人感觉作者的知识更新速度慢，反映不出作者对本领域的最新研究动态的了解，当然也就很难有创新性的研究成果。

（3）外文文献占一定比例。自然科学的研究具有很强的世界性，很多自然科学学科都要借鉴国外的研究方法和成果。如果参考文献的外文资料占有一定比例，会让人感觉作者在本领域研究中视野开阔，占有的资料比较全面，因而论文也会更具客观性和创新性。

3．文献类型及其标志

文献类型是根据文献载体的不同而划分的类别。文献类型标志是标示各种参考文献类型的符号。参考文献的著录应执行《信息与文献 参考文献著录规则》（GB/T 7714—2015）及《中国学术期刊（光盘版）检索与评价数据规范》的规定，论文著者应将自己引用的各种参考文献的类型及载体类型标示出来。

根据《文献类型与文献载体代码》（GB/T 3469—1983）规定，印刷文献类型以单字母标识，电子文献以双字母标识。各类常用文献标志如下：

（1）印刷文献类型及其标志。

期刊［J］

专著［M］

论文集［C］

学位论文［D］

专利［P］

标准［S］

报纸［N］

技术报告［R］

（2）电子文献载体类型及其标志。

磁带［MT］

磁盘［DK］

光盘［CD］

联机网络［OL］

（3）电子文献载体类型的参考文献类型及其标志。

联机网上数据库［DB/OL］

磁带数据库［DB/MT］

光盘图书［M/CD］

磁盘软件［CP/DK］

网上期刊［J/OL］

网上电子公告［EB/OL］

4．参考文献的著录格式

根据国家标准《信息与文献 参考文献著录规则》（GB/T 7714—2015 ），参考文献有“顺序编码制”和“著者－出版年制”两种著录方法。

（1）顺序编码制。

顺序编码制是按正文中引用的文献出现的先后顺序连续编码，并将序号置于方括号之中。在论文中的引用处以右上标（小四宋体）加方括号的方式表示，不得标注在各级标题之上。

参考文献以文献在整个论文中出现的次序用［1］［2］［3］…形式统一排序，依次列出。当前所有的高校学报、绝大多数的专业学术期刊的参考文献著录都是用顺序编码制。

顺序编码制的优点是能根据正文中的文献序号很快地找到文献书目中相应的文献，其不便之处是增删引文容易导致引文序号的混乱。

主要文献类型顺序编码制的著录格式如下：

①专著。

［序号］主要责任者．题名：其他题名信息［M］．其他责任者．版本项．出版地：出版者，出版年：引文页码．

示例：

［1］川罗杰斯．西方文明史：问题与源头［M］．潘惠霞，魏靖，杨艳，等译．大连：东北财经大学出版社，2011：15－16.

②专著中的析出文献。

［序号］析出文献主要责任者．析出文献题名［文献类型标识］．析出文献其他责任者//专著主要责任者．专著题名：其他题名信息．版本项．出版地：出版者，出版年：析出文献的页码．

示例：

［1］程根伟．1998 年长江洪水的成因与减灾对策［M］//许厚泽，赵其国．长江流域洪涝灾害与科技对策．北京：科学出版社，1999：32－36.

③期刊中的析出文献。

［序号］析出文献主要责任者．析出文献题名［J］．期刊题名，年，卷（期）：页码．

示例：

［1］袁训来，陈哲，肖书海，等．蓝田生物群：一个认识多细胞生物起源和早期演化的新窗口［J］．科学通报，2012，55（34）：3 219.

④学位论文。

［序号］主要责任者．题名［D］．大学所在城市：大学名称，出版年．

示例：

［1］马欢．人类活动影响下海河流域典型区水循环变化分析［D］．北京：北京大学，2011.

⑤专利文献。

[序号] 专利申请者或所有者. 专利题名: 专利号 [P]. 公告日期或公开日期.

示例:

[1] 张凯军. 轨道火车及高速轨道火车紧急安全制动辅助装置: 201220158825 [P]. 2012-04-05.

⑥论文集、会议录。

[序号] 主要责任者. 题名: 其他题名信息 [C]. 出版地: 出版者, 出版年.

示例:

[1] 雷光春. 综合湿地管理: 综合湿地管理国际研讨会论文集 [C]. 北京: 海洋出版社, 2012.

⑦报告。

[序号] 主要责任者. 题名: 其他题名信息 [R]. 出版地: 出版者, 出版年.

示例:

[1] 孔宪京, 邹德高, 徐斌, 等. 台山核电厂海水库护岸抗震分析与安全性评价研究报告 [R]. 大连: 大连理工大学工程抗震研究所, 2009.

⑧标准文献。

[序号] 主要责任者. 标准名称: 标准号 [S]. 出版地: 出版者, 出版年: 引文页码.

示例:

[1] 全国信息与文献标准化技术委员会. 文献著录: 第4部分非书资料: GB/T3792.4—2009 [S]. 北京: 中国标准出版社, 2010: 3.

⑨报纸文献。

[序号] 主要责任者. 题名: 其他题名信息 [N]. 报纸名, 出版日期 (版面数).

示例:

[1] 丁文祥. 数字革命与竞争国际化 [N]. 中国青年报, 2000-11-20 (15).

⑩电子资源 (凡属电子专著、电子专著中的析出文献、电子期刊文献、电子学位论文以及电子专利的著录项目与著录格式分别按①~⑤中的有关规则处理, 除此之外的电子资源根据此规则著录)。

[序号] 主要责任者. 题名: 其他题名信息 [文献类型标识/文献载体标识].

出版地：出版者，出版年：引文页码（更新或修改日期）［引用日期］. 获取和访问路径 . 数字对象唯一标识符 .

示例：

［1］萧钮. 出版业信息化迈入快车道［EB/OL］.（2001－12－19）［2002－04－15］. http://www.creader.com/news.20011219/200112190019.html.

（2）著者－出版年制。

著者－出版年制参考文献是由著者姓名与出版年构成的，出版年置于括号内。文后文献表的各篇文献首先按文种集中，可分为中文、日文、西文、俄文、其他文种 5 部分，然后按著者字顺和出版年排列。中文文献可以按汉语拼音字顺排列，也可以按笔画笔顺排列。这种著录格式的优点是方便。由于文献没有编号，无论文献被修改多少次，文献的标注符号永远不变，所以很容易增删。其缺点是当需要引用大量文献时，读者常常要跳越多行引文标注才能连接到下面的正文，从而影响注意力的连贯性和阅读速度。

有的长篇博士论文由于引用文献众多，参考文献著录常常采用著者－出版年制。

①正文中的标注格式。

正文中的标注方式分为两种：第一，正文里已出现著作者姓名的，在其后用圆括号附上出版年份即可；第二，正文里仅提及有关的资料内容而未提到著作者的，则在相应文句处用圆括号标注著作者姓名和出版年份，两者之间加逗号。

示例：

Park et al（1995）根据 Laurentia 西缘放射状基性岩墙的研究以及与地幔柱有关的澳大利亚 Gairdner 岩墙群的研究，首次提出约 780 Ma 地幔柱导致 Rodinia 超大陆的裂解。

其中关于成冰系顶底界时限和冰川活动年龄、超大陆裂解的起始时间和持续时间……是当前中国地球科学界十分活跃并得到迅速发展的研究领域（郑永飞，2003）。

引用同一著者在同一年份出版的多篇文献时，在出版年份之后用英文小写字母 a，b，c……区别。如：（郑永飞，2005a），（郑永飞，2005b）。

多处引用同一著者的同一文献时，在“（ ）”外以角标的形式著录引文页码。引用有两个以上同姓的著者的外文文献时，则著者要加名字的缩写，但不必加缩写点。如：郑永飞 等（2005）[8]；（郑永飞 等，2005）[12－15]。

引用多位著者的文献时，对欧美著者只需标注第一个著者的姓，其后附 et al，仅两位作者的也可全部注出，中间用 and；对中国著者应该标注第一著者的姓名，其后附“等”字，姓名与“等”字之间留 1 个空格。如：……（郑永飞等，2005）……

同一处引用多篇文献时，按出版年份由近及远依次标注，中间用逗号分开。

②参考文献表著录格式。

凡正文中括注了著者姓名和年份的，其文献都必须列入参考文献表中。

参考文献表各条目前一律不加序号，先按语种分类排列，排列顺序是中文、日文、西文、俄文、其他文种。然后，中文和日文按著者的姓氏笔画数、笔顺（一、丨、丿、丶、乛、乚、㇀）顺序排列（中文也可按汉语拼音字母顺序排列），西文和俄文按著者姓氏字母顺序排列。

当一个著者有多篇文献，有单独署名的文献也有与他人合写而又是第一著者时，他单独署名的文献排在前面，并按出版年份的先后排列，接着排他与另一著者合写的文献，然后再排他与多人合写的文献。

著录项目基本与顺序编码制相同，不同的是出版年代紧排在编著者之后，并加实心句点。

（九）附录

由于毕业论文不像一般学术论文那样有严格的篇幅限制，因此，凡不宜于在正文中使用，但对说明和理解本论文有作用的，均可作为附录备查。如重要的原始数据、各类统计表、计算机打印输出件、较复杂的公式推导、术语符号的说明等。

第六章
毕业论文（设计）的答辩

第一节　答辩的目的和意义

一、答辩的含义

毕业论文（设计）的答辩，是毕业论文（设计）答辩教师和撰写毕业论文（设计）的学生面对面，由答辩教师对毕业论文（设计）涉及的问题提出质疑，让学生当面回答的一种毕业论文（设计）评审形式。

毕业论文（设计）答辩是考查毕业论文（设计）质量和学生水平的重要方式，也是学生走出校门、踏入社会之前，学校组织的最后一次重要的教学活动。学生运用4年所学的专业基本知识和基本理论，把自己的思想、观点转化为具体的形式，完成了毕业论文（设计）的写作，但这还未算大功告成。毕业论文（设计）的质量、水平如何，除了指导教师的评议之外，还需要通过答辩，由学校答辩委员会根据学生答辩的情况给出最后的综合评定。而帮助学生认真准备、迎接答辩，也是毕业论文（设计）指导教师最后一个重要的指导任务。

二、答辩的目的

毕业论文（设计）答辩的目的，总的来说就是对学生的专业知识和能力以及对所写论题认识程度的进一步考查验证，考查学生毕业论文（设计）写作的相关能力，以及检查学生是否认真独立完成毕业论文（设计）。

（一）进一步考查和验证学生的专业基础知识、基本理论水平和实践能力

撰写毕业论文（设计）的一个重要目的，就是考查学生对所学专业的基本知识和基本理论的掌握程度，以及综合运用所学专业的基本知识和基本理论独立分析问题和解决问题的能力。在学生的实际写作中，有的对所学专业的基本知识和基本理论已确实掌握，能融会贯通地运用所学的基本知识和基本理论分析问题

和解决问题，对问题能阐述得比较清楚，对论题会进行较好的论证，显示出一定的理论水平和解决实际问题的能力。但有时候，由于各种各样的原因，诸如：调查研究分析不够，掌握的资料不全面；论题涉及的方面比较多，难度也比较大，写作水平又不太高，等等。这就必然要影响到论文的质量，但也未必能反映出学生的真实水平。毕业论文（设计）答辩中，答辩教师往往会针对毕业论文（设计）的题名、性质以及论述的范围，即毕业论文（设计）涉及的本学科专业学术范围内的有关基础知识和基本理论，提出有一定深度和广度的问题，而这些基础知识和基本理论是答辩人必须具备的。这时候，答辩人如果确实对学科专业学术范围内的有关基础知识和基本理论掌握得较好，就可以做出让答辩教师满意的回答，展示自己真实的知识理论水平，以便使教师对答辩人的水平和能力做出更为准确的评价。

（二）进一步考查和验证学生对所写论题认识程度和论证论题的能力

一般来说，学生所提交的论文已能大致反映出其对论题的认识程度和论证论题的能力。但由于种种原因，有的问题的论述没有充分展开，有的可能是限于全局结构不便展开，有的可能是受篇幅所限不能展开，有的可能是作者认为问题不重要或者认为没有必要展开，有的可能是作者深入不下去、说不清楚而对薄弱环节故意回避，有的还可能是作者自己根本就没有认识到问题的不足之处，等等。通过答辩，学生有机会对自己在毕业论文（设计）中阐述得不够清楚、不够详细、不妥当、不确切的地方加以补充、修正，或对由于受毕业论文（设计）篇幅限制而来不及详尽展开或不便详述的问题加以解释、说明，或对自己的学术创见、观点进行申述，以便答辩教师更全面、准确地了解答辩人对自己所写毕业论文论题的认识程度、理解深度和当场论证论题的能力，从而对答辩人的专业水平做出更准确的评价。

（三）考查学生毕业论文（设计）写作的相关能力

学生毕业论文（设计）写作的相关能力，包括口头语言表达能力、记忆能力、思维的应变能力和深入分析能力等。

毕业论文（设计）的文本，主要体现的是学生的专业理论知识水平和分析问题、解决问题的能力，文章的结构和学生的书面表达能力。这只是从一个方面反映了论文作者的综合素养和能力水平。而毕业论文（设计）的答辩中，面对答辩教师的提问，答辩人需要快速应对，积极调动自己以前所学的知识积累，迅速组织语言深入分析以作答，这就从另一个方面反映了答辩人的综合素养和能力水平。

（四）审查毕业论文（设计）是否作者本人独立完成

毕业论文（设计）是在教师的指导下独立完成的，但它不像其他科目考试、考查那样，在教师严格监视下完成。毕业论文（设计）写作一般都是安排在临近毕业的最后一个学期，这个时间学生忙于考研、实习、找工作。有些学生对毕业论文（设计）写作缺乏重视和自觉，为了应付了事，往往采取各种不正当的手段投机取巧，或东抄西摘，剽窃拼凑；或拿别人的文章改头换面，据为己有；或干脆请人代笔，不劳而获。这样的情况，多年来在毕业论文（设计）写作中都或多或少地存在，甚至每到毕业季就成为社会、报刊热议的一个沉重的话题。而在毕业论文（设计）的指导审查中，指导教师固然要严格把关，可是在一个教师要指导多个学生的不同题名、不同范围论文的情况下，对作假舞弊的审查很难做到没有疏漏。由于答辩小组一般由 3 名以上有深厚学识水平和学术经验的教师组成，不论从人数还是鉴别论文真假的能力而言，答辩这种方式在鉴别论文真假的方面都更具优势。而且在答辩会上，在答辩教师的质询之下，作弊者的心虚也势必难以遁形，从而可以更好地审查毕业论文（设计）的真实性。

三、答辩的意义

毕业论文（设计）的答辩，虽然对于答辩的组织者——学校来说，其目的是为了进一步考查学生的综合能力和论文写作的真实性，但对于答辩人——学生来说，却也是一个学习和提升自己的良好机会。

（一）答辩是一个增长知识、加强信息交流的过程

为了做好答辩，学生在答辩前就要积极准备，对自己所写文章，尤其是本论和结论部分做进一步的推敲，仔细审查文章对基本观点的论证是否充分，有无疑点、谬误、片面或模糊不清的地方。如果发现问题，就要继续搜集与此有关的各种资料，做好弥补和解说的准备，这种准备的过程本身就是积累知识、增长知识的过程。另外，在答辩中，答辩小组成员也会就论文中的某些问题阐述自己的观点，或者提供有价值的信息。这样，学生又可以从答辩教师提供的信息中获得新知识。

（二）答辩是学生锻炼口才和应变能力的好机会

毕业论文（设计）的答辩是辩论的一种重要形式。这种形式，虽然以回答答辩教师的问题为主，但也允许作为论文作者的学生就自己的观点和主张与教师的不同或不尽相同之处展开论辩。由于答辩本身具有不平等性，答辩教师又是答

辩人的学长和导师，因而在答辩时，答辩人要讲究论辩的艺术技巧，使答辩教师既感受到你良好的风度，又能够认同与接受你的观点与主张，进而对你产生好的印象。所以，答辩是锻炼口才的一次良好的机会，既能增强自己讲演的能力，又能提高自己论辩的技巧。

在答辩过程中，面对答辩教师提出的各种意想不到的问题，要迅速做出正确的回答，做到对答如流，这本身就是一种应变能力的体现。为了处变不惊，应对从容自如，毕业论文（设计）的作者事先就要做好充分的思想和理论知识的准备，在答辩中随机应变。所以毕业论文（设计）答辩对广大毕业生来说不失为一次真刀真枪的演习。

（三） 答辩是学生向教师学习、 求教的难得时机

毕业论文（设计）的答辩教师一般都具有较高专业水平和丰富的实践经验，他们在答辩会上提出的问题一般是本论文中涉及的本学科学术问题范围内带有基本性质的最重要的问题，是论文作者应具备的基础理论知识，却又是论文中没有阐述周全、论述清楚、分析详尽的问题，也就是文章中的薄弱环节和作者没有认识到的不足之处。通过答辩教师的提问和指点，学生会看到自己的论文在某些方面的欠缺和不足，懂得应该如何去弥补、去改进。除了答辩教师的提问指点之外，对自己不懂或者感到困惑的问题，学生还可以借此机会主动向答辩教师请教。这样，毕业论文（设计）答辩实际上就是学生向教师学习、请教的一个难得的机会。许多毕业论文（设计）尤其是学位论文，正是得益于教师在答辩中对学生的悉心指导，经过不断的补充修改而臻于完善，进而成为具有较高的学术水平和实用价值的著作。

第二节　答辩的准备

参加论文答辩之前，需要做好准备。准备工作的充分程度，直接关系到答辩的信心、水平的发挥、论文的评价，以及论文的通过与学位的授予。因此，论文作者提交论文后，应该抓紧时间主动积极地准备论文答辩。一般而言，论文答辩需要做以下几方面的准备。

一、思想准备

（一） 了解答辩的有关规定和要求

毕业论文（设计）答辩之前，学校或者学院（系）会以通知、规定或办法

等形式告知毕业论文（设计）答辩的有关规定和要求，要求答辩学生严格遵守。

示例：

二、毕业论文（设计）答辩要求

（一）毕业论文（设计）答辩规则

1. 毕业答辩是教学计划中的最后一个教学环节，也是学生的最后一次考试，以综合考核学生的语言表达能力、分析问题和解决问题的能力。

2. 参加答辩的学生必须完成开题报告撰写并答辩、毕业实习、毕业论文（设计）全部任务，论文已交指导教师签字，并送特邀评阅人评阅鉴定，否则不允许答辩。

3. 答辩会场必须庄重、整洁、肃静，与会人员都应严肃对待，参加旁听者必须严格遵守会场纪律。答辩过程中，不能随便进出会场。旁听学生不准向正在答辩的同学递纸条或做各种暗示。

4. 参加答辩的学生必须事先做好充分准备，如答辩汇报提纲、必要的挂图和表格、演示软件的安装等。答辩时按规定时间完成，不经答辩主持人同意，不得延长时间。

5. 学生答辩必须按要求进行，答辩时首先对论文进行汇报，然后认真听取各位评委提出的问题并做好记录，再依次认真回答。答辩人对评委提出的问题不得回避，确实回答不了的应予以说明，直至答辩主持人认为该答辩可以结束为止。

6. 答辩学生必须讲究礼貌、谦虚谨慎，不得把答辩当辩论，更不得强词夺理。否则，答辩主持人视情节轻重，向答辩人提出警告、降低答辩成绩、中止答辩，直至取消答辩资格。

（二）学生答辩前的准备工作

论文经指导教师审查合格后，送交院答辩委员会，请评阅人评阅。学生应于答辩前准备好所需挂图、汇报提纲等。汇报提纲内容为论文的任务、目的和意义；所使用的基础资料或指导文献；论文的基本内容、基本方法及成果或结论；论文中的创新点；对自己完成任务的评价等。

……

资料来源：××大学公共管理学院发布的《本科毕业论文答辩实施办法》。

答辩之前，学生应该认真学习这些规定和要求，以便按规定和要求顺利进行答辩。

（二） 做好心理调节

本科毕业论文（设计）答辩，可以说是学生在人生中第一次面对这样的场景，难免会产生一些紧张和恐惧情绪。这就需要学生在答辩之前做好心理调节，适当放松心情，不要给自己过大的压力，泰然处之，以平常心对待。也可以在答辩之前，办一个小型的试讲会，模拟提问，努力适应答辩环境，以克服答辩时的恐惧、紧张的心理。

一些学生还会产生一种自负或者自卑的心理。过于自负，以为胜券在握，以轻视的态度面对答辩，漫不经心，就会难以集中精神，自述丢三落四，回答问题张冠李戴，必定会让答辩功亏一篑。而自卑的心理会使自己丧失信心，在答辩教师面前畏首畏尾，不能正常表达自己的想法，说话颠三倒四，思维停滞，态度唯唯诺诺，无法体现真实的能力和水平。因此，在答辩之前针对自己的心理弱点，调节好心态，树立自信心，严谨以待，对取得答辩的成功非常重要。

二、内容准备

（一） 认真审读论文

无论是答辩中的自我陈述，还是回答答辩教师的提问，都是以论文内容作为依据的，因此，在答辩之前，学生必须认真审读自己的论文，对论文的中心论点，展开论证的基本思路，使用的理论、数据、事实等，应了如指掌。只有熟悉了这些内容，答辩时才能从容应答；如果不熟悉，则有可能引起答辩教师对论文真实性的怀疑。另外，在审读过程中，应再次推敲论文论点是否有偏颇、论据是否准确无误、论文推理是否严密、论文格式是否规范，等等，若发现问题，就要及时修正。只有这样，在答辩中才可以做到胸有成竹，自然应对答辩教师的提问。

（二） 熟悉资料

要了解和掌握与论文相关联的知识和资料来源，包括论文观点形成的相关资料、论文使用过的资料。对写作论文时研究参考过的文献资料、实验资料、调查资料等都应重新过目，按论文思路整理好。对论文中重要引文的出版和版本、论证材料的来源渠道等方面都要有一个全面、清晰的把握。在准备过程中，要做好相关的记录，分类整理，做好索引以便查找。

（三） 准备自述报告

答辩会上，通常先由论文作者自述 5 ~ 10 分钟。自述的内容包括论文的主要内容、亮点、写作时如何突破难点、存在的问题、需要补充的说明或更正说明、对自己完成任务的评价等。有条件的可以将自述报告的内容制作成 PPT，届时运用多媒体进行自述。

自述报告撰写完成并经反复修改定稿后，可进行试讲练习。试讲的时间长短应与实际答辩的汇报时间相同，具体时间以各学校的规定为准。

试讲可分两个阶段进行。第一阶段，由自己独立进行，即讲给自己听。要注意的是，自述报告不是论文的全部内容，只是属于提示性的文字，主要体现彼此之间的层次与逻辑关系，由此联想到全部内容，所以记忆的工作量很大。试讲的过程应尽量脱稿演讲，对有些记忆不起来的内容可适当看稿。第二阶段，多人模拟答辩会场的形式，这一阶段与正式答辩的程序和内容完全相同，应以正式答辩的态度对待。

试讲过程中，对自述报告不尽如人意的地方再次进行修改、补充、删减，以臻完善。

三、物质准备

（一）论文底稿、参考资料和所需挂图、U 盘

在答辩中，主答辩教师提出问题后，答辩人可以有一定时间准备后再当面回答。在这种情况下，携带论文底稿和主要参考资料的必要性是不言而喻的。即使没有准备时间而要求当场作答，在回答过程中也允许查看自己的毕业论文（设计）和参考资料。答辩人在答辩时不可能把所有的资料都烂熟于心，答辩时虽然不能完成依赖这些资料，但带上这些资料，当遇到一时记不起来的情况时，翻阅一下有关资料，就可以避免答不上来的尴尬和慌乱。

有的学生在陈述汇报时，需要采用图表表述一些内容，这就要预先制作好挂图。许多学校的毕业答辩汇报可以使用 PPT 来演示，这样还要准备好一个保存自述报告的 U 盘。

这里要注意的是，制作 PPT 演示文档时，切忌直接把论文原稿（Word 文档）贴在 PPT 上。PPT 背景和文字、图表的颜色反差要足够大，颜色不要太多，2 种（最多 3 种）即可，以免整个画面眼花缭乱。不要把页面塞得满满的，一般一页最多放一张图或一张表，或 7 ~ 8 行文字。图表、文字要醒目，重点地方用醒目文字或颜色标注。

（二）笔和笔记本（纸）

答辩时，还应带上笔和笔记本（或纸张），以便把主答辩教师所提出的问题

和意见记录下来，这样既可避免对教师所提问题的遗漏和遗忘，也有助于准确地把握和思考教师所提问题的要点和实质。

第三节　答辩流程与应对技巧

毕业论文（设计）答辩是一种有目的、有计划、有组织、有严格程序的审查毕业论文（设计）的重要工作，由学校和有关的院、系统一组织部署。

毕业论文（设计）的答辩一般分为答辩前的准备和答辩会这样两个阶段。本节对答辩会的流程以及学生答辩的应对技巧逐一介绍。

一、答辩的流程

论文答辩时，一般先由学生向答辩教师做自我陈述，然后由答辩教师提出问题。学生退场做答辩准备。约 20 分钟后回到答辩场答辩。学生作答后，答辩教师就学生的回答不满意处继续做出追问。如果学生对答辩教师的看法不认同，经答辩小组组长同意，允许学生进行申辩。答辩结束前，学生回避，答辩教师闭门评议审议论文可否通过及评定成绩。最后，学生回到答辩场，由答辩小组组长宣布评议结果，并提出对论文修改的要求。

每位答辩教师一般会对每篇论文提出两个问题。答辩教师常常就论文存在的问题，或论文的优点，或该论题中存在争议的热点问题等提出问题。如果答辩小组人数多，提出的问题多，学生可以挑选其中的三个问题来作答，也可以将答辩教师所提出的相关问题做整合，然后作答。学生答辩的时间约 20 分钟。

答辩应该针对提问作答，不能罔顾答辩教师的提问而自说自话，玩“忽悠”。答辩是展示学生对论题研究成果的好机会。答辩表现好，可以增加答辩教师对论文评价的分数。答辩表现不好，则直接影响答辩教师对论文的评价。

二、答辩的应对技巧

（一）仪态语言注意事项

精神饱满，沉着冷静；仪容整洁，举止自然；自始至终保持应有的谦恭和礼貌，不要夸夸其谈；表达口齿清楚流利，吐字清晰，声调要适应会场情况，使所有的人都能听到；可配合适当的手势，以取得答辩的最佳效果。

（二）陈述报告的技巧

陈述论文内容时，概括性要强，重点要突出。不要花太多时间介绍课题的背景和意义，也不必陈述失败或做不好的地方，一定要把重点放在所完成的工作和取得的成果上，而且紧紧围绕自己的结果陈述，“就事论事”，尽量使内容简单，切忌漫无边际，以免内容复杂化，过多暴露疑点难点，让答辩教师抓住“辫子”，给提问部分留下隐患。

（三） 回答问题的技巧

要冷静地听清楚提问老师的问题，仔细推敲其所提问题的要点和本质是什么，再作回答。答辩教师提问时，要集中注意力，眼睛看着教师，认真倾听，并将问题记录下来，切忌未弄清题意就匆忙作答。如果对提问教师的问题没听清楚，可以当即提问，或请提问教师重复一遍，以便弄清题意；如果觉得问题显得宽泛、模糊，无法把握，可请求提问教师做些解释，或者把自己的理解先说出来，再征询教师的意见。

回答问题时要抓住要害，直奔主题，简明扼要，条分缕析，有层次感。要防止语无伦次，东拉西扯，更不要答非所问，首先回答是与否，然后再做进一步解释说明。慎用反问句，毕竟是你在答辩。

对自己不清楚的问题既不回避，也不强辩。基本原则是：知道的详细说，知道一点的谨慎说，不知道的如实说。说不出不重要，说不出却乱说后果才严重。

观点相左时，可据理力争。若答辩教师提问的是基础知识性问题，是要你做出正确、全面的回答，不具有商讨性；若答辩教师提出与自己论文中基本观点不同的观点，而观点的是非正误并未定论，此时则应全力为自己的观点辩护，反驳与自己观点相对立的思想。但反驳时要注意避免锋芒毕露，咄咄逼人，要尽可能采用委婉的语言、请教的口气陈述自己的理由，让提问教师感受到虽接受你的意见，但自己的自尊并没受到伤害。

总之，答辩时应保持平和的心态，抱着虚心学习的态度，珍惜难得的与专家交流的机会。遇上自己不懂的，就老老实实承认未予关注，日后将努力去研究，并谢谢专家提醒。只要论文是自己原创的，答辩时就完全没必要紧张，越紧张越容易引起答辩委员的怀疑与审查。

三、论文答辩表

论文答辩结束以后，论文作者还需填写论文答辩表。论文答辩表主要有两方面的内容：第一是答辩概况；第二是答辩小组（学院答辩委员会）提出的问题及学生的回答情况。

填写论文答辩表，其用意在于存档备查，还在于让论文作者通过填写答辩表及时梳理论文答辩会上专家提出的问题，以及自己对问题的答辩，以便指导论文修改。

示例：

××师范大学本科毕业论文（设计）答辩表

论文题目	弱势群体的生存困境及艺术超越——解读迟子建小说的另一个视角	指导教师	黄界杰	职称	教授
学生	马　荆	专业年级	2006 年级汉语言文学专业	学号	201001×××××

答辩小组（学院答辩委员会）提出的问题及学生的回答情况：

问题 1：迟子建小说的主题强调“超越生死的救赎”，请谈谈你对“救赎”的理解。

回答：首先，迟子建将自己的写作视野放置于最底层的平凡人中。这种平淡的日常生活却被突如其来的死亡割裂、阻断，小说呈现出浓厚的死亡意识。在小说中，死亡呈现出一种二律背反的关系：肉体的消亡却是精神的永存，死亡消解残缺的苦痛。死亡并不是生命的终结，反而是生命存在的另一种方式。小说的内在意蕴存在于这种生死超越中。

其次，个体生命死亡，家族生命却延续不断。比如长篇小说《额尔古纳河右岸》中的“萨满”被赋予一种神性力量，她每拯救一个族人，必以自己的孩子的死亡为代价。“救赎”的本义是将原本是你的但又归于另一个人所有的财产重新买回来。“拯救”的本义是帮助使脱离危险或解脱困难。小说中“萨满”无私救人，并不是要拿回属于自己的东西，而是无私地从民族大局出发，自觉地行动。这种个体矛盾的处境凸显了人性的温暖和信仰的力量。

问题 2：东北的气候、民族杂居等对迟子建的小说产生了哪些影响？

回答：首先，从作家创作的主客观因素来看，法国评论家丹纳在其著作《艺术的哲学》中提出影响艺术作品的三要素：种族、环境、时代。迟子建作为东北作家，东北的气候和民族杂居的状况，极大地影响了她的创作。东北的冬天漫长而寒冷，人们喜欢坐在炕上唠嗑。童年时，迟子建在大人们谈论的“妖魔鬼怪”中耳濡目染，后来迁移到写作中，使小说有一种“神话”色彩。东北的民族杂居，让迟子建切身感受到民族的野性和神性，因此，在小说中，如鄂伦春人的少数民族群体形象尤其突出。

其次，从迟子建的生活经历来看，她出生于黑龙江漠河的大兴安岭之中。她的童年生活对文学创作之路有极大的影响。诚如她在创作谈《寒冷的高纬度——我的梦开始的地方》说道：“那是一个村子，它依山傍水，风景优美、每年多半的时间由白雪飘飘……”房前屋后都是广阔的菜园，菜园被种上各种庄稼和花草……我经常看见一种情形，当某一种植物还在旺盛的生命期的时候，秋霜却不期而至，所有的植物的被迫凋零令人心痛和震撼。我对人生最初的认识，完全是从自然界的一些变化和感悟来的。”寒冷的气候，使迟子建的生命体验特别敏感和深切。

续上表

最后，受客观环境和主观意图的影响，迟子建形成了独特的文学特质。她是一位对生命充满敬畏和敏感的作家。一方面，她的小说贯穿着对于生命之美的发现、讴歌和礼赞；另一方面，她的小说又有着对于生命痛感的深切体验。 **问题3**：在文坛中有一种"南人北相、北人南相"现象，东北作家迟子建的写作具有"南方叙述的特色"。你对迟子建小说体现的这种现象和她小说中的"老子哲学"有何看法？ **回答**：首先，作为东北作家，迟子建的小说具有鲜明的地域特色，如雪花纷飞的冬天、矮小的木刻楞、夜晚盘坐在炕上唠嗑的人们。同样，迟子建的写作也具有"南方叙述特色"：轻逸的笔调，温情的语言，凝练着对生命的思考。小说着力于对弱势群体的描摹，始终萦绕着淡淡哀伤的氛围。 其次，在《以自然与朴素孕育文学的精灵——迟子建访谈录》中，她讲道："我想没有童年时被大自然紧紧相拥的那种田园牧歌的生活经历，我在读大兴安岭师专中文系时就不会热爱写作。"迟子建认为人性、文学与土地、自然是相互融合的一体，自然的神圣也是文学的神圣，艺术的奥秘同时也是自然的奥秘，唯有文学艺术才是通向自然深处的林间小路。 最后，迟子建小说鲜明地体现出"老子哲学"的"自然无力"的思想，与自然和谐相处的生命哲学。比如短篇小说《采浆果的人》中智障兄妹大鲁和二鲁，尽管智力低于别人，却始终遵循自然的客观规律，春种秋收，不为眼前的经济利益所诱惑，跟随村人采浆果，最后村人都耽误秋收，落得个一场空。小说阐述的自然生存法则，深刻体现了人性与自然和谐相处、远离功利世界的"老子哲学思想"。 **答辩小组（学院答辩委员会）成员签名：**

记录员：××　　　　**答辩小组组长：**×××　　　　××××年4月23日

评析

这是一份文科论文答辩表。表格是由学校统一制发的，文科、理科、工科等各专业的论文答辩表要求填写的基本内容大体相同。因此，此例文具有范例性。论文答辩概况部分，需要填写论文题名、论文作者姓名、专业年级、学号，以及论文指导教师的姓名、职称等基本信息。论文答辩表的主体部分由答辩委员提出的问题及学生的回答情况构成。这篇论文答辩表对答辩委员提出的问题记录准确，回答的内容具体且有条理。

附件

如何做好毕业答辩陈述

一、引子

繁忙的答辩季终于落下帷幕。不少学生因为糟糕的答辩陈述而“怀才不遇”，答辩委员们也因为观看枯燥的表演而饱受煎熬。为此，我根据自己的经验写下这篇小文，希望能改善来年答辩中师生双方的观感。

在正式开始之前，我们可以先了解一下答辩过程中听众和讲者的特点。

1. 听众的特点

整个答辩季，多数老师都要参加3～5场答辩会，听取数十位甚至几十位同学的答辩陈述。可以想见，在多数论文都乏善可陈的情况下，这项工作难免枯燥，此时，烦躁的情绪极易产生。

一个基本事实是，多数老师（包括我自己）事前都没有时间认真读完学生的论文，部分老师对学生研究的话题不熟悉（找到3～5位同领域的老师参加同一场答辩并非易事）。答辩学生会发现很多老师在他陈述的同时翻阅论文，他们正试图找出一些问题，以便在提问环节有所表示。在3～5分钟内翻阅一篇论文，然后提出问题，想来也是个很有挑战的事情。

那么，老师通常如何翻阅论文呢？首先，看题目，判断问题的新旧，并猜想你会做哪些事情；其次，看摘要，与刚才的猜想比照；再次，看目录，确认有没有结构上的问题；最后，看模型设定和研究假设，以及一些基本的统计和回归结果的表格。答辩委员通常是3～5位，整个答辩过程中通常都会存在非常明显的“锚定效应”，即前两位老师的论调直接影响后续老师的观点。

了解了这些特征以后，很容易预知多数老师可能提出的问题：

①“你这篇论文的贡献是什么？”然后可以逐一驳斥你的研究贡献，这个问题基本上可以在不翻阅论文的前提下用于每一场答辩。

②“你这篇文章有什么现实意义？”

③“论文的标题好像不合适？”这个是经常被问及的问题，一旦质疑成功，问题通常都不小。这往往源于论文“挂羊头卖狗肉”，或作者对问题的界定不清楚，以至于“小头戴大帽”。

④“×××变量为什么这样界定？文献中还有没有别的衡量方法？”

⑤“从表中（变量的基本统计量）来看，XXX变量和YYY变量存在严重的离群值，后续的实证结果可信吗？”

⑥“有没有做稳健性检验？内生性问题如何处理？”

⑦格式问题：参考文献引用不规范；表格跨页；错别字和语言不通顺；……

此类问题貌似不重要，其实杀伤力极高，因为这会让全场的答辩委员觉得你的写作态度不好。

2. 讲者的特点

在有限的时间内（如 10 分钟）讲完一篇论文并非易事。无论如何都要避免如下两种情形：

第一，语速过快。很多学生试图通过加快语速来达到按时讲完的目的，效果通常都很差。加快语速的代价就是吐字不清和缺乏停顿。这很容易导致听众疲劳和分神，从而产生抵触甚至烦躁情绪。

第二，照屏念稿。不少学生直接把论文中的文字粘贴到 PPT 中，答辩全程背对评委，面壁思过。对此，评委的直观感觉是你对论文内容不熟悉，缺乏自信。屏幕上的文字太多，加之缺乏互动，听众自然就有一种被放弃的感觉，于是礼尚往来，也选择放弃讲者（此时的选择便是看手机）。

3. 互动博弈的答辩原则

可以看出，答辩委员关心的无非是如下 4 个问题：What，Why，How，What。即：你研究了什么问题？为什么要研究这个问题？如何研究的？结论是什么？

答辩本身是一个博弈过程。因此，陈述人的基本原则就是“换位思考”。在做答辩准备时，你可以假想自己是答辩委员，想想他们希望从你的陈述中听到什么，他们会问哪些问题。总之，无论采用何种形式来组织你的答辩陈述资料，最终目的都是为了讲清楚上述 4 个问题。

现在多数学校的毕业答辩都可以使用 PPT 来呈现。下面，我先介绍制作 PPT 的一些个人经验，进而谈谈如何进行答辩陈述和回答问题，最后分享一些细节问题。

二、PPT 的制作

1. 准备工作

在制作 PPT 之前，你要先了解清楚游戏规则，其中最为关键的是答辩的时间限制和答辩委员关心的问题，这在很大程度上决定了 PPT 的结构安排和内容设置。对于多数人而言，但凡呈现在 PPT 中的内容，都有把它讲出来的冲动。因此，想要在限定的时间内清晰地呈现你的观点，办法就是减少 PPT 的内容。由于答辩会的听众都是富有经验的老师，因此，PPT 中也无须故弄玄虚的花哨技巧，只需逻辑清晰地呈现“干货”即可。

我的习惯是：先在纸上或 Word 文档中写出 PPT 大纲，保证整体思路的顺畅；然后开始制作 PPT 初稿，基本要求是尽量完整地呈现自己想要讲的所有内容；继而根据陈述的时间限制，逐步删除次要内容，留下精华部分。

我们知道，同样一份 PPT，可以在 3 分钟内讲完，亦可在 30 分钟内讲完，关键在于讲述者对内容的熟悉程度。因此，你需要非常熟悉自己的论文。在此基础上，为了节省时间，可以把那些自己胸有成竹但又很可能被问及的问题（如论文的贡献等）埋藏起来，留待老师提问，然后轻松作答。

2. PPT 的内容

（1）PPT 的背景/模板。

尽量使用正式的 PPT 背景或模板。例如，中山大学岭南学院便提供了统一的模板，白底红边，内嵌院徽，简单大方。如果选择其他样式或自己制作的模板，有几个基本的原则：第一，背景以浅色为宜，白色，衬以黑字（或深色字体），有利于保证 PPT 的清晰度；第二，背景图片或 Logo 尽可能小，以免喧宾夺主，尤其是实证分析类型的论文，简单的背景便于呈现图形和表格。

（2）首页/封面页

主要包括如下几个要素，不可遗漏：

①论文题目。长度不超过一行的 60%，太长时应调小字号或设为两行。

②演示人姓名。常用的排版方式是全居中；字号约为题目的 1/2。

③导师姓名，写明职称。

④日期。

（3）目录页、导航条。

这一点至关重要，目的是给听众一个清晰的脉络。目录页不要超过 6 行，每行长度不超过页面一行的 80%，以保证页面清晰。学术论文都是固定的形式，致使大家的目录页都大同小异。此时，更为重要的是后续页面顶端的“导航条”。可以使用特定的模板，亦可手动制作导航条，标明进程，以免观众忘记脉络。

（4）核心内容。

主要包括引言（研究背景、研究意义、主要结论和创新点）、文献综述、研究假设、研究设计（模型设定、数据来源和变量界定等）、结果及分析和结论。无论陈述的时间多么短，都要讲清楚 4 个问题：What. Why，How，What，即你研究了什么问题？为什么要研究这个问题？如何研究的？结论是什么？

可以配合使用简图、动画等手段让听众在最短的时间内了解这 4 个问题。在内容设计上，可以穿插阐明这 4 个问题。例如，在文献综述部分，你可以直接评述现有文献尚需深入研究的方向，而这恰恰就是你的论文要做的东西；又如，可以同时介绍研究假设和结论，并辅以与前期重要文献的对比分析，以凸显论文的特色和创新点；再如，介绍模型设定时，可以重点说明你的估计方法有何特色，或者是某个变量的设定颇有新意等。

（5）致谢。

很多学生在PPT的最后一页写上“谢谢聆听!”“谢谢！欢迎批评指正!”之类的致谢语。“聆听”一词往往让人联想到“聆听教诲”，不太妥当。建议用楷体（比较柔和）显示“谢谢!”二字即可。

（6）其他内容。

通常放映到致谢那一页即可停止。但在此页之后，可以进一步放入如下几项内容：第一，外审意见以及你的回应和修改说明。多数情况下，外审专家也是答辩委员成员，对他们的问题进行回应是对评审专家的尊重。第二，对于答辩委员可能问到的一些问题，你预先准备好应答的PPT（如关键变量的详细界定和计算方法、PPT正文中未能呈现的回归结果、小众计量模型的详细推导和估计方法等），当被问及时轻松作答。

3. 制作PPT的技巧

（1）内容设置和页面布局。

总体原则：尽量精练，12字真言——能用图，不用表；能用表，不用字。

数字“1”原则：每张幻灯片1个主题，每个小主题占1行；

数字“3”原则：颜色不超过3种，层次不超过3层，字体不超过3种；

数字“7”原则：每张幻灯片最多7行，每个小标题最多7字，适当留白。

单张幻灯片中的字数以30～60个汉字为宜。如果一个问题或概念的内容太多，一张幻灯片放不下时可拆成两张，切忌强行把文字堆积在一张幻灯片上。

（2）字体、字号和颜色。

基本原则：清晰易读、不超过3种字体、不超过3种颜色，用系统字体。

①字体。使用规范字体，防止PPT在其他系统中因字库缺失而混乱。

中文字体常用的有：宋体、黑体和楷体。宋体严谨、清晰，适合正文；黑体严肃、醒目，适合标题或强调区；楷体柔和，加粗后效果不错。隶书艺术性强，但投影效果差，尽量避免使用。

英文字体常用的有：Arial、Verdana、Times New Roman和Euclid。Arial和Verdana字体端庄大方，间距合适，放大后没有毛边现象，宜用作文件标题和正文标题。Times New Roman适于大段文本，便于阅读。我个人喜欢用Euclid字体，能够产生LaTeX的排版效果。

此外，慎用粗体和斜体，在强调时才需使用，否则会降低其效果。

②字号。字号的选择需要在“清晰”和“美观”之间做出权衡。大号字体很清晰，但不够精致。有的人建议把最小字号设定为听众中最年长者年龄的一半（如最年长者为50岁，则最小字号为25磅）。这适用于听众在50人以上的大会场。对于毕业答辩而言，通常只有10～20人参加。我认为最小字号在18磅以上

即可，适当增大行距和留白，这有助于提升 PPT 的美观度。

③字体的颜色。切忌“五颜六色”，以免分散听众的注意力。研究显示，男性最喜欢且易于记忆的颜色依次为：蓝紫色、深蓝色、墨绿色和黄色；女性依次为：深蓝色、墨绿色、黄色和红色。整体来看，在 PPT 中，使用黑色、深蓝色和墨绿色是非常稳妥的选择。

(3) 关于动画。

使用动画是为了更为清晰简洁地呈现你的观点，便于引导听众的注意力。例如，模型设定部分，可以先列出模型，进而通过动画（如透明的小文本框）聚焦到关键变量上，介绍其含义和定义方式。这比用激光笔扫射屏幕的效果好很多。又如，呈现时证结果时，可以适时弹出半透明的文本框，对关键结果进行解释。动画效果（包括幻灯片切换）不要超过 3 种，让人感觉不到的动画才是好动画。

(4) 数学公式。

数学公式尽量不要从正文中截图获取，放大后容易模糊不清。可以使用 Mathtype 输入公式后插入 PPT 中，适当调整大小即可。使用 Mathtype 的另一个好处是，可以为关键变量设定特殊的颜色（如红色、蓝色）。

(5) 图形和表格。

首先，要保证 PPT 中呈现的图形和表格足够清晰，最后一排的听众能够看清楚。以我的经验，图形和表格中的字体不能小于 18 磅。尽量不要从论文原稿中截图后贴入 PPT，这类图片放大后会失真。可以直接插入原始图片，调整大小。对于表格，则可以从 Word 文档中选中表格或从 Excel 中插入，调整字号和大小。如此处理后，图片和表格放大后都不会失真。

其次，对于做实证分析的学生而言，有些表格会很长，此时无须在 PPT 中呈现完整的表格，只需截取最重要的结果即可；留出的页面可以用于说明表中关键变量的界定和含义（答辩委员通常没有时间）。需要注意的是，PPT 中呈现的图形和表格一定要标注与正文对应的编号（亦可顺便标注正文页码），以便答辩委员对照翻阅详情。

最后，对于一些需要重点讲解的内容，可以适当添加彩色方框或透明文本框等动画来突出显示。在没有激光笔时，这些处理有助于集中听众的注意力。

三、答辩陈述

1. 准备工作

我对学生的要求通常是：准备 5 分钟和 10 分钟两个版本，分别采用排练计时的方式演示出来。这样做的目的在于，5 分钟版本有助于理清陈述的思路；而

10 分钟版本则能够进一步讲解论文中细节，这也是多数答辩的时限要求。

更为有效的练习方式是录音→回放。在使用 PPT 讲解时，依次点击“幻灯片放映→录制旁白”，然后回放一下自己的讲解过程。你会吃惊地发现，原来自己说了这么多废话，有如此多的口头禅（然后……、嗯……、那……）。其实，克服这些口头禅并非难事，当你对答辩内容非常自信时，这些因为紧张而产生的口头禅会自然消失。反复练习 5 ~ 10 遍，能消除多数口头禅，效果会大有不同。

2. 逻辑清晰

虽然论文写作时会分章节进行，但这只是为了保证论文结构清晰。在答辩陈述时，则需围绕上述 4 个问题（What，Why，How，What）组织 PPT 的内容和结构，分章陈述反而会破坏思路的连贯性。各部分内容之间加入一些转承会让答辩陈述的逻辑更加清晰。

3. 语速与语调

用适中的语速进行陈述。为了在规定时间内讲完，最明智的做法是精简 PPT 的内容，保证逻辑清晰和重点突出。

答辩陈述中要观察听众的反应，适当加入停顿或变换语调，以便重新聚合听众的注意力。这是因为多数人能够连续集中精力的时间都不超过 5 分钟。为了达到这个目的，你在制作 PPT 时，可以适当加入图形和符号来代替文字，通过改变感官体验来调节他们的注意力。

4. 肢体语言

不要背对听众。有不少学生自始至终都面对着屏幕，除非你的身材非常好，否则这是个很糟糕的做法。

要诚恳地用眼睛交流。用目光照顾每一位评委，不要像个做了错事的孩子，眼顾其他，飘忽不定。

不要把手插到兜里，尤其是只把大拇指插到兜里；不要乱晃；不要双手交叉抱在胸前。

四、回答问题

虽然答辩中可能被问及各类问题，但半数以上都能预先猜知，及早应对。你可以按照我在“引子”部分列出的问题，将自己假想为答辩委员，预设10 ~ 20 个问题，逐一解答。亦可在指导老师或同门那里模拟演示一遍，拾漏补缺。当答辩委员提出的问题正中下怀时，你会非常放松。除此之外，尚有如下细节需要注意：

（1）稳重。不要急着回答老师的问题。很多学生在回答老师的问题时往往答非所问，原因在于没有听清楚问题。要等老师问完后，停留 1 ~ 2 秒，确认

“我可以开始回答了吗”，然后再开始回答。其间可以简要记录老师的问题，并梳理一下回答的思路。有些老师会一次性提出多个问题，中间不停顿，如果你打断他会很不礼貌，但不打断又很容易遗漏部分问题，也很不礼貌。首先要确认的是：老师的问题到底是什么？回答要尽可能简洁，直奔主题，不要兜圈子。

（2）诚实。答辩中经常会遇到棘手的问题。论文写得不好，多数问题都是棘手问题；论文写得好，老师会不自觉地把你当成他的同行，问及一些他正在苦心琢磨的问题。此时，一个基本的原则就是诚实。对于前者，你只能尽力回答，然后就是态度谦卑地争取同情了；对于后者，大胆地说出你的那些看似不成熟的想法，也按同行的标准对待老师，但要说明自己目前只有些想法，略表谦逊。

（3）谦逊。记录老师提出的问题和建议。这显示出对老师的尊重，同时方便你在后续修改时与指导老师讨论。部分老师可能误解你的观点，或者在提问时表现出攻击性，但无论如何，你都要保持平和心态，首先承认可能是因为你在论文或答辩中表述不清晰导致老师误解（退一步海阔天空，有助于缓和气氛），然后用尽可能简洁的语言重述你的观点。最糟糕的情形是遇到一个执拗的老师（他可能已经知道自己错了，但碍于面子不肯承认），你要稍微忍耐一下，随后与自己的指导老师商议。

五、建议和技巧

1. 一些建议

（1）一定要穿正装，男生要系领带。

（2）消灭错别字，“错别字等于苍蝇”。

（3）PPT 分别存储 2003 和 2007 两个版本，外加一份 PDF 格式的文档。

（4）带两个 U 盘存储上述文档，同时发送一份到你的邮箱中。

（5）上台答辩时带上你的纸和笔，以便记录老师的问题和建议。

2. 一些技巧

（1）放映 PPT 的快捷键。

F5：从第一张 PPT 开始放映。

Shift + F5：从当前幻灯片开始放映。

排练计时：依次单击“幻灯片放映”→“排练计时”。

Esc：结束放映。

（2）快速调节文字大小。

在编辑 PPT 时，经常要放大或缩小文字，通常可以通过选择字号来实现。更简洁的方法是：选中文字后，若需放大，按 Ctrl +]；若需缩小，按 Ctrl + [。

(3) 保存特殊字体。

若出于美观考虑，在PPT中嵌入特殊字体，为防止在答辩现场无法正常放映，可以执行如下操作：单击“文件→另存为”，在对话框中点击“工具”按钮，在下拉菜单中选择“保存选项”，在弹出其对话框中选中“嵌入TrueType字体”项，然后根据需要选择“只嵌入所用字符”或“嵌入所有字符”项，最后点击“确定”按钮保存该文件即可。

六、结语

在我个人看来，在一个好的答辩陈述中，PPT和语言表达能力的作用仅限于锦上添花，论文中“干货”的分量才是决定性的。因此，要从论文的源头（选题、研究设计等）着手，这个问题日后有机会再另文探讨。在论文已经完成的前提下，想要做好答辩陈述，只有一个方法：反复练习。

（资料来源于网络，有改动。作者：中山大学岭南学院连玉君）

毕业论文（设计）答辩自述稿

尊敬的各位老师：

上午好！

我是××，是2014级工商管理专业的学生。我的论文题目是《中小企业发展思考与对策》，这篇论文是在我的指导老师林×精心细致的指点下完成的。在这段时间里，林老师对我的论文进行了详细的修改和指正，并给予我许多宝贵的意见和建议。在这里，我对他表示最真挚的感谢和敬意。下面我将这篇论文的写作研究意义、结构及主要内容、存在的不足向各位老师作简要的陈述，恳求各位老师批评指导。

首先，我来说一下为什么选这个题目及这篇文章的研究意义。

我当时之所以选择《中小企业发展思考与对策》这个题目是因为近年来国家大力提倡国民“大众创业，万众创新”的新理念，很多大学生和外出打工者回乡自主创业，许多新兴中小企业孕育而生。

在市场经济竞争日益激烈的情况下，制定我国中小企业长远发展策略是当前急待解决的问题。研究我国中小企业目前的现状，研究分析我国中小企业发展中面临中的问题，并提出促进中小企业发展采取的对策，有利于我国中小企业以一个良性的趋势发展，有利于推动我国国民经济的发展，促进社会的稳定，确保国民经济适度增长，缓解就业压力，实现科教兴国，优化经济结构。

其次，我谈一下这篇文章的结构和主要内容。

我的论文主要分为以下三部分。

第一部分，通过对我国中小企业现状的分析，用了大量的官方数据和中国GDP证明：我国中小企业在数量上处于绝对优势；中小企业是经济成长的支持力量；中小企业是今后经济发展的增长点；中小企业是出口创汇的主力之一。

第二部分，通过对我国中小企业的了解，再结合自己的思考，我认为我国中小企业发展中面临的问题主要有四个方面：规模小，竞争力弱；融资难，流动资本缺乏；管理落后；品牌意识、创性能力不强。

第三部分，根据以上问题提出的对策分析。主要从政府和中小企业两个层面提出了相关的对策分析。

政府方面的对策主要有：政府对中小企业给予直接资助；贷款利率、税收方面给予优惠；创建为中小企业提供所需的社会化服务系统；理顺中小企业工作体系要结合政府机构改革；加大中小企业的技术改革投入。

中小企业自身方面主要有：中小企业必须提高自身素质；加速建立符合市场经济的发展机制；培养管理创新的能力。

我的论文结论：我国中小企业的发展存在许多优势，但同时也存在许多问题。我国中小企业要做好自身定位，正视困难，沉着应对。再加上政府宽松的扶持政策和服务保障，我国中小企业一定会迎来全新的发展。

最后，我想谈一下这篇文章的不足。经过本次论文写作，我学到了许多有用的东西，也积累了不少经验，但由于自己学识浅薄、认识能力不足，加之理论功底薄弱，在许多内容表述上存在着不当之处，与老师的期望相差甚远，许多问题还有待于进一步思考和探索。借此机会，我恳切希望各位老师能够提出宝贵的意见，指出本论文的错误和不足之处，学生将虚心接受，从而进一步深入学习，使论文得到完善和提高。

以上就是我的答辩自述，敬请各位老师给予评价和指正，谢谢！

（资料来源于网络）

一位研究生的答辩感悟

我们毕业答辩时，同一专业的共有十余人，最后得到全优的（5个优）有两人，4优1良的一人，3优2良的五人，2优3良的三人，我是“中间派”，属于五人中的一员。虽然我的答辩比较失败，但正因如此我才深刻地进行了反思，总结了点滴经验，以资后来者。我们这次答辩充分体现了公平、公正的原则，答辩时邀请了一位国内本专业最著名的教授做答辩委员会的主席。这样一来，其他答辩委员也就不能给出人情分了。

经过反思，我认为欲得全优者必备五点：衣冠整洁、庄重；对自己的论文熟练于心，可脱稿而论；幻灯片的制作尽量图文并茂，切忌文字堆砌；整个答辩过程中一定要保证声音清晰、洪亮；遇到自己无法回答的提问时，不回避、不狡辩。

三个2优3良答辩者的失分所在：两个是由于对自己的论文没下功夫熟悉，表达不流畅，发音过低，幻灯片中大段文字堆砌。一个是在职研究生，由于从外地赶来答辩，衣冠不整，课题过于简单（主要失分所在）。以我为代表的3优2良者的失分原因：一是声音不洪亮；二是幻灯片文字堆砌，照本宣科。

重点说一下两个全优者（均为女士）的表现：整个过程语音优美，抑扬顿挫，表情丰富，表达淋漓尽致，幻灯片制作图文并茂、动静结合，整个过程犹如行云流水。虽然其论文中不免有些漏洞，对专家的部分提问也未能给出满意回答，但整体表现不但让答辩委员会成员点头，也让观摩监督答辩过程的领导们，以及参与答辩、旁听答辩的其他专业和低年级的学生们折服。总之，虽然鱼与熊掌不可兼得，但希望各位研究生切莫以临床繁重的工作或忙着寻找毕业后的去向为借口，匆匆做完实验、写完论文就束之高阁，一定要在答辩之前温故而知新。答辩结果虽然不能证明研究生几年学习的全部，但花上一两个星期的时间就可以让你三年的研究生生涯交一份满意的答卷，何乐而不为？

（资料来源于网络）

注：上面这篇文章说的虽然是研究生的毕业论文（设计）答辩，但其中体现的答辩技巧与本科毕业论文（设计）答辩是一样的，值得本科毕业论文（设计）答辩借鉴。

第七章
论证型毕业论文的写作

一、论证型毕业论文的概念和特点

（一） 论证型毕业论文的概念

论证型毕业论文是指综合运用所学专业知识和专业理论，对专业领域内的某些现象和问题进行探讨、研究、阐述和论证，揭示其本质和规律，表达作者的思想、观点、主张和见解，并给予充分论证分析的毕业论文。

在文科各专业里，论证型毕业论文是最主要、也是使用频率最高的一种论文类型。人类的社会生活领域极其广阔，社会实践活动的内容极其丰富，因而以揭示客观事物的本质和规律为目的的论证型毕业论文，它的应用范围是非常广泛的：可以是对社会科学领域里的某一学科、专业的基本理论问题，或某一原理、学术观点，或学术界长期争论不休的问题，根据社会实践提供的新的事实、新的经验、新的成果，运用新的研究方法或从新的角度重新进行研究，以求有新的理解、新的突破和新的发展；也可以是对某一学科、专业的基本理论问题，或其中的某一定义、原理和学术观点，进一步进行验证、补充、拓展和完善，匡正某些谬误，促进学术的繁荣和发展；也可以运用所学专业的基础理论、专门知识和基本技能对现实生活中出现的某些社会现象和社会问题，有针对性地进行探讨和研究，揭示其本质和规律性，剖析其原因，导出科学的结论，为决策提供依据。因此，社会科学的各个学科门类、各个专业，均可撰写论证型毕业论文。

论证型毕业论文以批评分析或理论思辨为基础，要求学生具备比较深厚的理论知识、较强的逻辑思维和分析能力，能对原有问题提出独到的见解或进行更有深度的探讨，同时对创新性的要求也较高。因此，要写成一篇成功的论证型毕业论文，相比较其他类型的毕业论文而言，具有一定的难度。

（二） 论证型毕业论文的特点

1．思辨性

论证型毕业论文是通过抽象的思考、推理、论证而得出结论；通过摆事实、讲道理、辨是非，提出自己的思想、观点、主张和见解。论证型毕业论文以议论为主要表达方式，直接阐明客观事物的道理，鲜明地显示作者赞成什么、反对什么、肯定什么、否定什么、倡导什么、批判什么，体现出很强的思辨性。同时，作者在论述过程中，从经验上升到理论，从感性认识上升到理性认识，从事物的表象深入事物的本质，行文表达具有较强的思辨性。

2. 说理性

论证型毕业论文重在明理，以透彻的道理和胜于雄辩的事实去宣扬自己的思想、主张和观点，使人不得不口服心服。无论是对自己的独立的见解和主张的提出，或是对他人不同观点的批评和反驳，或者是对原有理论的补充、完善和发展，都必须进行周密细致的理论推导和理论分析，做到言之成理，持之有据。

3. 逻辑性

论证型毕业论文主要通过概念、判断、推理等逻辑思维形式来展开论证，并把握客观事物的内部规律及其相互的联系，进行分析与综合，从中导出科学的结论。在分析事理时，论证型毕业论文必须包含论点、论据和论证方法三个要素，缺一不可。在进行理论推导和理论分析的过程中，要坚持同一律、矛盾律、排中律和充足理由律的逻辑法则。在论文结构的安排上，要求条理清晰，体式完整，环环紧扣，前后呼应，完整充实，严谨无隙。论文的中心论点与分论点之间、整体与部分之间、部分与部分之间，都要体现出严密的逻辑性，使全文成为一个严谨的有机的整体。

二、论证型毕业论文的写作要点

论证型毕业论文一般由绪论、本论、结论三部分构成。

（一）绪论

绪论的主要任务是提出问题。论证型毕业论文的绪论部分，除了要按毕业论文的一般要求，说明选题的缘由、意义和价值，对文献资料进行综述，说明研究背景之外，最重要的就是要引出论点，将所要阐明的观点、主张或见解介绍给读者。

（二）本论

本论是论文的主体，要求运用理论推导和理论分析，全面地阐述自己的思想、理论、观点和见解，并做到主旨突出、顺理成章地引出结论。

论证型毕业论文的本论由论点、论据、论证等要素构成。论点是论文的灵魂，须集中、明确、深刻。论据是论证论点的根据和理由，论据的数量和质量直接关系到论点的说服力和活力，因此论据要真实、典型、充分。论证是用论据证明论点的过程和方法，也就是论点和论据之间所构成的逻辑关系。论证的意义和作用，在于揭示论点和论据之间的必然联系，证明由论据得出论点的必然性。常用的论证方法有归纳法、演绎法、类比法、因果法、反证法、引证法等。

由于本论是全文的重要部分，需要用较多的层次段落表达，因此，合理安排本论部分的结构就非常重要。本论部分的结构安排，在视觉形式上，有分段浑然成篇、小标题显示层次、空行显示层次，以及用一、（一）、1.（1）四级序码标示层次等四种形式；在内在逻辑联系上，则有横式、纵式和纵横结合式三种形式。这个内在的逻辑关系不在文中标明，只是作者自身明确，以使过渡衔接自然，文思贯通，结构严谨。

总之，论证型毕业论文的本论部分，其全部观点和材料、分析和综合、阐述和论证、推导和概括，都要遵循一定的逻辑顺序，有机地组织在一起，体现出论文雄辩的说服力。

（三）结论

结论是全文的收束。这部分的内容可以是总论点的归纳，也可以是中心论点的反复强调，还可以说明仍有待研究的问题。这部分可以是一段，也可以分为几段，还可以分条列写。

三、论证型毕业论文写作的注意事项

（一）观点要有创新性

创新性是论证型毕业论文的价值所在。作者对所阐述和论证的问题，必须有个人独到的看法、新颖的见解，不人云亦云，对所阐述和论证的问题有新的发现、新的发掘、新的开拓、新的升华，或者以新的思路、新的途径、新的方法，从新的视角，对旧的课题进行探索和研究，得出新的结论。如果选择老生常谈的课题，观点了无新意，这样的论文就毫无价值可言。

（二）论证要有科学性

论证型毕业论文重在说理，以理服人，这就要求论文的论证要有科学性。所谓论证的科学性，主要表现在：概念要明确，内涵和外延要有严格的规定；判断要准确，能经得起时间和实践的检验；推理要合乎逻辑，必须是客观对象间某种必然联系的反映；论点要鲜明、突出，有较强的针对性，反映出社会实践的某些本质方面；论据要充分、真实、典型，有说服性，能根据不同论证对象来选择论

据；论证要严谨周密，能抓住问题的要害，观点与材料做到有机统一；结论要客观、明确，符合实际，能反映出事物的本质及其规律性。这样，才能使论文具有较高的理论深度和较强的逻辑力度。

（三）语言表达要严密

论证型毕业论文是说理性文章，或者论证见解，或者辨析事理，或者批驳谬误，在语言表达上，必须做到严密紧致，无懈可击。首先，在论文的层次结构上，或者纵式演进，由表及里，层层剥笋；或者横式展开，从不同的方面、不同的角度，使观点的论证更加充分、全面；或者纵横结合，既突出论证的深度，又突出论证的广度。其次，在语言的组织上，多使用因果、条件、转折、递进等表示逻辑关系的复句，使表达逻辑严密，说理透彻。

范例 1

《申论》刍议

华南师范大学　陈妙云

提　要：《申论》这一新鲜事物提出以后，由于其定义不明确，导致社会上对《申论》的认识五花八门。《申论》不是一种文体，它是一种考试的科目，但其科目类别不清楚。文章对“申论”的含义提出质疑，指出《申论》卷的考试内容既不含“申”义有时还无“论”，存在名不符实的问题。文章还对《申论》的考试目标、评价提出质疑，建议取消《申论》科目，在《行政职业能力测验》科目增加写作能力测试。

关键词：申论；定义；科目类别；考试目标；考试评价

自2000年中央、国家机关录用考试公共科目设定考《申论》以后，6年来，《申论》考试一直成为中央、国家机关录用机关工作人员和国家公务员笔试的必考科目。地方各级党政机关，为招录机关工作人员和国家公务员而组织进行的各级地方性考试，也都纷纷设定考《申论》。不少地区公选副厅级、副县级干部，或单位某职位竞争上岗等，也采用了目前最时髦的《申论》科目进行笔试。各种《申论》教材立刻像雨后春笋般涌现，各种版本的《申论》考试指南琳琅满目。多少渴望成为公务员的本科生、硕士生、博士生在钻研《申论》；多少渴望晋升的官员也在百忙中苦练《申论》应试对策。本文无意于对“逢进必考”展开讨论，只想对《申论》这一新生事物，谈谈自己的一些粗浅的看法。

一、《申论》究竟是什么

“申论”一词出自《2000年中央国家行政机关公务员录用考试公共科目考试

大纲》。此大纲里说："本次公共科目笔试分为《行政职业能力测验》和《申论》两个科目。"大纲还对《申论》的考试内容及结构、作答要求等做了说明，至于《申论》是什么，既没下定义，也没有做诠释说明。随后各出版社出版的"指定用书""通编教材""通用教材""考试指南"等，对"申论"的解释五花八门。

有的说是"考试（查）方式"。如根据2005年国家公务员录用考试大纲编写、国家公务员录用考试课题研究组审定的国家公务员录用考试统编教材《申论》是这么说的："在法国，国家机关选拔高层官员的时候，就采取了申论的考查方式。"[1]

有的说是"考试题型"。如《申论写作指要》是这么说的："申论是一种集概括、说明、议论为主要方式的考试题型。" "……也是应试写作中一种新的题型[2]。

笔者认为，以上两种看法虽然没错，但"方式"和"题型"都不属于"科目"的范畴。既然考试大纲已经明确指定《申论》是一种考试的科目，那么，我们对"申论"含义的认识，就应该限定在"科目"的属概念里，找出"申论"与其他"科目"的种差。不过，笔者曾努力寻找过，但是没法子找得到。细想其原因是没办法弄清楚"申论"究竟属于什么学术或业务的类别。比如，《行政职业能力测验》，这个科目就让人清楚考的是行政职业能力，业务类别清楚了，《行政职业能力测验》这个科目与其他科目的种差就一目了然了。又如，汉代选拔人才考《策论》，这个科目也让人一目了然它属于文章的类别。所以，笔者以为，"申论"存在的首要问题，就是不能让人清楚它属什么类别的科目。

也有人把"申论"理解为一种文体。如《申论考试指南》里说："它是根据公务员工作的实际需要，适当借鉴了我国古代'对策'（'策论'）的某些特点，专门用于公务员考试的一种应试文体。"[3]又如《公文写作教程》里说："申论，是一种具有申述、申辩、论证、论述之意的应用文体。"[4]

笔者认为，文体虽然属于科目的范畴，但是，把"申论"理解为一种文体是不准确的。因为中央、国家机关公务员录用考试《申论》试题卷里明确说明："申论考试，与传统的作文考试不同"。有什么不同？单从试题的结构看，《申论》不是只考作文一道题，而是由两至四道大题构成，题型有选择题、概述题、说明题、作文题等。答题除作文题要求写成文章之外，其余的题型没有要求写成文章。以2005年的《申论》试题为例，共四道大题：第一题是选择说明题，第二题是概述题，第三题是说明题，第四题是作文题。答一至三题都不是写成文章，只有第四题是文章。试问，这样的《申论》，是一种文体吗？能笼统地把它称之为一种"应试文体"或"应用文体"吗？

"申论"是一个新名词，《现代汉语词典》查不到这个词，好像中国考试史上还没有关于《申论》的记载。按理，首创这一新名词的权威人士，应该做出明确界定，并广为宣传，以免产生歧义。可惜，笔者没能查到相关的权威注释，只好望文生义，自作聪明去理解了。

“申”，《现代汉语词典》解释为“说明；申述”。常用的与“申”有关的词有：申辩、申斥、申明、申请、申述、申说、申诉、申讨、申谢、申冤，等等。特别值得注意的是，这些动词所发出的“申”，一般是当事人。如果非当事人的“辩”，通常不会说这是“申辩”；而一个人在为自己而“辩”时，很自然人们就会认为这个人在“申辩”。同理，非当事人的“述”，一般也不会理解为“申述”；非当事人的“说”，也没必要理解为“申说”。《申论》中的概述题、说明题等，虽有“述”和“说”之意，但答题的“述”者和“说”者，可以说是完全没有“申”之意的，更何况试题已规定了答题者的“身份”，如2000年设定为“省政府调研室工作人员的身份”、2001年假定为“某职能部门的工作人员”、2002年“从政府制订政策的角度”、2003年“从政府职能部门制定政策的角度”、2004年假设“你作为市交通主管部门的负责人”，2005年虽然取消了“虚拟身份”，但答这四道题都绝对不能是为己而“申”，答题者潜在的身份是公务员。那么，《申论》的“申”，该作何解好呢？或许换一个思路，把它理解为“引申”，行不行？笔者以为也不行。因为“申论考试，与传统的作文考试不同”，除了上面论述过的试题结构不同之外，它主要考查的不仅仅是写作能力，还有公务员的能力素质。所以，《申论》的所有试题，都是紧贴着“给定资料”提要求，或概述“给定资料”的主要内容，或概述“给定资料”反映的主要问题，或就“给定资料”所出现的问题提出解决的办法和建议，或就“给定资料”的重要问题进行论述，或就所提出的对策建议进行论证，或根据“给定资料”的需要设定讲话情景为设定的发言人拟出一篇现场讲话稿，或依据“给定资料”写出一份向上级反映情况的报告，等等。因此，应试者必须紧扣“给定资料”答题，万万不可“引申”开去，若“引申”开去，就难得高分了，甚至有可能是答非所问了。那么，“申论”的“申”，究竟作何解为好呢？

接着让我们来看“申论”的“论”。“论”即“议论”“论证”“论述”。对“论”的理解，一般不会有歧义。但是，细看《申论》卷子，还是对“论”字有不解之处。以2001年的《申论》卷为例，三道题：题一概述主要内容；题二提出善后处理意见；题三自选角度写一篇千字文，文体不限。请问，如果题三不选议论文体写，那么，这《申论》里，哪有“论”？连“论”都没有，怎么能称之为“申论”？再看2003年及2004年的《申论》卷，也都是没有“论”的。2005年的《申论》，如果题四不选议论文体写，同样是没有“论”。

至于该不该将“申”和“论”拆开理解？“申论”是一个并列词组，还是一个偏正词组？笔者一直感到困惑，好像怎么理解，都无法弄清这“申论”究竟是什么。《申论》已经考6年了，在社会上已经造成较大影响。为此，建议实施

《申论》考试的职能部门，及时总结《申论》考试，反思《申论》考试。如果认为这确实是录用、公选人才的好方式，那就进一步去完善它吧。如果希望《申论》这一新鲜事物，也像《策论》一样流传的话，笔者以为，首先得把科目的名称起好，把定义弄清弄准。

二、《申论》究竟考什么

《中央、国家机关录用考试公共科目考试大纲》（以下简称《大纲》）里说："申论主要通过应考者对给定材料的分析、概括、提炼、加工，测试应考者解决实际问题的能力、综合分析能力、提出问题能力和文字表达能力。"这段话，已经明确回答《申论》考什么了。可是，笔者为什么还要追问《申论》究竟考什么呢？追问的原因出自《申论》的试题。笔者以为，就这6年考过的《申论》试题，实际上只考了应试者的"阅读理解能力"和"文字表达能力"，大纲所设定的"解决实际问题的能力""提出问题的能力"和"综合分析能力"，其实是考不到的。为什么如此说？

让我们先来分析"解决实际问题的能力"的试题。2000年的《申论》卷第二题："用不超过350字的篇幅，提出解决给定资料所反映问题的方案。"据《申论考试指南》分析的一份近满分的答卷和另一份属一类水平的答卷[5]，这两位应试者都很聪明地从给定的资料中找到了解决问题的答案。再来看2001年的《申论》卷第二题："……请你就PPA发布所引发的问题提出善后处理意见。"这道题的答案同样可在给定的资料里找到，首先在关于中国的第8~11这四个段落里找，然后在关于美国的、英国的、日本的和墨西哥的段落里找可借鉴的处理方法，这便能交出高分的答卷了。2005年的《申论》卷第三题："概括国家对农村农民问题宏观调控的方法和手段。"这道题就更直接地要求应试者在给定的材料里找解决问题的答案了。

下面再来看测试"提出问题的能力"和"综合分析能力"的试题。《申论》测试"提出问题的能力"的题型，通常是概述给定资料的主要问题或主要内容。如2000年的《申论》卷第一题："请用不超过150字的篇幅，概括出给定资料所反映的主要问题。"又如2002年的《申论》卷第一题："给定资料反映了网络给社会生活带来的种种影响，用不超过200字对这些影响进行概括。"很明显，这样的考试要求，只能测试应试者的阅读能力和文字表达能力。这种概述给定资料主要问题的能力，与《大纲》所指的"提出问题的能力"，即在纷繁复杂的现实生活中发现问题、提出问题的能力，毕竟是太不相同了。可能出题的专家也发现了这个问题，所以2003年、2004年、2005年的《申论》卷就再不出概括给定资料主要问题之类的试题了。至于测试"综合分析能力"，《申论》卷是通过提供杂乱无章的"半成品"资料，测试应试者对给定资料的分析综合能力，这其实也只是在测试应试者的阅读理解能力。但是，这种阅读中的综合分析能力，与《大纲》所指的“综合分析能力”，即行政管理中的综合分析能力，毕竟也是太不相同了。

细读每一套《申论》卷的“注意事项”，我们不难发现，出题者对“阅读理解能力”是何等的重视。卷子里的“注意事项”共三条，条条都提到“阅读”。第一条，说明申论考试“是对分析驾驭材料的能力的考试”，“是对应考者阅读理解能力的测试”；第二条，提出作答参考时限，“阅读资料40分钟”；第三条，再次提醒考生“仔细阅读给定的资料”。再看2003年和2004年《申论》卷的变化，阅读的量大了，阅读理解的难度也加大了，但是，题量减少了。2005年的《申论》卷，题量虽然增多了，但答题的难点之一，依然是“阅读理解能力”。《申论》为什么如此重视“阅读”？不言而喻，乃因《申论》是基于阅读的考试。

由此，笔者禁不住提出一个问题：这种基于阅读的《申论》考试究竟有无必要？笔者产生疑问的理由如下：

第一，虽说“阅读理解能力”当属从事国家机关工作必须具备的潜能，但《行政职业能力测验》这一科目，已含有“言语理解与表达”的测试；而且，这个科目足以充分考查应试者的“阅读理解能力”了，所以，没必要新设所谓的《申论》去重复考查应试者的“阅读理解能力”。

第二，“解决实际问题的能力”是不可能通过《申论》这种笔试方式测试出来的。试问，在150分钟的应试时间里，除去40分钟阅读，除去构思两至四道题的答题思路与表达约1 500字内容的时间，应试者还能有多少时间去思考解决问题的对策？再说，应试者还是个未被录用的公务员，你却要求他“以省政府调研室工作人员的身份”，“提出解决问题的方案”；2004年的《申论》卷还要求应试者充当“市交通部门的负责人”。这不令应试者勉为其难吗？据说，《申论》考试借鉴了发达国家的先进经验，可是，法国也只是国家机关选拔高级官员时，才采用设定身份提出对策的考查方式。再说，这种“设定身份”的测试，客观存在着竞争的不公平性。例如，熟悉网络管理的与对网络不感兴趣的，解决这个问题的水平就会直接受影响。再说，一个能提出“减少伤亡事故，保证安全”好对策的应试者，他未必说得出“解决农村农民问题的两种思路”。可能出题者已意识到了这个问题，所以，2005年的《申论》，取消了“虚拟身份”。但是，尽管取消“虚拟身份”，不公平性依然存在。因为应试者不可能对任何“给定资料”都熟悉、都有经验、都有研究，所以，他只能碰运气。另外，《申论》这种录用测试，究竟与应试者将来的行政管理能力有多少必然的关系？举个例说吧，应试者可能因为不熟悉药物管理和卫生部的职能而答不出解决我国PPA风波善后处理的好意见，但是，若干年后，当他成为卫生部一位有经验的工作人员后，他还有可能提得出很好的解决问题的意见。笔者认为，“解决问题的能力”不但不能通过《申论》笔试考得出来，也不能通过《申论》笔试进行预测。这种能力是要在工作实践中积累和提高的。

第三，以“测试应考者解决实际问题的能力，以及阅读理解能力、综合分析能力、提出问题的能力和文字表达能力”为目标的《申论》科目，操作实施了6年，证明无法测试所有的目标，能测试的只有“阅读理解能力”和“文字表达能力”这两种。笔者认为，这两种能力，可以通过《行政职业能力测验》科目进行测试。《申论》卷中，6 年的写作题都设计得很不错，确实能“测查出应考者从事国家机关工作必须具备的潜能”，建议在《行政职业能力测验》科目里，增加这类写作题。而原来的《行政职业能力测验》科目不含写作能力测试，显然是不全面的，行政职业能力中怎能缺少写作能力呢？因此，将《申论》的写作题与《行政职业能力测验》合并，不失为两全其美。

第四，从《申论》的答案和评价方式而论，《申论》测试的信度也令人质疑。一方面是测试答案的不确定性。《申论》全部为主观性试题，2005 年的《申论》卷第一题，虽然有五个备选项，但同时要求说明选择的原因，所以，2005 年的《大纲》依然认为“全部为主观性试题”。这种“主观性试题”的测试，没有也不可能有一个确切、固定、唯一的标准答案。况且，从给定资料来看，有的已有定论，有的尚无定论，应考者的答案自然就丰富多彩了。而另一方面，《申论》测试的评定，只能是综合的整体的评价，不可能有确切的唯一的标准。评价的主观性越强，评价的准确性和公允性就越低。尽管《申论》阅卷采取了 2 人评一道题的做法，但是，这就能保证评判的准确和公允吗？面对如此丰富多彩的答案，评卷的老师敢理直气壮地说自己的判断都肯定准确吗？考试是一个系统，系统的某一个环节，都会对系统造成影响。《申论》测试的答案和评价这两个环节，对《申论》考试信度造成了影响。所以，笔者认为，《申论》测试的科学性急待提高。

参考文献：

[1] 吴民望，等．国家公务员录用考试课题研究组．申论［M］．北京：中国社会出版社，2005：52.

[2] 王景科．申论写作指要［M］．济南：山东文艺出版社，2001：1－2.

[3] 申论课题组．申论考试指南［M］．北京：中国铁道出版社，2001：2.

[4] 岳海翔．公文写作教程［M］．北京：高等教育出版社，2005：274.

[5] 申论课题组．申论考试指南［M］．北京：中国铁道出版社．2001：52、79.

资料来源：陈妙云.《申论》刍议［J］. 广东社会科学，2006（3）：157－161.

评析

这是一篇论证型学术论文。这篇论文对全国正热火朝天进行的《申论》考试及雨后春笋般涌现的《申论》教材这些新鲜事进行理性的观察和科学的论证，对《申论》的定义提出质疑，指出《申论》卷的考试内容既不含“申”义，有时还无“论”，存在名不符实的问题。文章还对《申论》考试目标、评价提出质疑，建议取消《申论》科目，并在《行政职业能力测试》科目增加写作能力测试。论文具有创新性、学术性、论证性的特点。论文观点独到，论据充分，论证严密，层次清晰，言之成理，显示了学术论辩的科学性。

论文对《申论》定义的质疑分三个层次展开。首先很严谨地引出《申论》最权威的源头出自《2000 年中央国家行政机关公务员录用考试公共科目考试大纲》。此大纲里说：“本次公共科目笔试分为《行政能力测验》和《申论》两个科目。”紧接着用“科目”这个权威的界定逐一批驳各种教辅材料五花八门的误解乱释，然后十分严谨地推敲“申”与“论”的本义，考证《申论》科目的内涵。这三个层次形成横向的逻辑思路，论证具体深透。

论文还对《申论》的考试目标提出质疑，用考过的《申论》试题，有理有据地证明实行多年的《申论》考试，实际上只考了应试者的“阅读理解能力”和“文字表达能力”，大纲所设定的“解决实际问题的能力”“提出问题的能力”和“综合分析能力”，其实是考不到的。论文对“考不到”的理由分别做出有理有据的论证，提醒专家去冷静思考现行《申论》考试的缺陷。论文还以《申论》考试的测试答案和评价方式，对《申论》考试的信度提出质疑。这多方面的质疑，不仅需要胆量，更需要学术水平与科学的、理性的、严肃的思考。

电商物流背景下“最后一公里”配送模式优化研究

广州工商学院物流系 2018 届毕业生　何素静

指导教师　柳　颖

摘　要：在数据网络技术极速发展的现代社会里，电商物流快速崛起，已成为物流行业的局部组成部分。尤其是电商物流中的“最后一公里”配送，有着巨大的研究价值和研究意义。物流“最后一公里”配送是衔接电商和顾客的重要桥梁，也是完成物流资本节约的发展路径。物流“最后一公里”配送的主要模式是送货上门、自助提货、共同配送和第三方物流等。本文在各种模式具备的优缺点的基础上出发，经过比较、归结各种配送模式的优缺点，进行定性分析，找出各配送模式可以继续发展的优点以及需要改善的弊端等，再针对其配送模式的弊端提出各自的改进建议。本文研究的终极目标是通过改善物流“最后一公里”配送模式的缺点，使得物流行业在物流配送本钱升高的同时，也可能提升物流作业的效率与顾客的满意度，全面落实共享化、社会化、自动化、信息化和智慧化物流。

关键词：电商物流；最后一公里；配送模式；共享物流

Optimizing the "Last Kilometre" Delivery Mode in the Context of Electrical Logistics

Author: Sujing He Tutor: Ying Liu

(Department of Logistics, Guangzhou College of Technology and Business)

Abstract: In the modern society with the rapid development of data network technology, the power supply and logistics is rising, which has become a part of the logistics industry. Especially, the distribution of "last kilometre" in the electronic logistics has great research value and significance. Logistics "last kilometer" distribution is an important bridge connecting the electrical merchants and customers, and is also the development path of logistics capital frugality. Logistics "the last kilometer" distribution of the main mode is door delivery, self-loading, joint distribution and third party logistics. Based on the advantages and disadvantages of various modes, this paper compares the advantages and disadvantages of various modes of distribution, then makes a qualitative analysis, finds the advantages that each mode can continue to develop and the disadvantages that need to be improved, and then puts forward some suggestions for improving the disadvantages of each mode. The ultimate goal of this paper is to improve the logistics "last kilometer" distribution model, so that the logistics industry in logistics distribution money lost at the same time, the efficiency of logistics operations and the improvement of customer service satisfaction, the full implementation of sharing, socialization, automation, information and wisdom logistics.

Key words: electrical logistics; the last kilometerdistribution; distribution mode; modesharing logistics

1 绪论

近年来，在世界经济的推动下，中国经济也呈现出繁荣的景象。这对于电商市场来说是一个非常重要的影响。网上购物，是电子商务疾速发展的重要影响因素之一，也是电子商务不可或缺的一部分。网上购物不仅改变着人们的生活形式以及生产观点，而且逐步成为人们日常生活中最常见的购买形式。互联网技术愈来愈兴旺，成千上万的电商企业陆陆续续扩大线上的销售规模。正因为在线网络商品的规模日趋庞大，种类不断丰富，所以商品配送的物流才越来越完善。电商企业除了致力于发展国内线上产品外，也开始逐步着手进入国外网购市场的竞争行列。近年来，在阿里巴巴集团的带领下，"农村淘宝"将网购植入偏远的农村。除此之外，各大支付平台不断涌现，如网上银行、微信、支付宝等多种支付渠道，使得网上购物更加高效快捷。这些现象都说明了网络购物行业日益成熟。当然，在网络购物行业日趋发展的前提下，中国快递行业也受到了巨大的影响。于是，笔者收集了2014—2017年中国快递业务量和网购交易规模的相关数据（如图1所示）。

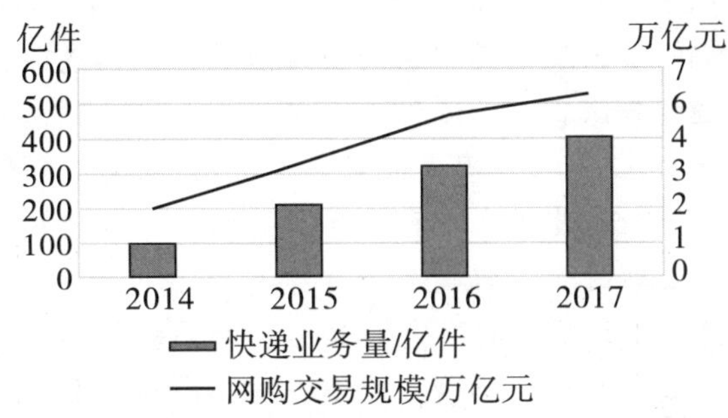

图1　2014—2017年中国快递业务量和网购交易规模结构图

由图可知：在2014年，我国的快递业务量首次冲破100亿件，稳居全世界快递业务量的第一位。2015年，中国的快递业务量抵达两百多亿件，同比增长48%。2017年，全年快递业务量超过400亿件，延续四年稳居世界第一，较2016年增长28%。而中国网络购物市场买卖规模在2014年达到2.8万亿元。2015年中国网络购物市场买卖规模为3.8万亿元，增长47.4%。2017年中国的网络购物市场规模为6.1万亿元。同比2015年网络购物市场买卖规模为5.3万亿元，增长29.6%。这表明：中国近四年以来，快递业务量每年以百亿件为单位稳步增长，预计2018—2020年网购交易量将持续上升。由此可见，网络购物业务量的激增带动电商物流的发展。那么如何使物流配送在节约配送成本的前提下更加有效率地进行呢？本文总结已有的配送方式，并结合所学内容，对电商物流"最后一公里"配送模式优化剖析，找出问题，提出建设性的对策，使得物流配送更加有效率。

互联网的兴起，使得电子商务经济得到了快速的发展。但物流的"最后一公里"配送却成为阻碍电子商务经济进一步发展的最主要原因。首先，我国的物流企业配置的物流设备设施不健全，机械自动化程度低，需大量的劳动力支撑，行业内人员的专业素养低等。其次，电商企业通常设立于一二线城市，面对更多来自非一二线城市的订单，物流行业面临窘境。最后是配送中心建立的问题。现阶段中国的物流问题主要集中在如何解决合理分配货物以及最后几公里的配送这两方面。而配送中心的选址、配送中心建立的耗资等问题又是解决物流"最后一公里"配送的关键点。我国作为人口大国，电子商务交易量越来越突出，自然物流成本也不断增加。特别是物流“最后一公里”的配送已经成为制约电商前进的绊脚石。因此，国内外的许多物流专家针对“最后一公里”配送问题提出了不同建议和看法。京东集团董事长刘强东说：其他企业不愿将物流配送纳入“前端用户体验、后端资金效率”的核心竞争力。以京东的物流配送体系为例，在物流信息技术翻新的驱动下，京东施行的仓配一体、多地建仓，成功改善了物流配送的“最后一公里”效果。我国物流分析师王诺愚认为，在“最后一公里”，运货进程根本没有提速空间了，反倒是信息的流动很要紧，信息的高效通顺治理，体系必须要跟得上。这话告诫我们物流信息系统的重要性和信息流畅的重要性。在我国，物流“最后一公里”配送模式大致分为传统的人工配送模式、自提配送模式、共同配送模式等。这些模式中存在各自的问题，如传统配送模式配送费不菲、交通压力大、配送延时等。自提点配送模式存在包裹存放自提点设置问题，服务质量差等。自提柜配送模式存在包裹安全、物品的信息追溯、共同配送信息不对称、商业机密泄露等问题。可见，物流“最后一公里”配送问题严重妨碍了电子商务的进一步发展。

日本物流专家汤浅和夫早就认识到：网上营销的形式改变了配送的概念，特别是住宅配送，B2C 电子商务的配送起点不再是简略的住宅，而是被大大丰盛了。另一位物流专家詹姆斯指出：通过提供物流配送效力而竞争的时代降临，能够认清这一点的企业和管理人员才能够在将来严酷的竞争中获得成功，否则将很可能在新的物流配送环境下举步维艰，甚至被淘汰出局。相对于我国，国外在物流“最后一公里”配送上的科技应用层面更高。他们在配送模式上主要有公共储物柜（如德国的 Packstation，主要设立在社区、交通枢纽或大公司，其最大的特点就是需要用户注册才可使用；美国的 Amazon 的储物柜，大多数设立在百货商场、便利店和药店），私人收货箱（如德国的专用电子收货箱；Condelsys 公司的 SKYBOX；日本的电子接手柜，主要建立在公寓）。物流“最后一公里”是物流配送最后一个环节，也是最主要的一个环节，是整个物流配送的中的要害。基于其现状及将来发展目的，通过对各种物流模式的效果进行摸索及处理，找出应对问题的策略是本文的要点。

电商物流配送的最后一个环节是推动电商进一步前进的关键。本文就电商物流“最后一公里”配送方式进行优化剖析。从优化“最后一公里”模式的目标出发，找出物流“最后一公里”配送方式的成效与不足之处，并提出建设性的意见，使得配送在电商和顾客之间达到最大程度的利益化。面对物流“最后一公里”配送模式的优势与不足，许多专家也提出了很多建议和方法。笔者依据文献研究法，查阅相关网站信息，统计年鉴、专业期刊、数据库等，对国内外相关理论文献进行宽泛浏览，理解把握国内外相关实践理论动态，再通过案例分析法进一步分析文中所研究的问题。最后使用比较分析法，如在剖析我国“最后一公里”配送的对策时，对比国外与国内的配送模式进行分析。

2 “最后一公里”配送模式概述

物流“最后一公里”是指快件从配送中心发出到送达收件人手里的这段配送路程。伴随着电商越来越发达，由电商发展带动的物流行业也被要求具备更有力的竞争优势。物流“最后一公里”配送在整个物流运作的全过程中占重要位置，是物流企业节省物流成本、提高运输效率的关键。可以说，谁能够处理电商物流“最后一公里”配送问题，谁就可以引领物流行业走上更高巅峰。

物流配送的基本形式主要有自营配送、第三方配送和共同配送。自营配送模式是综合性企业使用频率最高的物流配送模式。生产企业自建配送核心，从而完成企业各部门、厂、店的物品供给的配送。因为自营配送模式串合了古代的“自给自足”的小农思想，从而形成了新型的“大而全”“小而全”的现况。而这样的情况容易导致成本消耗高等问题，一定程度上造成了社会资源的浪费。但自营配送模式在某种层面能及时满足企业所需的生产材料，在产成品的零售、大规模供应和开辟市场等方面发挥了重要作用。第三方配送是指由专业的第三方物流企业生产商提供第三方物流服务，即作为委托方的企业不需要购置物流设施设备等相关物流工具，而由第三方物流企业提供采购、储存和配送等服务。第三方配送最大的特点表现为资源的合理分配和利用，企业将自身非擅长领域（物流）交由专业的第三方物流公司管理，这样企业就可以更有余力地集中于管理技术、市场、信息等自身擅长的领域，从而达到分工合作、互利互赢的局面。共同配送即指几个企业联合在一起，共同让第三方物流公司来完成物流配送。共同配送与第三方配送的共同点都是找第三方物流企业承包物流的一系列活动。不同的是，第三方配送的合作形式是一对一服务。而共同配送是由多个企业联合由第三方配送公司完成配送服务，在配送环节中的统一计划与一致调配下共同展开的配送流动形式。总的来说，共同配送是通过作业流动的规模化降低作业资本，提高物流资源运用效率的一种配送模式。

近几年来，电商的飞速发展使得快递的业务量成倍激增。然而我国的物流行业尚未发展成熟，特别是物流配送，难以和电商同步发展，导致快递的配送效率不高。再加上我国物流配送的自动化水平低，物流配送基本由人力资源完成，故使得物流配送的劳动成本趋高。

快递包裹丢失问题，可归结于快件投递问题。许多取件人会因为各种各样的原因不能完成快递及时取件。快件反复投递的过程容易导致包裹的丢失。此外，快递损坏问题是物流公司需慎重反思的一个问题。随着物流公司的竞争力越来越大，各物流公司为争取更多的业绩，对快递配送员采用“多送多得”的奖励机制。配送员为争取更多报酬，便忽视快递配送的质量，将快件进行“粗鲁性”

配送，导致包裹的损坏。

我国是人口大国，特别是在我国发达的地区，人口密度高，生活水平高。越来越多的家庭至少拥有一辆小汽车，出行越来越便利。也正因为城市人口和汽车的增加，快递在“最后一公里”配送中不得不使用小型的三轮车、电动车等作为配送工具。随着这些小型配送车越来越多，物流配送成了城市交通堵塞的主要影响因素。此外，这些各种规格的配送车辆并没有专属的停置位置，无秩序地随便停放，不仅占用了公共空间、妨碍公共秩序，还影响城市的美观。

第三方物流模式的出现，有利于减轻委托企业的物流配送压力。但这些企业把本企业的物流配送委托给第三方物流企业全程控制，很容易导致配送质量监管不全的问题。除此之外，许多物流公司或第三方物流公司也通过采取第三方合作模式，与一些学校、便利店等合作，共同完成快件的配送。这样层层委托，一旦商品出现任何质量问题，就难以得到及时的反馈。同时，取件人取件时接触的是未受专业培训的委托人，服务质量和客户满意度都是无法保证的。

3 “最后一公里”典型配送模式分析

电商与物流业的发展是相互影响、相互制约的。尤其是近几年来，各企业为鞭策电商展开，处理物流“最后一公里”配送带来的弊端，萌生出各类物流“最后一公里”的配送模式。其中应用最广泛的是自提模式（京东自提柜、淘宝的菜鸟自提服务点、其他第三方的自提柜）、人工配送模式（送货上门）和共同配送模式。

自提模式的运作形式大致可分为自提服务点和智能自提柜两种。

自提服务点是指为适应顾客收货的时间段限度，而提供的一种在固定地点提货的方式。顾客能够选择离自身很近的提货地点，订单达到自提点后，系统会以短信形式告知顾客到自提点取货。自提点并非全自动化，一般会设置一定的人员，待顾客取回快递后，回收快递单的回执。当今比较成功的案例有菜鸟驿站、乡村淘宝、顺丰与 7－11 便利店协作取货。

智能自提柜是指用户在取件时全自动，无须人员看管的快递配送自取方式。其操作流程为快递配送人员把快件投入智能柜，随后智能柜系统检测完就会主动发送一条关于取件的短信通知收件人到智能柜取件。据有关数据统计，我国在 2017 年全年的智能快递柜规模将超过一百亿元。智能自提柜的应用有效地缓解了快递“最后一公里”配送的时间冲突、效率低下以及成本居高等问题。

人工配送模式，即送货上门模式。由物流公司提供人力、财力等资源，按照顾客的要求，将快件运送到顾客的住处，完成门到门效劳。送货上门的同时也可以实现货到付款，这样一来，不但顾客的商品得以保证，商家还能够跟进产品特征、性能，纠正顾客对产品的成见，随时答复顾客发问，让顾客对店铺产生相熟感和信赖感，从而建立长期友好的业务联系等。但与自提模式相比较，人工配送模式的物流配送成本要高得多，且商品签收需有人在家才可以完成，这样并不能有效保证物流配送的效率。

共同配送模式也可视为联结式模式，它指的是若干客户联合起来，由第三方物流公司为其提供采购、储存和配送等一条龙送货服务。其本质是经过作业流动的规模化不再增加作业的本钱，进一步跟进物流资源运用到位情况。共同配送的发展有助于探究优化出一种更加合理化的配送模式。目前大多数企业都面临物流资本回升、投资物流现代化才干缺乏等问题，共同配送模式凭借整合社会资源、晋升物流作业的效率、降低物流成本的优势脱颖而出。于是，他们放弃单主体配送的模式，实现了共同配送。

众所周知，国外自提的自动化程度明显高于国内。国外的自提方式和中国一样，都是设立自提点和智能自提柜。国外大多数家庭都拥有自己的汽车，大多数住在郊区的家庭都是到自家附近几公里内的商店自提点取件。而生活在城市中心的人们，通过智能自提柜完成取件。自提柜大多为私人收货箱和公共储物柜。私人收货箱是个人专用的收货箱，如德国的专用电子收货箱 SKYBOX，顾客要先根据自身需要订购取货箱。其次，下单时顺带在地址栏写上送货码，形成地址标签。最后收货人凭借本人的识别码可随时翻开、关上收货箱，取走货物。日本的接管柜安装在一些公寓中，收货人凭一串明码到接管柜取得快件，如果收货人在收到到货信息三天后还没有取货，服务器会再次提示收货人。此外，电子储存柜也支持网上付款。如德国的 Packstation，主要设立在社区、交通枢纽或大公司，其提供零收费、自动化自助取货性能，同时还支撑线上支付和退货处置业务。因为注册客户有该系统的明码和智能卡，因而随时都能从指定 Packstation 站点的储物柜中提取本人的货物。美国 Amazon 的储物柜，普遍安装在百货商场、便利店和药店等，与 Packstation 有差别的是它不需要用户注册即可运用。

我国国内的电商尽管发展得很迅速，但末端配送效率低下等问题严重制约了电子商务的进一步突破。归根到底，我国物流企业末端配送在资源利用问题上还处于“散沙”式状态，降低了快递配送效率。在美国、日本等发达国家，其电子商务企业的物流“最后一公里”配送的问题处置计划，也有着值得我们学习的地方。表 1 为我国与美国、日本的物流配送模式的特点。

表1　中国、美国和日本物流配送模式比较

国　家	配送特点
中　国	企业自营物流需要投入大批的资金购置物流设施，对于中小企业而言是个尤为繁重的负担。虽然第三方物流可以分担企业的物流设备设施的购置压力和业务压力，但第三方物流对顾客效劳的品质问题是有待改进的。从供货配送层面上来说，自营物流比第三方物流的配送更具备精确性和及时性的优势。而共同配送，在不同企业间对管理规模、交际圈、消费对象、业务运营的认识看法也具有必然差异，不容易做到协调一致。另外，费用的分摊、商业秘密的泄露等也是令人担忧的事件
美　国	美国的物流配送具有成熟化、信息化和自动化的特点。以美国亚马孙为例：亚马孙储物柜普遍分布在百货商场、便利店和药店。用户经过亚马孙 App 指定的储物柜，取得包裹明码，即可获得快件。该模式让用户节省时间，无须与人对话，减少用户压力和烦闷感等。此外，亚马逊履行自建配送核心，使得物流、资金流、信息流和商流得到更好的衔接，大大地提升了作业效率
日　本	日本的商品配送具有社会化、共同化、共享化发展等特点。以共同配送为主，即厂商共同参加为主导的共同配送方式，由厂家配送中心配送，再由配送中心向城市内配送。该模式由大型企业出资建立，稳定性、时效性和可控性强，便于管理。但成本高，对外开放程度不够，容易浪费资源

经过以上演绎分析，能够看出第三方物流企业为主导的共同配送较其他两种模式要更有优势，且更契合当今物流配送行业的开展情况。虽然第三方物流模式也存在着可控性不强、顾客效劳不足、时效性一般等问题，但从长远的角度来看，其缺点是可以通过磨合和采取一定的标准来优化的。因此，中国应积极学习和采用第三方物流企业共同配送的主要形式，并加强与客户的沟通和各环节的衔接，从而更好地满足客户个性化需求的差异化，进一步实现更有效率的配送。

4　我国“最后一公里”配送模式问题分析

由于我国地大物博，人口众多，地区贫富差距大，因此我国物流在“最后一公里”配送中除了应用广泛的人工配送模式、自提模式、共同配送以外，还可以完善物流“最后一公里”配送的其他模式，如无人机配送、众包物流、外包物流等。以下将对这些配送模式存在的问题逐一分析。

人工配送模式，即送货上门。此物流配送模式除需要有专门的物流配送员外，还需要耗费车辆资源。而且每次服务时间较长，从而使物流成本比自提模式高得多。由于一些特殊商品，比如大件物品或比较贵重的商品都要用到送货上门服务，因此即使人工配送这一模式相比其他配送模式的成本高，也能生存。

自提模式，又分为自提服务站点和智能自提柜。自提服务站点的形式比较常出现的问题有：一是钱货交接的安全和技术推戴。怎样保证这三个角色在整个过程中货币两清是要处理的问题之一。二是门店自提的资源装备问题。每个自提订单处置需要的时间是能够计算的。与之雷同的是，每个包裹的仓储资本也能求算。企业要考虑订单量大增时如何合理运用人力和空间。三是门店自提的品类覆盖和人群笼罩问题，导致配送支付的资金也要求要及时到位。

各个货主对本身货物的配送都有各自的要求，在时间、地点、安全、数量上都存在差异，要把这些因素统一起来是一件不容易的事。利益分配上存在矛盾，因为共同配送所实现的利益在各货主之间进行调配难以做到公允、合理。各运营主体的商业窃密风险，让货主不肯加入合作，从而导致团体合作意识差、信息流通不顺畅等问题。

无人机配送模式，即应用无线遥控器以及管制安装操作运载着包裹的无人驾驶的飞行器，主动送达目的地。亚马孙曾经展现一款无人机 PrimeAir，它能够控制飞行时间不逾越 30 分钟就将包裹送给客户。2014 年，俄罗斯推出了比萨外卖服务。近几年，我国也出现无人机配送，如京东无人机配送、顺丰无人机配送等。无人机配送的优点在于有效解决偏僻地域的包裹配送问题。无人机配送不只提升了配送效率，同时在很大程度上降低了劳动力资本。但遗憾的是，至今仍没有发布有关无人机安全性、合法性的文件。而且无人机的一次配送量非常有限，包裹的安全性也不高，容易受人为干扰，造成包裹丢失。再者，无人机受天气影响较大等问题，导致其至今仍未得到广泛应用。

第三方物流模式，即企业的物流流动由第三方物流企业提供服务，帮助委托企业建立一系列适用于该企业的物流方案，实现整个物流流动。此模式一是不利于企业本身对物流的管制。二是当双方呈现问题时，增加了彼此推卸责任的概率，容易导致整个物流活动瘫痪。三是不利于企业树立坚定亲密的客户关系。企业委托第三方物流来公司实现产品的配送和售后，而客户信息对企业来说是十分重要的数据，第三方物流模式容易疏忽对委托企业的客户关系管理，严重的还会导致企业商业秘密的泄露。第三方物流模式是暂时的协作伙伴关系，假如物流服务商本身运营欠佳，就会影响企业的经营。而要解除协作关系，又需要较高的本钱。所以两个企业巩固的协作关系是需要较长时间来磨合的。

5 我国“最后一公里”配送模式对策

经过上述对物流“最后一公里”配送的各种模式所呈现的常见问题，本文依据《国务院办公厅关于推进电子商务与快递物流协同发展的意见》，总结提出以下几个观点来完善物流“最后一公里”配送模式。

第一，国家政府应该提高对物流企业的重视程度，制定和完善快递配送的相关政策。

以往政府也颁发过许多关于配送的政策，但政策条例过于简单，缺乏具体性。所以国家应出台扶持快递配送的政策。以企业获得更多资本流、服务更多领域为前提，优化协同开展的政策法规环境，同时还要增强物流配送设施的标准化管制，优化资源分类，缩短配送时间，达到以量概点、点线连接、节约配送成本。可以给配送快递车辆进行排序编码和标记管制，规定生产型号符合标准化的车辆等。

第二，国家应大力培养专业化物流人才，实现物流行业中的人才战略。

众所周知，物流教育的兴起是在人们得知物流领域的缺陷后才盛行的。现代物流业的发展与物流人才的培养息息相关。物流配送作为物流的末端环节，更加需要有专业能力的人才来管理。所以国家应大力发展物流教育，加快培育具有现代物流常识和业务才能的人才。企业也应加强配送车辆驾驶人员交通安全的教育，统一为配送车辆及配送人员购买交通意外险。

第三，设立更多快递末端智能自提柜，加快末端节点布局，自建共享物流体系（以利用共享单车的投放点设置智能柜为例）。

物流企业能够建设适用于自身企业发展特点的独立、完整的物流体系是最好不过的了。完好的物流体系的末端环节，能够采取设置地铁自提点、社区自提柜以及便利店等模式来补救“最后一公里”的配送问题。此外，还可以利用共享单车的投放点设置智能柜。共享单车车辆的定点投放具有运行路径、时间段、密集度、运行范围等严格的限制要求。在骑行的大数据分析下，骑行距离、骑行需求都可以被放大，也就是说车辆的投放点是具备一定的人流量的。由此可见，共享单车的投放点是设置快递智能柜的推荐选址。物流的各个企业可以联合设置共享智能柜，即一个快递智能柜可以取多种快递。再由各个物流企业派几名人员组成一个小部门专门来管理这个智能柜，管理内容包括从快递投放于智能柜、顾客取走快递到最后顾客问题反馈等。虽然实现起来在管理和技术层面都有一定的困难，但从长远来看，规模化是可以形成效益的。当然，各企业可能会产生利益纠纷，这就需要企业事前签署分工明确、权责分明等的文件。利用共享单车的投放点设置智能柜，建立共享物流体系，形成快递末端集约化的配送模式，兴许可以降低配送资本，保护消费者的隐私，在满足用户多样化体验需要的同时，还能够更好地解决物流“最后一公里”配送问题。

第四，制订共同配送计划，明确配送目标，提供合作意识，协同运营完成物流配送。

共同配送的优势在于能够经过规模化的统一配送模式降低物流资本。共同配送能够减少物流的配送车辆，改善拥挤的交通。但企业对自身的商业运营信息数据具有一定的保守意识，不愿意公开。所以各物流企业合作时容易出现信息不对称、产生利益纠纷的问题等。那么要实行共同配送，联合企业应当从最初合作时就明确双方合作的目标，提高合作意识，激励信息互联互通，加快鞭策电子商务与快递物流终端配送的数据对接规范，鼎力推动物流配送的设施设备、运转作业以及信息数据一体化。同时加强维护信息系统，进一步提高信息系统的防护程度。

第五，大力开展与第三方合作模式，健全提货点的布局，规范合作条款。

第三方合作主要是指利用互联网海量数据提升物流企业与各种领域物品集散形成合力的网点联合投递取件协作，实现零距离、无间断、信息互动的配送模式。第三方网点可为网购人群提供代收快件、暂存快件的服务，快件收件人就近选择协作网点自提。但偏远地区设立的协助网点较少，人们依旧担心收件问题。所以，应健全提货点布局，加强偏远地区的提货点覆盖。此外，此模式容易产生各种纠纷，这需要物流配送企业修订完整的协作计划。如行业内制定标准、具体问题具体分析等。

第六，创新协同产业链，提高各配送模式的运作效率，赢在物流“最后一公里”配送上。

在政策的继续推进和信息技术日趋成熟的前提下，创新协同产业链，必须加快晋升物流配备自动化、专业化程度，形成自动化规模配送。加强大数据、云计算的应用，保障信息流通顺畅。推动库存前置、智能分仓、仓储一体化。应用科学的办法进行合理配载，选择最优的布局线路。充分利用现代信息技术全面智能化地协同创新无人机、无人车等无人技术，不断提高物流“最后一公里”配送效率。

6 结论

物流资本的有效管理无论是对电商企业还是物流行业来说都具有重要意义。面对物流“最后一公里”配送存在的“污”“乱”“差”等问题和各种配送存在的弊端，加快物流“最后一公里”配送效率实属不易。本文界定“最后一公里”的概念，描述以往不同领域的专家提出的观点和各种解决物流“最后一公里”配送的配送模式并归纳这些典型模式的优缺点，从而提出应制定和完善快递配送的相关政策；建设更多的快递末端智能自提柜，加快末端节点布置，加快植入技术上的升级，如二维码扫描、人脸识别技术、联合公安系统构建严防的共享物流体系；提高各物流企业的合作意识，大力开展与第三方合作模式；培养专业化物流人才以及创新协同产业链等建议。如何选择配送模式，选择哪种配送模式才能够真正做到方便用户、提高用户满意度等，对当前物流客户群扩大和物流业的发展起着决定性作用。中国是人口大国，各地域之间存在着巨大差异，多种配送模式的存在能提供多种选择，从而尽可能地降低物流配送资本，提高客户满意度，达到“双赢”。而本文提出的创新要点，即共享物流，更是顺应全民创业的新时代。鉴于本人的知识层面和阅历有限，只是对共享物流做了定性分析，缺乏定量分析和实践操作案例。在往后的日子里，本人将进一步学习并在工作中积累经验，从而对物流“最后一公里”配送有更深入的研究，为我国物流事业更上一层楼献出自身微薄的力量。

参考文献：

[1] HOWE J. Crowdsourcing. Why the power of the crowd is driving the future of business [M]. Crown Business Press，2008.

[2] Jianhua Zhang. Applied mechanics and materials. Research of Computational Intelligence Logistics Distribution Management System Based on Internet，2013.

[3] 杨聚平，杨长春，姚宣霞．电子商务物流中的间接配送模式研究 [J]．商业研究，2014，

[4] 詹彬，谷孜琪，李阳．“互联网 +”背景下电商物流“最后一公里”配送模式优化研究 [J]．研究与探讨，2016.

[5] 詹林敏．电子商务物流最后一公里配送模式研究 [D]．大连：大连理工大学，2015.

[6] 杨岩．我国电商物流最后一公里配送问题研究 [J]．物流工程与管理，2014（10）．

[7] 王俊．电子商务环境下“最后一公里配送”物流配送模式研究．控制科学与工程系 2017.

[8] 段亚丽．众包物流：在试错中成长 [J]．物流技术，2015（16）．

[9] 李向东．众包物流模式“充满不确定性”[N]．中国经营报，2015.

[10] 李冰漪．活力与问题交织的众包物流 [J]．中国储运，2015（12）．

[11] 吴永鑫．物流无人机在中国农村电商物流市场应用研究 [J]．国际商务，2017.

[12] 电子商务物流末端共同配送联盟成本分摊模型研究．潘增志．2017.

指导教师评语：

该论文以物流行业的难题“最后一公里”配送模式为研究对象，阐述了“最后一公里”配送模式的重要性，详细分析了我国“最后一公里”配送现状，包括配送效率低、配送成本高、包裹丢失和损坏、妨碍公共秩序、服务质量差等一直制约“最后一公里”配送服务提升的一系列问题的原因，提出包括自提模式、人工配送模式、共同配送模式等积极有效的改进措施，以期优化“最后一公里”配送模式，给企业提供可行之建议。该论文选题属于社会热点问题，具有一定的现实意义和研究价值。

论文思路清晰，紧扣主题，重点突出，有创新之见解。论文从提出问题、分析问题到解决问题，始终围绕着物流配送“最后一公里”这一行业难题内容展开，并系统地论述。论文对文献材料和已有成果的收集充分，数据采集和使用恰当，对理论前沿和前期研究成果总结提炼较好。

论文的结构严谨，层次分明，具有内在逻辑力。论述条理清晰，层层推进，具有较强的逻辑性。论文语言通顺、流畅，表达清楚、准确。

第八章
案例型毕业论文的写作

一、案例型毕业论文的概念和特点

（一）案例型毕业论文的概念

案例，又称个例、实例、个案，是对一个企业或组织的特定情景的真实、客观的描述和介绍。通过案例研究，人们可以对某些事物、现象进行描述、解释、评价和探索，对现存的理论进行检验、发展和修改，对现存的问题找到解决的方法和途径。

案例型毕业论文就是应用所学的理论知识对现实中的具体案例进行阐释、分析，并针对案例中出现的问题提出具体的解决对策或建议的论文。

案例型毕业论文要求学生运用学习过的专业理论知识去解释、解决社会现实生活或本人实际工作中的实际问题，能够较好地实现理论与实践的结合，提高学生应用理论知识解决实际问题的能力。案例型毕业论文比较适合管理类专业。

（二）案例型毕业论文的特点

1．客观性

案例是对实际发生的事情的记录和描述，不能凭空杜撰与虚构，也不能掺杂案例写作者个人的主观判断或主观臆想。

2．拟真性

案例十分接近真实情况。可以说，实际是什么样子，案例写出来就是什么样子。在案例中，信息都是以半成品状态提供的，而不是“完备清楚、井然有序、一目了然”的，一些数据、素材需要作者做一定的加工、推导和分析。案例中还可以包含有一定的无关信息，而且有些决策所必需的信息又可能是不完备的。总之，高度的拟真性才能使读者思考、分析、判断、比较、决策。这也正是案例的优点。

3．灵活性

案例在写作形式上是灵活的，可以按照事实发生的时间顺序写，也可以按照中心下面的分中心设置小标题写。案例在内容的表现手法上也是灵活的，可以有白描、叙述，也可以有对话、争论，还可以有数据、表格、公式。总之，只要是为了说明中心和主题，写作形式和表现手法可以不拘一格。

二、案例型毕业论文的分类

（一）按使用的案例的数量分

按使用的案例的数量分，案例型毕业论文可分为两种。

1．单案例型

单个案例研究论文是整篇论文围绕一个案例展开分析，从个案中提炼、升华、验证，修正相关理论。

单案例研究适用于极端个案分析，代表性或典型个案分析，对他人未曾研究过的个案进行分析以启发更深入的研究，对同一个案进行不同时间段的纵向分析，以及对现有理论的批驳或者检验。单案例研究适合本科生毕业论文写作。

2．跨案例型

跨案例研究论文使用多个案例（一般不超过5个）同时进行分析，并要求多个案例必须是多种类型，能够从多个角度论证一个主题，从而形成对理论的验证、修正和补充。

跨案例研究包括两个分析阶段：一是案例内分析阶段，即把每一个案例看成独立的整体进行全面的分析；二是跨案例分析阶段，即在前者的基础上对所有的案例进行统一的抽象和归纳，进一步得出更加精辟的描述和更有说服力的解释。

（二）按照案例的形式和功能分

按照案例的形式和功能分，案例型毕业论文可分为三种。

1．描述—评审型

这是案例型论文中比较典型的一种。即对案例事件或者情景的概况做出准确的描述，并对其进行评价，指出其优点和长处，也点明其不足和有待改进之处，提出自己的意见和看法。

2．分析—决策型

这种类型是在准确描述案例的基础上，把案例情况描述和陈述中隐含的问题挖掘出来，分清主次，探究其原因，制定解决方案，提出解决对策。

3．比较型

这种类型是将两个或两个以上特定的同类可比对象同时加以描述，提供足够的可供比较的信息进行比较分析。

上述三种类型的共同之处是：都要进行陈述和描述，并且都给案例使用者提供一定的启发性问题。因此，它们不是截然分开的，描述中往往隐含着问题；反之，问题也是通过陈述和描述体现出来的。同时，评审中也必然有分析，分析中也总是带有评审性。比较型实际上就是把描述—评审型和分析—决策型应用在两个或两个以上的特定对象身上。因此，在进行案例论文写作时，不必过分强调案例的分类。

三、案例型毕业论文的写作要点

（一）题名

案例型毕业论文的题名有以下几种形式。

1. 直接式

直接式题名又分为两种：一种是由“原型企业（组织）+主题”构成。例如：《A企业的奖金制度》《H公司的财务制度改革》《Z公司的绩效考评》《大通国际贸易公司的业务风险管理》等等。另一种是由“主题+文种”构成。例如：《创业网络混合治理机制选择的案例研究》《中国情境下成功品牌延伸影响因素的案例研究》等等。直接式题名的优点是可以使读者对论文的主题一目了然。

2. 提问式

提问式题名即以一个问句作为题名。例如：《他们为什么离开B公司》《A公司的连锁经营为什么失败（成功）》《A公司的激励机制出了什么问题》等等。提问式题名可以启发读者想象，达到引人入胜的效果。

3. 正副题名式

正题名说明主题，副题名说明案例原型企业或组织和文种，往往以“主题名——基于……的案例研究（分析）”“主题名——以……为例”等形式表现。例如：《平台领导权获取的方向盘模型——基于利丰公司的案例研究》《顾客感知质量评价指标体系构建——基于昆明呈贡大学城快递服务的案例分析》《网络信息生态链评价研究——以淘宝网与腾讯拍拍为例》等等。

（二）绪论

绪论部分提出要研究的问题，介绍和分析所研究问题的国内外现状（文献综述），说明研究问题的必要性和重要性，并简述论文的主要内容。

（三）正文

案例型论文正文的写作形式比较灵活，不拘泥于某种特定的形式。一般包括以下内容。

1. 案例描述

案例描述内容包括案例原型企业或其他组织的背景、事件现状及发展，必要时还应对案例企业或组织所处行业或市场、社会背景进行描述。

案例描述要做到全面、周密、客观，避免加入作者的主观分析、评价，涉及的组织、人物和统计数据等，可以做适当的技术性处理，如隐去组织和人物的真实名称而采用化名，对真实的统计数据做同比放大（或缩小）处理。

案例描述的结构安排常用的方式有两种：一是按时间顺序，即按事件发生的先后来安排，从产生、演进直到今后的发展方向，逐次展开。二是按照逻辑关系，分门别类地进行安排，或围绕各个关键问题来组织各自的有关材料，或按照各部分材料性质的异同和关联的疏密来安排、组织。经常采用设置小标题的方法，使案例描述层次清楚。

2. 案例分析

应用所学专业的理论和知识对案例所涉及的内容进行深入分析，可以通过数据、表格、公式等进行验证。除了对案例进行综合评述外，还应对主要价值点进行分析和提炼。分析的内容必须针对案例描述的内容，案例描述中的重要信息与内容应在分析中得到全面体现，分析中所用到的素材都必须是案例描述中所提供的。对案例中某些有价值的问题可做适当的引申与探讨，但所做的引申与探讨不能脱离案例描述中的内容。

（四）结论

总结案例分析的结论，针对案例所涉及的有关问题，给出改进对策或建议，指出研究中存在的不足以及下一步的研究方向。

四、案例型毕业论文写作的注意事项

（一）案例分析要突出重点

案例型毕业论文中的“案例”是分析问题的载体，在进行分析时要突出论文的选题，不必面面俱到地分析案例涉及的问题。

（二）合理选择案例分析的方法

同一问题从不同的角度有不同的分析方法，可选择最熟悉的理论方法对案例涉及的主要问题进行分析。

（三）不要把案例写成“调查报告”和“工作总结”

案例型毕业论文最忌讳只反映实际问题，缺乏理论深度。因此，在案例分析过程中要综合运用所学专业的理论知识，突出论文的理论性，避免把案例写成“调查报告”和“工作总结”。

（四）标注清楚资料来源

论文中涉及的数据，应标注数据的来源；对于需要说明的事项，应通过标注进行具体说明；如果涉及数据的统计分析，应提供数据及检验过程。

港珠澳大桥的建设对珠三角地区物流业的影响分析

广州工商学院物流系 2018 届毕业生　黎锐锋
指导教师　刘炳康

摘　要：港珠澳大桥的建设，是珠三角地区物流业发展的新契机，也是打造粤港澳一体化的重要章程。文章就港珠澳大桥的建设对珠三角地区物流业的影响进行分析，并重点就其对香港、珠海、澳门及周边区域的影响进行探讨，提出了部分问题。对珠三角地区未来物流格局的变化进行了大胆的预测。

关键词：港珠澳大桥；物流业；香港；珠海；澳门；珠江西岸；区域经济

The Impact of the Hong Kong-Zhuhai-Macao Bridge on the Logistics of the Pearl River Delta Region

Author：Rui-feng Li　　Tutor：Bing-kang Liu
（Guangzhou College of Technology and Business，Guangzhou　510800）

Abstract：The construction of the Hong Kong-Zhuhai-Macao bridge is a new opportunity for the development of the logistics industry in the pearl river delta region and an important constitution for the integration of Guangdong，Hong Kong and Macao. The Hong Kong-

Zhuhai-Macao bridge on the construction of the pearl river delta region of the influence of the logistics industry is analyzed, and analyzed its Hong Kong, Zhuhai and Macau, and the surrounding area were discussed, the influence of part of the problem are put forward. This paper makes a bold prediction of the future logistics pattern in the pearl river delta region.
Key words: Hong Kong-Zhuhai-Macao bridge; logistics; Hong Kong; Zhuhai; Macao; the west seashore of Pearl River Delta; regional economy

1 选题背景及意义

自改革开放以来，珠三角地区由于其毗邻港澳的特殊地理优势以及悠久的对外交往史，成了我国最早的外商投资集中地，这为珠三角地区带来了高速的经济发展。珠三角地区的经济奇迹让世界为之惊叹。而在这段发展历程中，对以桥梁连接港澳地区和内地的工程的争议也一直持续着。2009 年 12 月 15 日，港珠澳大桥的开工建设结束了各方对这段工程的争议，正式进入了实际操作的阶段。

1983 年，香港的建筑师胡应湘最早提出了建设港珠澳大桥的想法，至 2009 年实际开工，经过了 20 年的争议。港珠澳大桥被纳入 G94 珠三角环线高速工程之中，设计时速为 100 ~120 km/h。该工程东接香港国际机场周边的香港口岸人工岛，西接澳门口岸人工岛及珠海连接线，路线终点在珠海洪湾，是以跨海大桥的形式，将港、珠、澳三地紧紧相连的横跨伶仃洋的超级工程。港珠澳大桥的起点是香港大屿山，途经大澳，跨越珠江口，最后以“Y”形结构分出小桥梁，一端连接珠海，一端连接澳门。整座大桥以六车道高速公路的设计通车，设计时速为 100 km/h。

港珠澳大桥通过隧道工程穿过拱北连接珠海，将与建设中的京港澳高速广珠西线相连，并使用延长线进行接驳，打通珠海现有的多条高速线路，包括京珠高速、西部沿海高速、江珠高速、机场高速、高栏港高速等干线，使珠江西部乃至整个泛珠三角地区都形成回路。大桥于 2017 年年底正式建成。

港珠澳大桥作为粤港澳三地首次联合施工建设的超级工程，其通车首次实现珠海、澳门与香港的陆路对接，从根本上改变珠三角地区以往的物流格局，使物流成本极限降低，达到促进产业结构调整和布局优化、推动区域合作和协同发展的目的，对推动粤港澳一体化发展、实现三地融合具有历史性的意义。

2 港珠澳大桥的建设概况

长久以来，珠三角地区与港澳地区的货运和客运都依靠着水运、空运以及陆路绕行的方式进行。珠三角西岸通港需要通过深圳罗湖口岸，通澳则需要经过珠海拱北口岸通行。港珠澳大桥建设的决定，主要是由于珠江口岸形成的天堑，使得香港与澳门、珠三角西岸隔海相望，若通过陆地通道行车则要通过深圳，绕行至虎门大桥再向南行驶才能到达珠海，行程约200公里，交通状况良好、无阻碍则耗时大约4小时，若在虎门大桥堵车则往往需要6~7小时才能顺利到达珠海。庞大的交通压力也使珠三角交通枢纽之一的虎门大桥常年堵车，目前在建的虎门二桥工程也是为了缓解虎门大桥的交通压力而建的。而行水路至珠海亦需要行船30~40公里，最快也需要1小时。目前，港珠澳三地的运输主要依靠水路运输和公路运输两种。通过对珠三角地区的经济社会发展趋势及交通运输的相关分析得知：2015年，广东省的公路货运量高达339 225万吨，水运货运量也到达75 113万吨，其中虎门大桥承担了68%的货运量和75%的客运量。面对庞大的运输压力，建造运力更大、交通更便捷的大桥迫在眉睫，因此港珠澳大桥的建设构想也被最终敲定。

经过上千亿元的耗资和长达9年的漫长建设，2017年12月31日晚，港珠澳大桥全线亮灯，这意味着港珠澳大桥的主体已经完全具备通车能力，亦表示大桥的全线供电照明系统完美竣工。全桥最高点的青州桥塔上镶嵌着中国结，如同海上的灯塔，为过往的行船指引方向。全桥总长约55公里，其中包括集岛、桥、隧道于一体的主体工程，囊括江海、青州和九州三座通航斜拉桥，长约29.6公里，还有长约19.6公里的非通航孔桥和6.7公里的海底隧道，以及位于东西两侧的将桥梁和隧道相连的两座人工岛。庞大而艰辛的工程量，也代表着珠三角地区对港珠澳大桥的重视。

2017年12月21日，广东省发展改革委员会于珠海市召开港珠澳大桥主体工程车辆通行费收费标准听证会，提出两套定价方案，广泛汲取各方意见。听证方案一：私家车、出租车150元/车次，穿梭巴士、过境巴士450元/车次，普通货车60元/车次，货柜车115元/车次。听证方案二：私家车、出租车150元/车次，穿梭巴士450元/车次，过境巴士200元/车次，普通货车60元/车次，货柜车115元/车。

2.1 从地理角度看港珠澳大桥

港珠澳大桥是未来珠三角地区占据重要战略意义的交通干线，同时也具有成为未来华南地区经济一体化的连接枢纽的潜力，牵引着珠三角地区的区域经济重心，随着珠三角地区的发展推进。在未来的经济地理环境之下，珠三角地区将拥有新的发展动力。

改革开放以来，由于珠江口的天然阻隔以及两岸经济制度、人文的差异，珠江两岸的经济水平差距越来越大。靠近香港的珠江东岸基于地理的天然优势大量吸引外资，香港带动着与其陆路相连的深圳、东莞、惠州等地吸引外来的资金、技术和先进的管理经验，发展迅速。珠江东岸成为香港发展的福地。

虽然珠江西岸地区紧邻澳门，但碍于澳门较小的经济总量和单一的经济结构，珠江西岸的经济发展并没有紧随澳门的脚步，因此澳门难以成为带动珠江西岸经济发展的排头兵。截至2008年，港珠澳大桥的建设敲定之前，港澳台在东莞、惠州、深圳三地共投资工业企业6 078家，而中山、珠海、江门三地仅有工业企业2 058家。与香港临近的东岸三市2008年出口总额为2 633.43亿美元，而临近澳门的西岸三市的出口总额仅有495.24亿美元，不到东岸三市出口总额的1/5。珠江东西两岸过大的经济发展差距，使港珠澳大桥的建设迫在眉睫。

2.2 港珠澳大桥与区域经济

港珠澳大桥是粤港澳三地首次联合建设的超级工程，全长约55公里，建设完成后，港澳两地不仅有了直接的陆路联系，且与珠江西岸江门、中山等地的距离也大大缩短。在珠三角地区以内可以形成高效的3小时经济圈，珠江西岸将迎来大规模的产业转移，吸引更多外资进入，带动地域经济发展。珠江东岸地区在完成第一次产业转移时产生了诸多问题，如土地紧缺、企业维系成本增加、人口过多和城市规划用地不足等。经过数年的发展，珠江东岸的资源已经被充分开发，发展空间大大缩小。而珠江西岸地区不仅可以吸收东岸地区快速发展的应对经验，同时也有大量的待开发土地以及环境资源，有能力接受外来的产业转移，临近的粤西地区亦建有大型的能源、原料基地，制造业的生存与发展都得到了强有力的支持。

在港珠澳大桥建成之后，珠三角地区就形成了珠澳、广佛和港深三大经济带。三大经济带通过陆路连接形成了三角形的闭环回路，环形结构将中心城市间的距离降低至2小时之内，并将经济集聚向周边城市辐射。珠三角地区3小时经济圈的格局落定，促进了珠三角地区区域经济一体化的建设，以往三地过度依赖水运的被动局面将迎来改变。珠三角地区是我国重点的经济发展区域之一。港珠澳大桥的建设不仅极大地影响着珠三角地区的经济发展速度，而且对珠三角地区的产业结构调整有着重要意义。其中旅游业、金融业和服务业都是重点发展对象，而物流业将是大桥建设的最大受益方。

2.3 港珠澳大桥与区域物流

对珠三角地区的物流业来说，港珠澳大桥的兴建是珠三角交通条件改善的关键。珠江西岸地区与香港的业务联系更加紧密，珠江西岸的货物不仅可以借助香港的港口与世界各地接触，扩大出口业务，香港本土的货物与国外进口货物亦能通过港珠澳大桥回流至珠三角地区，甚至整个泛珠三角地区。大桥利用青马干线与赤鱲角机场及葵涌码头连接，香港就能够凭借自身在国际航运中的优势，对泛珠三角地带进行商品回流，影响东盟自由贸易区，将自身发展为东南亚地区的物流中心。

在大桥建成后，香港和珠海都迎来了物流业发展新的生机，珠海无疑是最大的受益者。与香港、澳门直接相连的珠海将真正从边缘性城市转变为珠三角区域发展的中心地区，周边的物流、人流、信息流、资金流都能通过珠海向珠三角西岸传递，产生强烈的聚集效应。珠海的机场、港口以及向珠江西岸的公路辐射网都将变得至关重要。珠海为珠三角西岸地区乃至粤西、西南、华南地区对国外及对国内的各大机场、港口的连接形成新的通道，珠海将成为珠三角的物流中心。

一般来说，珠三角区域物流的发展定会引起区域经济的变化，未来珠三角地区的区域物流的核心应当是以香港、广州、深圳、珠海四地为主，发展以港、珠、深、粤四地为核心的海陆空立体物流和国际国内双向物流相结合的物流中心，形成四强并进的格局，区域内的物流中心亦应及时根据自身优势开拓特色鲜明的物流中心城市形象，将珠三角地区区域物流的集聚效应最大化。

3 港珠澳大桥建设的重要性

珠三角地区是我国重点经济发展中心之一。伴随着现代化物流的发展与成熟，珠三角地区的物流服务水平已经完成从传统的交通运输服务向重视管理以及信息技术的综合性现代化物流的转变，其服务内容已经包罗社会经济活动的生产、包装、消费、配送的全过程。珠三角拥有香港、澳门两个特别行政区，以及深圳、珠海两个经济特区，是我国最大的出口加工地区。珠三角具有对外开放口岸150个，其中包括51个一类口岸和99个进出口装卸和起运点，是我国集装箱进出口的主要区域，集装箱出口量达到全国的1/3以上，具有便捷的立体交通网络和经济水平，是现代化物流业发展的天然港湾。港珠澳大桥通车后，以跨越珠江口这道天堑的神来之笔，改变珠三角地区空港、海港和公路运输的空间联系，从而使整个珠三角地区的物流格局得以改变。

3.1 珠三角地区与海上丝路结合的起点

我国近年来将“一带一路”倡议视作重点研究发展的国家级顶层设计，通过既有的、有效的区域合作平台，与“丝绸之路经济带”和“21世纪海上丝绸之路”上的沿线多个国家展开多方贸易合作的。旨在借用丝绸之路的伟大历史符号，树立和平发展、合作共赢的共同目标，积极发展与沿线多个国家的经济合作伙伴关系，共同打造经济融合、文化包容、政治互信的利益、命运与责任三大共同体。港珠澳大桥的建设，亦将带领珠三角地区进入“一带一路”倡议的海上丝路的进程中。

“一带一路”倡议与港珠澳大桥的结合，为香港带来新的市场，为珠海提供了新的动力，必然促进珠三角地区的发展。从四个方向来看，首先，大桥连接香洲与大屿山，提升珠海作为珠江西岸核心城市的影响力与发展能力；其次，推进珠、港两地物流、旅游等多产业合作，使离岸贸易、酒店旅游、冷链物流、水路邮轮等产业得以发展；再次，促进珠、港两地机场与港口深入合作，优势资源对接，联动共赢；最后，扩展发展空间，建设粤港澳共同体，打造“一带一路”的桥头堡，通过港珠澳大桥，珠三角地区与海上丝路的连接更为密切，全面响应国家“一带一路”倡议，其中珠、港两地起到了至关重要的作用。

香港要向航运服务业转型，发挥国际仲裁、航运租赁和金融等优势，必须在区域内打造合作大于竞争的环境，连接“一带一路”，带动区域经济和区域物流的联合发展。港珠澳大桥的修通对粤港澳实现优势互补、共同推动物流业发展将是百年难遇的机会，未来势必会带动港澳合作，共同发展高端物流产业，建设面向国际的港珠澳物流园区，向港口物流和跨境电商等方向延伸。

大桥修通之前，从珠、港两地机场的行车大概耗时 4 小时，加上虎门大桥的堵车，严重时可能需要 8 小时或以上。但在港珠澳大桥修通之后，最多 1 个多小时就可以连接港、珠两个机场，实现了物流时间效应的最大化。若将香港的物流仓库前移至珠海，货物就能通过空运到达珠海机场，清关后直接到达香港，通过香港的航运连接全世界。

珠海港本身具有区位优势，可为港澳企业扩展中国西南市场提供平台，港珠澳大桥则会大幅缩短这段进程所需的时间。港澳的通车能实现半小时通车，也离不开港珠澳大桥的帮助，粤港澳三地的旅游业和物流业都将得到新活力。珠海港则会是连接海上丝路的重要基站之一。港珠澳大桥的修通，实现了珠三角地区与 21 世纪海上丝路的接合。

3.2　珠三角地区物流格局新变化

交通网络的发达程度对物流业的发展有着决定性的意义。在港珠澳大桥建设之前，对珠江西岸地区来说，高额的运营成本和物流成本是阻碍物流业发展的难关。珠三角西部地区拥有大量的工业企业，其工业类产品的出货量十分巨大，且其中大部分需要通过香港进行出口装运，但珠三角西部地区的物流基础设施不够完善，导致进出口通关成本偏高、运输距离远。在大桥修通后，珠江西岸城市如中山、江门、珠海等地与香港葵涌码头的陆路距离平均减少 35%，解决了物流成本过高的难题，物流企业的经营收益也有了额外提升。港珠澳大桥修通前后与香港机场与码头的陆路距离变化如表 1 所示。

表 1　港珠澳大桥建成前后珠江西岸各市与香港距离对比

城市	往葵涌码头			往国际机场		
	建桥前/km	建桥后/km	增减/%	建桥前/km	建桥后/km	增减/%
珠海	196.3	113.9	-42	214.3	40.1	-81.3
江门	196.8	145.7	-26	214.8	122.2	-43.1
中山	164.7	113.9	-30.8	182.7	91.4	-50.0

港珠澳大桥带来的变化，改变着珠三角的物流格局，使之焕发新的动力。原本贯通珠三角东西两岸的主要运力从原本的虎门大桥和虎门渡口变成了港珠澳大桥、虎门大桥和虎门渡口，港珠澳大桥更是承担起联系香港国际机场和葵涌码头的重任。未来珠三角的物流格局将发生显著变化，其变化主要体现在以下三方面。

3.2.1　五大机场的网络连接

大珠三角地域原本有广州、深圳、珠海、香港和澳门五地的机场。通过跨海大桥，珠海、香港和澳门的机场有了直接的公路连接，通过广深高速、广珠铁路两条线，可以实现深圳、广州和珠海的有效连接。五地机场形成一个有机的整体，使大珠三角的航空网络充分完善，更进一步加强大珠三角国际航空中心的国际地位，发挥区域物流的联合作用。

3.2.2　舒缓虎门大桥及虎门渡口相关线路的交通压力

由于粤港澳地区过分依靠水运通道的天然被动局面，虎门大桥和虎门渡口一直以来都承受着相当严重的交通压力，导致虎门大桥常年堵车。近年来因为虎门大桥的重负，政府亦启动建设虎门二桥工程以解决虎门大桥运力不足的问题，港珠澳大桥的修通，将更进一步地分流虎门大桥的交通流量，大大减轻虎门大桥的交通压力。

3.2.3　促进泛珠三角经济区与东盟经济圈的贸易互动与交流，稳固两大经济区的合作基础

2010 年，中国—东盟自由贸易区正式启动，港珠澳大桥的建设为促进泛珠三角各城市与东盟自由贸易区的贸易往来提供有效条件。港珠澳及珠三角一体化的立体交通网络得到完善，为大珠三角经济圈的培养提供活力，使珠三角地区发展为亚太地区的物流中心。其开放、高效、便捷、安全的特点，必将迎来货流量和客流量的全面提升。

4 港珠澳大桥对珠三角地区的影响

4.1 香港

港珠澳大桥的通车，对香港巩固优势产业发展和实现区域协调化发展都有重要意义。香港要打造“桥头经济”，必然要大力发展大屿山地区，协调规划新界西北地区，打造经济增长的有生力量，在规划格局下促进香港与珠三角城市群结合，共同发展。同时，大桥的通车与香港物流业的升级转型息息相关，特别是航空物流和港口物流。近年来，香港要大力建设以“空港经济”为核心，搭建立体化交通运输网络，实现高新技术产业、现代化服务业、高端产业等多方有机融合的现代化航空城市。通过港珠澳大桥，香港机场和珠海、澳门机场在珠江两岸相互呼应，有机融合，交通物流系统进一步提速，提高香港港口、机场的竞争力，香港的人才、地理、制度等综合优势得以充分发挥，香港物流业的升级转型又加快了脚步。

香港的“桥头经济”发展，是随着港珠澳大桥的建成而开展的。处于大桥香港侧桥头的大屿山，将随着屯门—赤鱲角公路和规划中的港深西部快速轨道的修通落实，凸显出大屿山的桥头地位。香港口岸将成为港珠澳大桥“桥头经济”的“桥头堡”，为香港发展为国际化策略性多式联运枢纽提供有利条件。其经济效益能够有效辐射向邻近城市乃至泛珠三角地带，珠三角西岸地区也顺利带入香港“3 小时经济圈”之中，香港将更直接有效地发挥其贸易及物流的重要作用。

4.2 澳门

澳门现代物流业的发展，其货源大多依赖于货物的转运。以往澳门与香港没有直接陆路连接，从深圳绕行需要约 60 公里，两地隔海相望，目前最快的交通方式是水运，一般需要 2 小时。在港珠澳大桥通车后，香港与澳门的路程缩短至 30 分钟以内，这将大幅提高港澳之间的货物互通能力，彻底改变澳门过度依赖水运的被动局面，一定程度上弥补澳门运力不足的缺陷，以强大的货物流通速度，联合珠海成为香港对内陆的货物中转站，带动澳门物流业发展，甚至能够培育澳门成为背靠内地、面向东南亚的贸易平台，促进澳门的经济增长。

4.3 珠海

2009 年 1 月 8 日，《珠江三角洲地区改革发展规划纲要（2008—2020 年）》的正式出台让部分专家第一次产生“环珠三角”的概念，这也代表着珠三角地区要发展区域经济的必然趋势。纲要中第一次将香港、澳门经济结合划入内地发展的战略规划中，而珠海的特殊地位，亦表明它是港澳与内地合作发展工作中的重要力量。

珠海作为珠江西岸的核心城市之一，以往一直处于边缘化的尴尬位置。但在港珠澳大桥建成后，珠海迎来了蜕变，成为整个中国内地唯一与香港、澳门都有直接陆路连接的城市，其核心地位便凸显出来了。珠海将从一个边缘化城市发展为珠三角区域性中心的战略核心城市。当大桥开通后，珠海以其珠三角物流枢纽的地位，将货物资源运向港澳地区，从而带动周边的人流、物流、资金流、信息流流通，产生聚集效应，珠海机场、港口的核心竞争力也进一步增强。

珠江西部有广阔的土地资源，其工业用地价仅是深圳的1/2。大桥通车后，港澳地区的产业转移用地问题亦得以解决，珠海能够以大桥吸引港澳地区企业家来内地考察，吸引大批外企投资，全面提升珠江西岸的产业多元化，而大桥的通车也必然会带动当地的旅游业、酒店服务业和运输业的发展。珠海的房地产市场也会逐渐增强。

珠海市政府近年为推动多项珠海市基础设施的构建投资超过3 000亿元，包括高栏港经济区和珠海机场对外的枢纽建设的交通基础设施建设，金海公路将被改造成高速公路，连接高栏港、珠海机场及港珠澳大桥，大大缩短珠海几个交通要口的通行时间，节约物流成本，从而刺激珠海海陆空三方物流业的发展。珠海背靠大陆，连接港澳的珠三角区物流中心的地位越发凸显，可以说珠海是港珠澳大桥建设工程中的最大受益者。

4.4　珠三角地区

港珠澳大桥的建设，让珠三角地区的物流格局发生了本质上的变化，过去珠三角地区要以最低成本实现港澳地区与珠江西岸的货物流通，必须依靠水运，珠江三角洲几个中心城市之间的公路形成了“断环”。港珠澳大桥的修通，以跨越珠江口的神来之笔，填补了“断环”，形成了新的三角形连接，这不仅大幅度提高了香港、澳门和珠海三地的交通运输能力，而且有效增强了交通通道对恶劣天气的抵御能力，提高了货物的安全性。

以港珠澳大桥6车道跨海大桥的运力设计计算，大桥每天的车流量将达到6万至8万辆次，对珠三角物流业的发展的影响直接体现在数据上。根据大桥的运力，每年东西两岸至少能增加6 000万人次的客流量与5 000万吨的货运量。最直接的层面上，还是体现在珠江西岸城市与港澳两地的陆路距离的大幅缩短。港珠澳大桥带来的空间距离的变化，是珠三角物流业成本缩减的最直接原因，珠三角地区的3小时经济圈，使珠海变为连接香港、澳门和珠江西岸的重要交通节点，成为我国道路规划布局中重要的一环。

此外，虎门大桥及其相关线路交通压力紧张的问题也能有效得到缓解。不论是从现阶段还是从长远阶段来看，港珠澳大桥的建设对珠三角地区的区域经济、区域物流发展都有着深远影响。

4.5　泛珠三角地区

随着港珠澳大桥的建设，粤港澳一体化的进程不断加速，泛珠三角地区的综合竞争力也得到了全面提升。在经济全球化的过程中，珠三角地区经济进入了新的发展阶段，为应对来自东亚各国如韩国、日本、新加坡等周边国家的压力以及来自长江三角洲的压力，泛珠三角地区需要增强自身的竞争力，以迎接挑战，因此与港澳地区的联合发展势在必行。港珠澳大桥的建设是泛珠三角地区缩减物流成本的重要途径之一，充分发挥了香港、澳门和内地的经济优势，实现优势互补强强联合，推进珠三角地区的区域经济和谐发展。这使泛珠三角地区的国际竞争力有了显著提升。在大桥顺利通车及周边城市的道路基础设施不断完善的情况下，粤港澳地区成为现代化的国际都市圈指日可待。

泛珠三角地区位处中国与东盟各国的接合处，有潜力成为中国与东盟国家进行经济合作的平台，泛珠三角经济圈与东盟各国也能发挥其互补性。泛珠三角地区具有大量工业用地可用于制造业发展，东盟各国具有制造业原材料和大量资源型产品，且同时具备泛珠三角地区出口产品的消费平台的条件。一旦合作成立，泛珠三角经济圈将实现与东盟经济圈的双动圈联合，开创两大经济圈联合发展的良好局面。港珠澳大桥在这其中将占据重要位置。

4.6　可能出现的问题

4.6.1　通车难

1997 年，香港回归祖国大地；1999 年，澳门亦顺利回归祖国怀抱。直至今日，港澳地区与内地一直奉行不同的政治制度，这便是“一国两制”。也正是“一国两制”，将内地与港澳地区的交通状况划分为两种情况。

港珠澳大桥的通车，需要考虑到港澳地区与中国内地的汽车牌照问题。以往，内地车辆不能直接进入香港，原因如下：一是香港的驾照与内地是不一样的，持有内地驾照的驾驶员只有在拥有了香港驾照以后才可以在香港驾车，否则属于违章驾驶。二是香港所有的车都是左行，不允许右行，所以内地车辆进入香港会有强烈的不适应感。三是如果一定要开车从内地到香港，需要申请黑色的港澳通行牌照，驾驶左把车，从内地入关到香港。

内地车辆要申请港澳牌照有一定的条件限制，其对象有以下三种：

(1) 港澳商人在广东投资来料加工、来样加工、来件加工和补偿贸易的企业。

(2) 港澳商人在广东省投资合办外资合资企业。

(3) 港澳商人在广东省投资办独资企业。

对于办理此类港澳牌照而言，普通民众不具备办理能力能够成功办理港澳牌照的车辆都能够自由出入香港和内地，而且不设跨省限制。

如此一来，港珠澳大桥的通车就有特殊的条件限制，放行车辆必须具有港澳牌照，且申请的手续比较麻烦，这就造成了港珠澳大桥的通车困难。

其次，据2016年统计分析，2016年香港的汽车保有量合计73.7万辆，珠海合计53.1万辆，澳门仅11.9万辆，三地车辆总数还不到深圳的320万辆的1/2，且具有内地与港澳通行资格的车辆比例极低，港珠澳大桥庞大的运力得不到充分发挥，运力浪费十分严重，因此可能会成为一座“空桥”，其经济价值远远低于深中通道。因此港珠澳大桥通车具备相当大的政策限制，如何充分发挥港珠澳大桥的实际运力，是一大难题。

4.6.2　行车难

由于特殊的历史原因，港澳地区驾驶的都是左把车，交通实行左行制度，有别于内地的右行制度。内地驾驶员在港澳地区行车会有强烈的不适应感，因此汽车驾驶员在港澳地区行车是否需要考港澳地区的驾照，也是港珠澳大桥通车需要考虑的问题之一。设计师在此基础上参照了英法海底隧道的行车方式（英法两国的交通规则也有差异，英国是车辆左行，法国是车辆右行），在隧道两端设计了变化行驶方式的出入口，因而顺利完成从靠右到靠左的变换。在大桥靠近香港和澳门的一侧，车辆下桥时通过立交桥转换车道方向，自然而然地将右行改为左行。而上桥时，也通过立交转换行车方式巧妙地解决了两地的交通走向问题，使车主能够快速适应。

桥上行车的问题得以解决，但车辆进入港澳地区之后，驾驶员仍然会有异样感，同样，港澳车辆在内地通行也会有不适应感，容易因为驾驶习惯的不同引发交通意外，因此三地政府应慎重考虑行车习惯不同的问题。

4.6.3　对周边城市的影响

港珠澳大桥的修建中，争议最大的就是深圳市。毫无疑问，港珠澳大桥的修通会为珠江西岸地区带来发展生机，但是也有部分城市可能因此而发展变缓，深圳市就是其中一个代表。港珠澳大桥的设计初期，曾有过双“Y”形道路的建设方案，但后来被否决了，改为单“Y”形设计。双“Y”方案的其中一段便是连接到深圳。

港珠澳大桥的建设对珠海的影响是巨大的，这势必会引起珠三角地区产业中心向珠海转移的盛况，然而这却有可能减缓深圳的发展势头，甚至曾有深圳会因为港珠澳大桥而成为边缘化城市的说法。深圳市为避免这种情况的产生，近年来亦确定启动深中通道的建设工程，这项工程的建设为深圳连接珠三角西部地区提供了另一条便捷的道路，深圳市也得到了新的发展机会。

5　物流企业成本预测分析

兴建连接香港、珠海、澳门及珠江西岸的跨海桥梁，这一构想已提出20年之久。最早是在1983年，香港合和实业主席胡应湘与珠海政府提出，兴建连接香港和珠海的跨境大桥“伶仃洋大桥”，港商可通过桥梁展开与珠江西岸的合作，发掘和寻找合作机会，同时带动珠三角西部地区经济的发展。

当大桥通车之后，香港通向澳门的直线距离减少，驾车只需不到30分钟，比绕道虎门大桥要节省至少3个小时。修建港珠澳大桥，可使珠江西岸城市与香港的交通距离大大缩短，香港的支柱行业可适当将市场扩展转移至珠三角西部地区，珠三角的区域经济优势也将得到最大的展现，其影响甚至辐射至广西、海南、云南、贵州、四川等地。

假设某物流公司每年在珠三角地区的出货量有100万吨，其中30万吨需从珠海出发，通过虎门大桥转移至香港国际机场及港口出口国外，从珠海市物流中心出发，耗时需3小时30分钟，路程总计226公里。虎门大桥的交通压力较大，常年堵车，通常3小时的车程预计需要4～5个小时，过路费最低总计114元，耗费一箱油，大约60升，若使用载重量为20吨的货车运输，一年需要来回往返15 000次，平均每月出车1 250次，平均每年花费高速费用342万元。若回程油耗不做计算，每年从珠海往香港运输的油耗便达到900吨，计回程油耗便是1 800吨以上。2017年广东地区的平均柴油价格为5.97元/升，即2017年此物流公司便要花费油耗1 074.6万元以上。物流公司能从一趟货物中取得的利润大约只有4%～6%，其中大部分支出都耗费在货物储存及运送的油耗、高速收费、工人工资及过桥费等。

在港珠澳大桥通车后，两地直线距离逼近，耗时1小时甚至更短，路程不到70公里，按大型货柜车115元/车次、普通货车60元/车次的收费标准，20吨的货车是重型货车，即过路费用变动不明显。但是，60升的柴油足够货车的一次来回运输，那么物流公司至少能从油耗上节约30%～40%的成本，从中回收大量不必要的物流成本，节约下来的成本便是物流公司能够获得的收益。最重要的是，货物送达的时间减少，工作效率就能高速提升。同时，港珠澳大桥的开通带来的是珠江两岸货物的交流更加频繁、货量不断增加，这对珠三角地区的物流公司而言，是一次难得的重要发展机会。

6 结语

港珠澳大桥的建设，受益最大者无疑是港、珠、澳三地，其中香港和珠海又是最重点的影响区域。大桥的修建，为珠三角地区带来了突破物流业发展瓶颈的机会。香港、珠海隔海呼应，将两地物流的联合作用覆盖了珠三角全境，为香港和珠海带来珠三角西岸的大量资源，同时亦拉动澳门和珠海两地较为薄弱的本土制造业发展，为珠海发展为区域物流中心提供了一条全新的道路。未来的珠三角地区，通过港珠澳大桥，将会实现港、珠物流联合发展的局面，结合广州、深圳原有的经济优势，珠三角地区的物流格局将从原本的港、广、深三足鼎立的局面，演化为港、广、深、珠四强齐头并进的强强局面。

参考文献：

[1] 구설홍, 장동식. Study on the development policy of Chinese logistics industries [J]. Korea Trade Review, 2014, 39 (5): 67 – 94.

[2] 吴景丰. 港珠澳大桥建设对大珠三角物流格局的影响 [J]. 改革与开放, 2005 (5): 22 – 23.

[3] 张景东, 唐洁. 港珠澳大桥对珠三角物流业的影响初探 [J]. 商讯商业经济文荟, 2005 (4): 22 – 23.

[4] 江宇, 刘小丽. 港珠澳大桥建设对泛珠三角发展的社会经济影响 [J]. 区域扫描, 2007 (4): 62 – 64.

[5] 倪志敏. 港珠澳大桥对珠海物流业发展的重大影响 [J]. 经营管理者, 2010 (1): 139 – 140.

[6] 陈向科. 港珠澳大桥建设对珠三角地区物流业的影响 [J]. 交通运输研究, 2012 (12): 64 – 67.

[7] 卢鹏宇. 基于经济地理视角的港珠澳大桥建设意义分析 [J]. 广东广播电视大学学报, 2012, 21 (3): 66 – 69.

[8] 涂建军, 卢晓春. 港珠澳大桥对珠江三角洲地区水上高速客运的影响及对策 [J]. 水运管理, 2013, 35 (2): 23 – 25.

[9] 张见闻. 港珠澳大桥建设对香港区域发展影响的研究 [J]. 当代港澳研究, 2015 (2): 3 – 19.

[10] 李文生. 珠三角地区区域物流与区域经济协同性研究 [J]. 改革与战略, 2016 (8): 86 – 91.

[11] 蒋庆荣. 港珠澳大桥开通对珠海港口物流产业的影响研究 [J]. 中国集体经济, 2016 (4): 101 – 102.

[12] 江宇, 刘小丽. 港珠澳大桥建设对泛珠三角发展的社会经济影响 [J]. 中国国情国力, 2007 (4): 62 – 64.

指导教师评语：

这篇论文结合珠三角地区的经济、物流产业的发展，主要针对港珠澳大桥对香港、珠海、澳门及泛珠三角地带物流业的影响做重点分析，提出大桥建设可能带来的问题。结合数据分析及预测等多种方法，对港珠澳大桥的物流经济效益进行研究探讨。选题具有较强的现实意义，并紧密结合所学物流专业，选题较好；收集的资料、数据内容较丰富全面；分析、研究的方法可行；导出的结论合理；论文撰写过程态度认真，多次向老师询问、咨询，并共同讨论。论文结构合理，表述规范。

基于作业成本法的校园快递成本问题研究

——以广州工商学院为例

广州工商学院物流系2018届毕业生　钟美环

指导教师　李瑞婷

摘　要：随着“互联网+”和电子商务的迅猛发展，校园快递企业得到了空前的发展，其成本管理问题已成为现代物流行业的关注点。但是纵观近几年来的物流研究，有关校园快递成本问题研究的文章并不多。以广州工商学院为例，深入分析其校园快递企业的成本结构、成本特点，以及影响因素。通过传统成本核算法和作业成本法核算结果的比较，突出作业成本法的优越性，揭示了校园快递企业在成本管理方面存在的问题。结合其自身特点和当今物流发展现状，提出了相应的成本控制措施，为校园快递业未来的发展提供一定的理论依据。

关键词：作业成本法；校园快递；成本管理

A Study of Cost Problem in Campus Express on Account of Activity-Based Costing

——By the case of Guangzhou College of Technology and Business

Author：Meihuan Zhong　Tutor：Ruiting Li

(Department of Logistics，Guangzhou College of Technology and Business)

Abstract：With the rapid expansion of Internet plus and Electronic Commerce，campus express company develops in a good way and its cost management problems has been a modern logistics industry concerns. But the paper about cost problem in campus express has short of in recent logistics study. By the case of Guangzhou College of Technology and Business，this article discusses the cost structure，characteristics and influencing factor. Through the contrast result of Activity-Based Costing and traditional method，highlights the superiority of former and reveals the problem of cost management in campus express company. Combining its characteristics and the development present situation of logistic，this paper puts forward some homologous countermeasures and provides theory basis for the development of campus express.

Key words：Activity-Based Costing；campus express；cost management

1 绪论

1.1 研究背景及意义

1.1.1 研究背景

随着物流行业和电子商务的快速发展，校园快递以其独特的地理环境和市场需求逐渐蓬勃发展。以2016年“双十一”为例，18～25岁的消费者数量占总购物人数的25%左右，这部分消费主体主要来源于高校校园[1]。大学生是网购群体的重要组成部分，而校园快递则是连系高校学生与网络商家之间的桥梁，具有举足轻重的作用。

现如今，校园快递的成本问题已成为制约高校快递发展的一大瓶颈，其涉及的配送“最后一公里”问题更是不容忽视。据中国物流信息中心统计数据显示，“最后一公里”的配送成本占到总配送成本的30%以上。因此，开展校园快递的成本问题研究并找出相应的解决措施是十分有必要的，这对高校快递业乃至整个物流行业的发展，都具有不可估量的影响。

1.1.2 研究意义

对作业成本法的研究最早可追溯到20世纪40年代，它不仅是一种先进的成本计算方法，同时也是一种全面的成本管理制度，被认为是管理会计理论领域的重大突破之一。

校园快递企业不同于一般的物流企业，其规模小，管理制度不规范，在成本管理方面尤为欠缺。传统的成本管理方法难以精确地提供成本数据，以供决策者决策，而运用作业成本法对其进行物流成本管理无疑是最有效的方法之一。这不仅有利于改善校园快递企业成本管理紊乱的局面，而且能揭示其目前存在的成本问题，寻求解决措施，进一步降低成本，提高工作效率。

1.2 文献综述

1.2.1 关于校园快递问题研究的文献综述

目前，国内外对校园快递问题的研究主要分为两类：学术型研究和应用型研究。学术型研究的学者大多是高校人员，通过实地考察与理论知识相结合，找出校园快递存在的问题，提出相应的解决措施，并提供科学的理论指导与实证分析。应用型研究的学者大多具有丰富的实践经验，通过先进技术的开发或应用，改善校园快递的运营现状。

学术型研究和应用型研究这两种研究方法均取得了一定的研究成果。在学术型方面：李海东、马达威以广州增城区大学校园为例，通过“最后一公里”配送现状调查分析，在总结其自身特点的同时，提出校园快递在选址以及设备选取等方面的解决措施[2]；杨娟娟、蓝木坚以广东石油化工学院校园快递为研究对象，从学校、学生和快递企业这三个角度出发，提出了共同配送模式，并进行实证结果分析[3]。在应用型研究方面：何紫薇在原有快递系统的基础上，通过虚拟仪器的开发，构建了新型校园快递系统，解决了成本难题[4]；笪旦以南京高校为研究对象，提出智能快件箱的推广方案，有效地缓解了校园快递“最后一公里”配送的压力[5]。

虽然目前对校园快递问题的研究已有一定成果，但其存在的问题还未得到根本性解决，仍需进一步探讨更为有效的解决方案。

1.2.2　关于作业成本法的文献综述

1.2.2.1　国外文献综述

最早提出关于作业成本法的相关概念是在1941年，美国会计学家Eric Kohler在《会计论坛》杂志上首次对“作业”“作业账户设置”等问题进行了初步探讨，为作业成本法的诞生奠定了基础。随后，George J. Staubus在《作业成本计算和投入产出会计》一书中对“成本”“作业会计”“作业”“作业投入产出系统”等概念进行了全面阐述，并提出：“成本计算对象应当设定为作业。”[6]

作业成本法的完整理论体系诞生于20世纪80年代，Robin Cooper与Robert S. Kaplan于1988年在《计量成本的正确性：制定正确的决策》论文中提出了以作业为基础的成本计算方法，又称作业成本法，并对成本动因的选择、成本库的建立等问题进行了全面深入的分析[7]。这一研究成果引发了西方会计学者对传统成本系统的反思，随后，有关于作业成本法研究的相关论文逐渐出现在欧美的杂志上。如James Brimson于1991年在《作业会计作业基础成本计算法》一文中提出了与作业成本法相关的增值作业、非增值作业等概念[8]。

除了美国，日本也较早地进行了作业成本法的相关研究。日本早稻田的西泽修教授于2003年根据作业成本法提出了进行物流成本预算的新方法，进一步确定了运输环节和仓储环节的价格。

1.2.2.2　国内文献综述

国内学者对作业成本法的研究起步较晚，直至20世纪80年代末，我国才逐渐引入作业成本法，90年代的研究内容大多以介绍国外的研究成果为主，逐步由理论转向实践。其中最具代表性的是余绪樱教授发表的《简论当代管理会计的新发展：以高科技为基础、同“作业管理”紧密结合的“作业成本计算”》一文，文中系统地介绍了作业成本法的相关内容，并提出了其实施基础以及对现代管理产生的影响，为日后作业成本法在我国的飞速发展奠定了坚实的理论基础[9]。

2011年，邵瑞庆在《第三方物流企业成本核算与控制论》一书中，对作业成本法涉及的会计凭证、会计科目以及账簿等相关内容进行格式设计，并演示了报表的编制流程[10]。随后，徐星、刘春花于2014年在《作业成本法在企业成本控制中的应用研究》中从提高成本核算的准确性、灵活性等角度出发，全面阐述了作业成本法在成本控制中的应用，并对成本核算法进行了相应的改进[11]。2015年，张章在《浅谈作业成本法在我国企业应用的难点和突破点》一文中结合时代背景，在找出作业成本法在我国企业应用困境的同时，从经济全球化的角度出发，寻求突破点[12]。

通过上述文献综述可以看出，我国对物流成本的研究大多集中在传统意义上进行大宗货物运输的物流企业，而对校园快递企业的研究还比较少。

1.3 研究方法

（1）案例分析法：以会计学、现代物流学为理论支撑，结合实际情况，对广州工商学院的校园快递进行成本分析，深入分析其成本结构、成本特点，以及影响因素。

（2）文献调研法：通过收集与作业成本法、校园快递问题研究的相关文献，了解国内外研究现状。

（3）作业成本法：运用作业成本法将实地调研得出的数据建立成数学模型，结合案例进行深入分析，得出相应的解决方案。

2 作业成本法概述

作业成本法（activity-based costing）又称ABC法，是一种以作业为中心，依据"作业消耗资源，产品消耗作业"的指导思想，通过对所有作业活动的追踪动态反映，更准确地计算间接成本和辅助费用的成本计算方法。它将直接成本采用直接追溯法计入产品成本，间接成本则以核算对象进行分配。因此，确认和计量耗用资源的所有作业，并进行成本分配，显得尤为重要。

2.1 相关概念与基本原理

2.1.1 相关概念

2.1.1.1 作业与资源

作业是作业成本法中最基本也是最核心的概念，是企业为某一特定目的而进行的资源耗费活动，具有可以量化以及贯穿于生产经营全过程的特点。简单来说，作业的完成过程既是资源耗费的过程，也是产品形成的过程[13]。

资源是指为了进行作业而消耗的各种人力、物力和财力的集合。通常为了便于进行成本核算，各项资源被确定后，就要为每类资源设立资源库，对同时被不同作业消耗的账目或预算科目进行分解。

2.1.1.2 作业动因与资源动因

成本动因是指将作业成本库的成本分配到成本对象中去的标准，按在不同阶段中的作用可分为资源动因与作业动因。

资源动因，又称为第一动因，是指资源被各项作业消耗的方式和原因，反映了作业成本法在第一阶段对资源费用的分配情况。对资源动因的分析，有利于揭示作业和资源耗用量之间的因果关系。

作业动因，又称为第二动因，是指作业贡献于最终产品的方式和原因，反映了作业成本法在第二阶段对资源费用的分配情况。对作业动因的分析，有利于揭示产出量和作业量之间的因果关系。

2.1.2 基本原理

作业成本法的基本原理如图1所示，可以简单概括为：产品消耗作业，生产导致作业的发生，作业消耗资源，最终导致成本的发生。

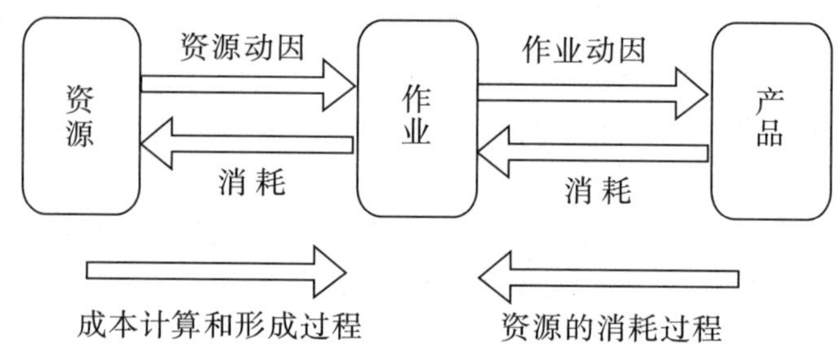

图1 作业成本法的基本原理

2.2 计算步骤

作业成本法的具体计算步骤如图2所示。

总的来说，作业成本法的计算步骤主要有五点：

(1) 分析和确定资源，建立资源库。

(2) 分析和确定作业，建立作业成本库。

(3) 确定资源动因，分配资源耗费至作业成本库。

(4) 确定作业动因，将作业成本分配至成本计算对象。

(5) 计算作业成本。

2.3 主要优势

2.3.1 计算结果更加准确、真实

运用作业成本法计算作业主要可以分为两个阶段：第一阶段是将资源耗费根据资源动因分配到作业成本库；第二阶段是根据作业动因，把各作业成本分配至成本计算对象。这样不仅大大提高了资源耗用的可归属性，而且能够更合理、更准确、更真实地计算产品成本。

2.3.2 明确经济责任

作业成本法将各类成本费用分配到各个作业库，能对资源的耗费以及成本的

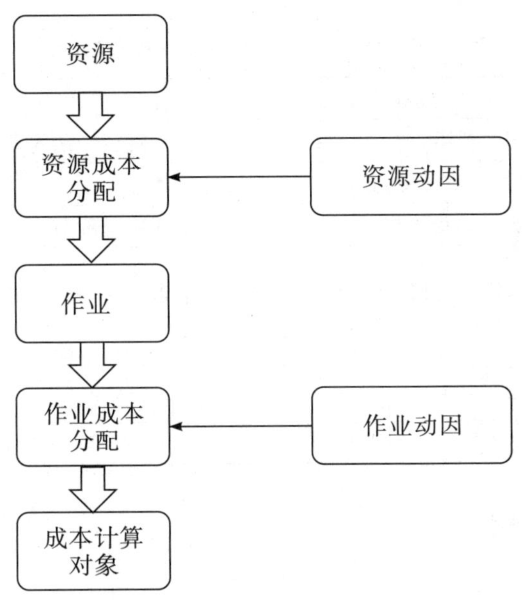

图2　作业成本法的计算步骤

产生实现动态追踪，有利于企业将作业成本追溯到企业的各个部门乃至个人，明确了经济责任，便于企业进行绩效评估。

2.3.3　不断优化企业价值链

作业成本法的运用，一方面揭示了作业和资源耗用量之间的关系，另一方面揭示了产出量和作业量之间关系，明确了成本的形成过程及真实原因。企业可以据此有效地分配资源，消除不增值作业，实现资源的合理配置，从而不断优化自身的价值链。

2.4　与传统成本计算方法的区别

如表1所示，作业成本法与传统成本计算法的区别主要体现在七个方面：成本内涵、成本对象、核算过程、间接费用分配标准、核算结果、成本控制以及适用条件。传统成本计算法仅以产品作为成本对象，忽视了中间环节的资金耗费，所得结果的准确性较低。而作业成本法则以产品、客户、作业为计算对象，增加了中间环节，进一步细分各项资源的消耗情况，准确性较高，有利于揭示企业自身存在的成本问题，进行成本决策。

表1　作业成本法与传统成本计算法的区别

项　目	作业成本法	传统成本计算法
成本内涵	资源的耗用	所耗资金的对象化
成本对象	产品、客户、作业	产品
核算过程	增加了中间环节	无中间环节
间接费用分配标准	根据资源动因、作业动因分配	根据单一标准分配
核算结果	细化程度高，结果准确性高	细化程度低，结果准确性较低
成本控制	事前、事中控制	事后控制
适用条件	产品种类多、间接成本高的企业	产品种类少、间接成本低的企业

3　校园快递成本分析

3.1　成本构成

与传统物流企业不同，校园快递企业由于其自身的独特性，其成本构成情况也有所不同。如图3所示，广州工商学院的校园快递物流成本主要包括物流成本项目构成和物流成本支付形态构成两种类型。

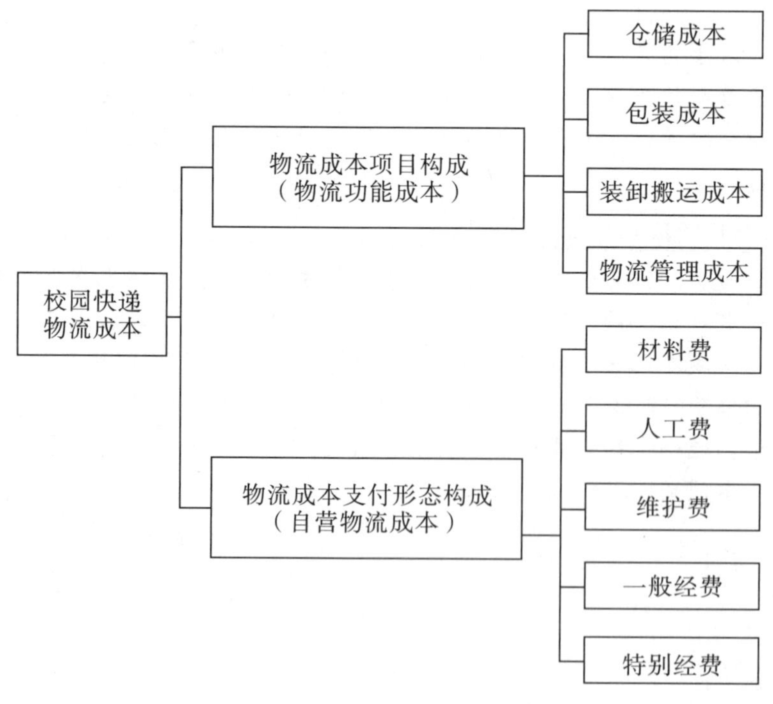

图3　校园快递物流成本构成

3.1.1 物流成本项目构成

物流成本项目构成主要指的是物流功能成本，包括仓储成本、包装成本、装卸搬运成本以及物流管理成本。

仓储成本指的是在一定时期内，校园快递企业为了完成货物储存而产生的费用，主要包括人工费、租金、电费、货架托盘等仓库设备的维修保养费以及仓储设施的折旧费等。包装成本指的是在一定时期内，校园快递企业为了完成货物包装而产生的费用，主要包括人工费、包装材料费、包装设施的折旧费以及包装设备的维修保养费等。装卸搬运成本指的是在一定时期内，校园快递企业为了完成货物的装卸搬运而产生的费用，主要包括人工费、搬运设备的维护保养费等。物流管理成本指的是在一定时期内，校园快递企业为了维护正常运营而发生的管理费用，主要包括管理人员的工资、办公费、会议费等。

3.1.2 物流成本支付形态构成

物流成本支付形态构成主要指的是校园快递企业的自营物流成本，包括材料费、人工费、维护费、一般经费以及特别经费。

材料费主要包括包装的材料费、仓储费、装卸搬运设备的工具费、器具费等。人工费包括人工工资、奖金以及福利等。维护费主要包括设施的折旧费、设备的维护保养费以及租赁费等。一般经费指的是电费、通信费、办公费以及会议费等。而特别经费的界限较模糊，主要指的是货物的损耗费、资金的占用费等。

3.2 成本特点

3.2.1 独特性

由于校园快递企业所处地理位置的独特性，其在成本构成方面与一般的物流企业有所不同，尤其是在仓储成本以及配送成本两个方面。作为负责末端配送的快递企业，广州工商学院菜鸟驿站的主营业务是派件，主要分为上门派件以及学生自主取件，包裹储存时间为三天，配送时间为四个小时，因此仓储成本占总物流成本的比重较大，而配送成本只占很小的一部分。这与面临配送“最后一公里”问题的物流企业有很大的不同。

3.2.2 模糊性

由于在地理位置、资源结构以及业务发展方面的独特性，校园快递企业与一般的物流企业存在很大的差异，尤其是在成本管理方面。校园快递企业在管理上缺乏规范化、标准化，而且在各环节费用分摊上也没有明确的界限，忽视了各环节物流成本占总物流成本的比重。成本费用的模糊将给快递企业的成本预测、决策、计划、控制及分析等一系列工作带来巨大的难题，不利于其未来的发展。

3.2.3 波动性

于校园快递企业而言，其成本数据在每年“双十一”“双十二”以及寒暑假的时候波动最大。在“双十一”和“双十二”期间，虽然仓储空间、工作人员、配送车辆的严重不足影响了其整体的运营状况，但是由于其所处的地理位置是高校校园，所以在盈利方面十分可观。相反，在每年寒暑假期间，学生的离校直接导致其利润降低、成本增加。总的来说，校园快递企业的成本存在波动性这一特点。

3.3 影响因素

3.3.1 空间因素

空间因素是指菜鸟驿站相对于学生宿舍的位置关系。这一因素时常被校园快递企业忽视，但在物流成本管理中，空间效用发挥着举足轻重的作用。若是菜鸟驿站距离较近，则学生自主取件的频率必然较高，校园快递企业需增加更多的人手进行现场营运管理；若是距离较远，则上门派件的需求会大幅度升高，这会影响到配送工具的选择、配送人员的分配及配送后期服务管理。

3.3.2 时间因素

与一般物流企业不同，校园快递企业受时间因素的影响更为明显，主要分为三个方面：一是每年的“双十一”和“双十二”。即使来件量非常大，但是校园快递企业由于其自身的优越性，可以省下租用新仓库或者是雇佣新员工的成本，转而把盈利重心放在上门派件方面。二是每年的寒暑假。快递量的急剧降低直接导致了校园快递企业不营业，这时固定资产折旧费以及租金等固定成本费用在总物流成本中占很大比重。三是除了“双十一”和“双十二”以外，学生的正常在校时间。这时的物流成本波动较小，更利于物流成本分析和管理。

4 广州工商学院作业成本法的校园快递成本问题研究

广州工商学院菜鸟驿站主要与上海申通物流公司、上海圆通物流公司、中通快递股份有限公司、百世快递、韵达快递有限公司（以下简称“四通一达”）、顺丰速运有限公司以及京东派等物流公司合作（本文不考虑菜鸟驿站的寄送业务）。据调查，“四通一达”平均每月的到件量大致为9 800件，顺丰为3 300件，京东派为2 400件，其他快递为4 800件，其平均每月发生的成本资料如表2至表4所示。

表2 菜鸟驿站消耗的各种资源价值情况

单位：元

资源项目	工资	电费	办公费	固定资产折旧费
资源价值	3 900	320	1 060	1 210

表 3　作业成本

单位：元

作业类别	作业成本
订单处理	980
分拣	1 290
装卸搬运	1 120
配送	1 470
派件	1 008
一般管理	1 010
合计	6 878

表 4　作业类别相关作业量

作业对象	作业类别				
	订单处理	分拣	装卸搬运	配送	派件
“四通一达”	390	165	90	6 300	240
顺丰	210	75	30	1 440	240
京东派	180	60	15	0	240
其他快递	150	90	45	1 740	240

4.1　作业成本法的核算过程

4.1.1　分析和确定资源

广州工商学院校园快递企业所消耗的资源主要包括各项费用，如人工费、电费、办公费以及固定资产折旧费等。

4.1.2　分析和确定作业

对校园快递企业的业务流程进行分析，确定其物流作业主要有六项，分别为订单处理、分拣、装卸搬运、配送、派件以及一般管理。

4.1.3　确定资源动因

该校园快递企业的资源动因如表 5 所示。

表 5　资源动因

资源项目	工　资	电　费	办公费	固定资产折旧费
资源动因	人工数	耗电量	作业量	固定资产价值

4.1.4　确定作业动因，将作业成本分配至成本计算对象

该校园快递企业的作业动因如表 6 所示。

表 6　作业动因

作业类别	作业动因
订单处理	订单处理份数
分拣	工作小时数
装卸搬运	工作小时数
配送	配送货物量
派件	工作小时数

根据表 3 和表 4 的作业成本动因数量确定各项作业的动因分配率，如表 7 所示。

表 7　各项作业成本动因分配率

单位：元

作业类别	订单处理	分拣	装卸搬运	配送	派件
作业成本	980	1 290	1 120	1 470	1 008
提供的作业量	930	390	180	9 480	960
动因分配率	1. 05	3. 31	6. 22	0. 16	1. 05

其中各作业类别提供的作业量为：

(1) 订单处理：390 + 210 + 180 + 150 = 930（份）

(2) 分　　拣：165 + 75 + 60 + 90 = 390（小时）

(3) 装卸搬运：90 + 30 + 15 + 45 = 180（小时）

(4) 配　　送：6 300 + 1 440 + 0 + 1 740 = 9 480（件）

(5) 派　　件：240 + 240 + 240 + 240 = 960（小时）

由表 4 提供的作业量和表 7 的作业成本动因分配率可得出各作业对象实际消耗的资源价值情况，如表 8 所示。

表 8　各作业对象实际消耗的资源价值

单位：元

作业类别	作业分配率	各作业对象实际消耗的资源价值			
		“四通一达”	顺丰	京东派	其他快递
订单处理	1. 05	409. 5	220. 5	189	157. 5
分拣	3. 31	546. 15	248. 25	198. 6	297. 9
装卸搬运	6. 22	559. 8	186. 6	93. 3	279. 9
配送	0. 16	1 008	230. 4	0	278. 4
派件	1. 05	252	252	252	252
一般管理	0. 17	471. 83	193. 42	124. 59	215. 17
合计	—	3 247. 28	1 331. 17	857. 49	1 480. 87

其中一般管理的作业成本动因分配率可按各作业对象所消耗的其他各项资源成本之和的比例进行分配，其中各作业对象消耗的其他各项资源为：

(1) “四通一达”：409.5 + 546.15 + 559.8 + 1 008 + 252 = 2 775.45（元）

(2) 顺　　丰：220.5 + 248.25 + 186.6 + 230.4 + 252 = 1 137.75（元）

(3) 京 东 派：189 + 198.6 + 93.3 + 0 + 252 = 732.9（元）

(4) 其他快递：157.5 + 297.9 + 279.9 + 278.4 + 252 = 1 265.7（元）

则一般管理的作业成本动因分配率为：

$$1\ 010 \div (2\ 775.45 + 1\ 137.75 + 732.9 + 1\ 265.7) = 0.17$$

因此，各作业类别所消耗的一般管理作业资源成本为：

(1) “四通一达”：0.17 × 2 775.45 = 471.83（元）

(2) 顺　　丰：0.17 × 1 137.75 = 193.42（元）

(3) 京 东 派：0.17 × 732.9 = 124.59（元）

(4) 其他快递：0.17 × 1 265.7 = 215.17（元）

4.1.5　计算作业成本

“四通一达”、顺丰、京东派以及其他快递的成本计算单如表 9 所示。

表 9　各作业对象成本计算

单位：元

成本项目	“四通一达”		顺丰		京东派		其他快递	
	单位成本	总成本	单位成本	总成本	单位成本	总成本	单位成本	总成本
订单处理	0.04	409.5	0.07	220.5	0.08	189	0.03	157.5
分拣	0.06	546.15	0.08	248.25	0.08	198.6	0.06	297.9
装卸搬运	0.06	559.8	0.06	186.6	0.04	93.3	0.06	279.9
配送	0.10	1 008	0.07	230.4	0	0	0.06	278.4
派件	0.03	252	0.08	252	0.11	252	0.05	252
一般管理	0.05	471.83	0.06	193.42	0.05	124.59	0.04	215.17
合计	0.34	3 247.28	0.42	1 331.17	0.36	857.49	0.30	1 480.87

由表 9 可得出该校园快递企业平均每月在各项作业上消耗的资源情况，如表 10 所示。

表 10　校园快递企业资源耗用情况

单位：元

成本项目	耗用资源
订单处理	976.5
分拣	1 290.9

续上表

成本项目	耗用资源
装卸搬运	1 119.6
配送	1 516.8
派件	1 008
一般管理	1 005.01
合计	6 916.81

4.2 传统成本法核算结果对比

4.2.1 运用传统成本计算方法核算

各快递公司所消耗的总成本为：

(1)"四通一达"：3 900 ÷4 +320 ÷4 +1 060 ÷4 +1 210 ÷4 =1 622.5（元）

(2)顺　　丰：3 900 ÷4 +320 ÷4 +1 060 ÷4 +1 210 ÷4 =1 622.5（元）

(3)京 东 派：3 900 ÷4 +320 ÷4 +1 060 ÷4 +1 210 ÷4 =1 622.5（元）

(4)其他快递：3 900 ÷4 +320 ÷4 +1 060 ÷4 +1 210 ÷4 =1 622.5（元）

单位成本为：

(1)"四通一达"：1 622.5 ÷9 800 =0.17（元/件）

(2)顺　　丰：1 622.5 ÷3 300 =0.49（元/件）

(3)京 东 派：1 622.5 ÷2 400 =0.68（元/件）

(4)其他快递：1 622.5 ÷4 800 =0.34（元/件）

由以上数据可得出该校园快递企业平均每月的资源消耗情况，如表 11 所示。

表 11　校园快递企业资源耗用表

单位：元

成本项目	耗用资源
"四通一达"	1 622.5
顺丰	1 622.5
京东派	1 622.5
其他快递	1 622.5
合计	6 490

4.2.2 两种核算方法结果对比分析

如表 12 所示，除"四通一达"外，传统成本法计算出来的顺丰、京东派以及其他快递的总成本、单位成本均高于作业成本法的核算结果。通过以上比较不难发现，运用传统成本法和作业成本法计算同一个对象的成本，得到的结果差距较大。在过程分析及数据分配上，作业成本法更加精确，而传统成本法忽视了各对象实际消耗资源的情况。通过两者核算结果的对比，进一步证明了在进行校园快递企业成本核算上，采用作业成本法是一个正确的选择。

表 12　传统成本法与作业成本法核算结果对比

单位：元

成本计算方法		传统成本法	作业成本法
“四通一达”	总成本	1 622.5	3 247.28
	单位成本	0.17	0.34
顺丰	总成本	1 622.5	1 331.17
	单位成本	0.49	0.42
京东派	总成本	1 622.5	857.49
	单位成本	0.68	0.36
其他快递	总成本	1 622.5	1 480.87
	单位成本	0.34	0.30

5　校园快递企业成本控制策略

5.1　校园快递企业存在的成本问题

5.1.1　成本管理意识不足

在成本管理方面，校园快递企业过多注重于局部物流成本的降低，而忽视了对总成本的管理。在整个业务过程中，物流成本被分散到各个作业环节，从现有调查结果看，很难准确地了解物流成本在各个作业对象上的实际耗费情况，且费用项目之间缺乏明确的责任界限，导致了成本信息的失真，加大了成本控制的难度。

表 13　派件作业量

单位：工时

成本对象	“四通一达”	顺丰	京东派	其他快递
派件作业量	240	240	240	240

如表 13 所示，“四通一达”、顺丰、京东派以及其他快递的派件作业量均为 240 工时。准确来说，各快递公司的派件量不应直接与派件工时挂钩，而应与快

件量密切相关。将工时作为成本动因，无法真实了解派件成本在各个作业对象上的耗费情况，进一步导致了最终成本数据的失真。

5.1.2　成本管理信息化水平低

首先，校园快递企业缺乏一个基础的物流成本信息系统，导致成本管理只停留在财务会计上，而未上升到管理会计层面；其次，对成本管理还处在人为决策阶段，没有实现成本管理的自动化，对成本管理人员的专业要求较高。以上两点导致校园快递企业在成本核算方面处于劣势，不能提供准确的成本信息，进而满足成本管理需要。

5.1.3　未遵循“二八原理”

“二八原理”指的是：在任何特定的群体中，重要的因子通常只占少数，而不重要的因子则常占多数。因此，只要控制重要的少数，即能控制全局[14]。校园快递企业由于其自身制度的缺陷，导致其在成本管理方面一视同仁，并未把更多的注意力放在“关键的20%”，即量小但获利较高的作业对象上，导致付出与收获不成正比。

表14　各成本对象到件量与成本比重

成本对象	“四通一达”	顺丰	京东派	其他快递
每月到件量/件	9 800	3 300	2 400	4 800
占总到件量比重/%	48.28	16.26	11.82	23.65
成本/元	3 247.28	1 331.17	857.49	1 480.87
占总成本比重/%	46.95	19.25	12.4	21.41

如表14所示，校园快递企业在各快递公司上所花费的成本与其到件量密切相关，其中“四通一达”、其他快递所占比重较高，其次为顺丰和京东派。虽然前两者的到件量均远高于后两者，但是在获利方面，顺丰以及京东派却高于前两者。从长远利益的角度出发，校园快递企业应遵守“二八原理”，制定不同的客户关系策略，否则将会导致物流成本居高不下。

5.2　改进措施

5.2.1　规范制度，加强人员培训力度

菜鸟驿站的工作人员较少，且均为高校大学生，对其进行培训不仅难度小，且效果明显，有利于物流成本控制。但在培训前，应规范好相关的作业制度，明确各费用项目间的责任界限，建立作业信息库。对人员的培训，应重点放在培养物流总成本意识、区分各项作业费用，以及加强物流成本核算这三个方面。

5.2.2 引入先进办公系统

为改变成本管理信息化水平低的现状，校园快递企业应改变人工作业的现状，引入一系列先进的办公系统。这里的办公系统，不仅仅指的是引入先进的办公软件，同时还包含更换先进的设施设备，以改变信息获取不及时、不准确等问题，为决策者应对突发状况提供必要的数据支撑，便于企业进行成本控制。

5.2.3 重点关注核心作业对象

表 15 各作业对象成本比重

作业对象	“四通一达”	顺丰	京东派	其他快递
作业成本/元	3 247.28	1 331.17	857.49	1 480.87
占总成本比重/%	46.95	19.25	12.40	21.41

如表 15 所示，校园快递企业在“四通一达”上所耗费的成本比重最高，接近总成本的一半。这说明“四通一达”在整个成本控制中处于核心位置，对总成本的影响最大；也从侧面反映出在“四通一达”这方面节约成本的潜力是最大的。因此，管理者可重点关注此作业对象，消除不必要的支出。

6 结论

本文以研究校园快递成本问题为出发点，以广州工商学院为例，分析了其自身存在的独特性、模糊性以及波动性的特点。通过传统成本核算方法和作业成本法的深入比较，揭示了校园快递企业在成本管理方面存在成本管理意识不足、信息化水平低下等问题。强调了成本控制的重要性，并且提出加强人员培训力度、引入先进设备，以及重点关注核心对象等措施，为校园快递企业的成本管理工作提供一定的参考依据。

在作业成本法的数据核算中，由于菜鸟驿站对自身机密数据的保留，以及调查力度的局限性，本文的一些调查数据可能存在偏差。受专业知识水平限制，本文的一些观点可能存在偏颇的地方，敬请各位老师批评指正。

参考文献：

[1] 钟美环，吴婷，左连村．基于SWOT分析的高校快递众包物流模式研究：以广州工商学院为例［J］．对外经贸，2017（9）：174－175.

[2] 李海东，马达威．校园快递“最后一公里”配送现状调查分析［J］．经济研究导刊，2017（31）：40－42.

[3] 杨娟娟，蓝木坚．校园快递共同配送模式研究：以广东石油化工学院为例［J］．广东石油化工学院学报，2016，26（4）：82－85.

[4] 何紫薇．基于信息技术的校园物流“最后 100 米”管理模式优化研究［J］．电子制作，

2014（5）：24－25.
［5］笪旦. 智能快件箱在城市物流最后一公里配送中的应用研究——以南京高校市场为例［J］. 中国物流与采购，2015（7）：76－77.
［6］STAUBUS G J. Activity costing and input-output accounting［J］. Illinois：Irwin，1971（11）：26－29.
［7］COOPER R，KAPLAN R S. How cost accounting distorts product costing［J］. Management Accounting，1998（4）：20－27.
［8］BRIMSON J. Activity accounting［J］. John Wilcy & Sons，1991（5）：69－71.
［9］余绪缨. 简论当代管理会计的新发展：以高科技为基础、同"作业管理"紧密结合的"作业成本计算"［J］. 会计研究，1995（7）：35－36.
［10］邵瑞庆. 第三方物流企业成本核算与控制论［M］. 上海：立信会计出版社，2011.
［11］徐星，刘春花. 作业成本法在企业成本控制中的应用研究［J］. 中国商贸，2014（32）.
［12］张章. 浅谈作业成本法在我国企业应用的难点和突破点［J］. 时代金融，2015（32）.
［13］王倩茹. 作业成本法在快递企业物流成本管理中的应用研究［D］. 四川：西南科技大学，2016.
［14］什么是二八原理［J］. 中国卫生质量管理，2015（5）：82.

指导教师评语：

论文选题符合专业培养目标，能够达到综合训练目的。以校园快递成本问题作为研究对象，选题具有较强的应用价值。该生文献材料收集翔实，综合运用了所学知识解决问题，能全面收集关于校园快递成本的资料，写作过程中能综合运用作业成本法相关知识全面分析校园快递成本问题，综合运用知识能力强，所得数据合理，结论正确，有创新见解。

论文层次结构安排科学，主要观点突出，逻辑关系清楚，条理清晰。文题相符，论点突出，论述紧扣主题，语言表达流畅。

论文的写作水平较好，格式规范，但有小瑕疵。论文能够按时交稿，经过认真修改，达到学士专业学位论文水平，可以参加答辩。

第九章 调研型毕业论文的写作

一、调研型毕业论文的概念和特点

（一） 调研型毕业论文的概念

调查型毕业论文，是文科各专业的毕业生密切结合所学专业，对现实社会生活中存在的各种现象或问题，在进行有目的的调查研究的基础上，描述调研过程，做出理性分析，阐明学术观点或做出结论，提出相应对策和建议的一种论文形式。

近年来，各高等学校都规定文科毕业生论文可采用调研报告的形式，以检验学生综合运用本专业的基础理论、专门知识和基本技能，通过对现实问题的调查和研究，对社会实践中的现象做出理性概括和抽象，归纳出带普遍性的规律，提出解决实际问题的有效办法的基本素质和能力。因此，这一类毕业论文在经济、法律、历史、文秘、新闻、档案等专业运用得相当广泛。

（二） 调研型毕业论文与一般调查报告的区别

调研型毕业论文以社会实践中某一方面的问题为主要研究对象，通过调查和分析，探寻或揭示事物的规律，或得出符合客观规律的结论，兼有学术论文和调查报告的双重属性。因此调研型论文与调查报告既有联系又有区别。

调查报告是对某一情况、某一事件调查研究后，将所得的材料和结论加以整理而写成的书面报告。主要使用于制定方针政策，解决各种实际问题，弄清事情真相，扶植新生事物，推广典型经验，等等。

调研型论文是以研究为目的，对某一事件、某一情况、某一问题进行调查研究之后写出的书面报告。它与一般调查报告的主要区别在于侧重点不同。调查报告侧重调查过程，而调研论文侧重于研究与结果，是以调查为前提，以研究为目的，研究始终处于主导的、能动的地位，它是调查与研究的辩证统一，充分反映调查研究的结果和结论。

（三）调研型毕业论文的特点

1. 真实性

真实性是调研型毕业论文的生命。它通过调查得来的事实材料说明问题，用事实材料阐明观点，揭示出规律性的东西，引出符合客观实际的结论。客观事实是调研型毕业论文的基础，一切分析研究都必须建立在事实基础之上。因此，写入论文的材料都必须真实无误，所涉及的时间、地点、事件经过、背景介绍、资料引用等都要求准确真实。其反映的客观事物和事理，必须经得起实践和时间的检验，这是它具有实用价值和科学价值的前提。

2. 针对性

调查研究是为了解决问题。调研型毕业论文所反映的调研结果必须要符合调查研究的目的和要求，回答人们关心和迫切要求解决的问题。可以说，调研型毕业论文的针对性越强，决策参考作用就越大，学术价值也就越高。

3. 论理性

调研型毕业论文的主要内容是事实，主要的表现方法是叙述。但调研型论文的目的是从这些事实中概括出观点，而观点是调研论文的灵魂。因此，占有大量材料，不一定就能写好调研论文，还需要把调研的东西加以分析综合，进而提炼出观点。对材料的研究，运用所学专业理论和科学方法经过“去粗取精，去伪存真，由此及彼，由表及里”的过程，从事物发展的不同阶段中，找出起支配作用的、本质的东西，把握事物内在的规律，运用最能说明问题的材料并合理安排，做到既要弄清事实，又要说明观点。这就需要在对事实叙述的基础上进行恰当的议论，表达出论文的主题思想。

二、调研型毕业论文的写作要点

（一）题名

题名就是论文的题目，是调研论文的必要组成部分，由调研的内容决定。题名要高度概括，准确地揭示调研报告的主题思想，做到题文相符。

1. 规范式题名

规范式题名由“主题＋文种”构成，即前一部分用简洁的文字说明文章的主题，后一部分说明文章种类的“调研报告”或“调研分析”。文种一般不用“调查报告”，以免与一般的调查报告混淆。例如：《民营企业融资现状调研报告》《供应链物流能力绩效评价体系的调研分析》《大学生学业规划与人生规划现状的调研与分析》，等等。

2. 自由式题名

这类题名又有三种形式：第一，内容概括式，如《珠三角产业转型升级问题研究》。第二，表明观点式，如《企业经营管理不善是造成经济效益滑坡的重要原因》。第三，提出问题式，如《后发企业如何进行节约型创新》。

3. 双行题名

双行题名又叫主副式题名，由主题名和副题名构成。一般主题名由自由式题名构成，副题名由规范式题名构成。例如：《我国集团企业财务信息化现状分析及对策研究——基于××集团企业财务信息化调研分析》《适应竞争现实 做好就业准备——关于大学生职业设计的调研报告》《如何运用新媒体进行农副产品营销——××县××村猕猴桃营销状况的调研分析》。

（二）绪论

绪论又称导语或者前言。绪论写作要精练概括，直切主题，一般简要说明如下内容：

（1）调查研究的目的和意义。通常简单介绍开展调研的背景材料，如缘由、目的、意义，以及所要调研和解决的问题等。

（2）开展调查研究的基本情况。主要包括调查的时间、地点、对象、过程及调查的方式、方法等。

（三）主体

这是调研论文的主要部分。这部分详述调查研究的基本情况、做法、经验，以及分析调查研究所得材料中得出的各种具体认识、观点和基本结论。必须对研究的内容和方法进行全面的阐述和论证，对研究过程中所获取的资料进行全面系统的整理和分析，通过图表、统计结果及文献资料，或以纵向的发展过程，或横向类别分析提出论点、分析论据，进行论证。

一般按以下三方面进行写作：

（1）描述。即客观叙述研究对象和现象的存在状况及相关行为，阐明其性质和特点。描述时要突出准确性和概括性，要提供令人信服的数据和具有典型意义的事实，具体、准确、全面地说明现象的存在状况，解决“是什么”的问题。

（2）分析。即在描述的基础上，说明现象发生的原因，预测事物发展的后果，从理论的高度探讨现象之间的因果关系，解决“为什么”的问题。

（3）对策。即提出解决问题的建议和措施，解决“怎么办”或“应该怎样”的问题。提出切实可行而又富有创造性的建议与措施，是开展调查研究、撰写调研型论文的终极目的。

各方面内容的写作可通过设置小标题展开。

（四）结尾

结尾就是论文的结论或结语，主要是总结和评价调查工作的得失，说明研究在理论或实践上取得的进展以及存在的局限性，提出尚待解决的新问题。文字上要言简意赅，短小精练。有的调研型论文没有结尾，主题完成，文章就自然结束。

三、调研型毕业论文写作的注意事项

（1）论文作者必须深入调查，运用各种手段和方法获取第一手资料，这是论文的主要资料来源。文献资料只能作为调查研究的辅助资料来源。

（2）论文作者在调查研究的整个过程中要广泛阅读文献，查阅有关资料，了解前人在这方面做过哪些工作。只有掌握了尽可能多的信息，才能把调查工作搞好，从而为撰写论文奠定基础。

（3）论文对事实的阐述一定要有条理，层次分明，语言精练，而且不能单纯地罗列资料，把论文写成“资料汇编”。正确的做法是在阐述事实的同时，要进行科学的分析，将众多的客观事实用一条或几条线索串起来，从中找出规律性的东西，从而显示出必要的科学结论。对于资料依据（事实、数据）不足的现象或事物，不要轻易下结论，可作为今后进一步探索的课题。

（4）论文中的资料与观点要统一，资料是观点的必要依据，观点是资料的必然结果。

（5）调查研究型论文的表达主要是文字，还可以综合运用图、表、照片、数学模型等多种手段，从而使阐述的事实更加形象、生动、准确、清楚。

阳江市新型农村合作医疗制度实施情况的调查与思考

广东海洋大学公共事业管理专业 2010 届毕业生　张喜华

指导教师　李志勇

摘　要：中国是一个农业大国，能否解决好广大农村居民的医疗保障问题，直接关系到我国农村经济发展和社会稳定。新型农村合作医疗制度运行几年来，在减轻农村看病负担、促进农村社会和谐稳定方面取得了一定的成绩，但在实施过程中也反映出许多亟待解决的问题，需要在不断总结试点经验的基础上逐步完善和推广。本文以阳江市新型农村合作医疗制度为研究对象，通过发放调查问卷和实地走访的形式，就现阶段阳江市新型农村合作医疗制度实施情况进行了深入的调查研究，总结了目前阳江市新型农村合作医疗制度实施过程中存在的主要问题，并在此基础上提出相应的完善对策和建议。

关键词：阳江市；新型农村合作医疗制度；问题；对策

新型农村合作医疗制度是由政府组织、引导、支持，农民自愿参加，个人、集体和政府多方筹资，以大病统筹为主的农民医疗互助共济制度[1]。该制度实施几年来，在减轻农民医疗负担，促进农村地区社会和谐稳定方面取得了一定的成绩，但随着工作的进一步深入推进，在实施过程中也暴露出许多问题。因此，选择具有典型意义试点地区的新型农村合作医疗制度进行调查分析和研究，对进一步完善我国的新型农村合作医疗制度具有重要的现实意义。

阳江市位于广东省西南沿海，农业人口比重大，经济发展处于全国中等水平，是研究新型农村合作医疗制度比较具有典型意义的地区。本文通过对阳江新型农村合作医疗制度实施情况进行实地走访调查，分析阳江新型农村合作医疗制度在推行过程中存在的问题，并针对问题提出改进意见和建议。一方面可以进一步完善阳江市农村合作医疗保障制度；另一方面，通过对阳江市个案的研究，也可以揭示出我国在实施新型农村合作医疗制度的过程中存在的普遍性问题，从而进一步完善我国新型农村合作医疗制度的理论和实践研究。

1　调查方法

本研究使用的调查方法主要包括以下两种。

（1）走访调查。2009 年 12 月至 2010 年 2 月期间，对阳江市江城区卫生局、白沙街道新型农村合作医疗管理办公室、白沙卫生院及白沙街道 10 个村卫生站等相关单位进行了走访调查，主要了解政府相关部门和各级医疗机构对新型农村合作医疗制度实施的看法及意见，获取新型农村合作医疗试点中宣传工作、参合情况、基金筹集、报销情况、基层工作等相关运行数据。同时我们还在白沙卫生院随机选择了部分前来看病的参合农民进行了深访，了解参合农民对新型农村合作医疗制度的了解程度及意见。

（2）问卷调查。选取江城区 2 个乡镇的农民作为调查对象，采用自制“新型农村合作医疗制度调查问卷”对农民进行问卷调查，获取第一手资料。累计发放问卷 100 份，回收 96 份，其中有效问卷 90 份，问卷平均有效率为 90%。问卷主要针对当地新型农村合作医疗制度的宣传工作、参合情况、满意程度、补偿情况等进行调查。调查样本基本情况见表 1。

表 1　调查样本基本情况

项　目		人　数	百分比/%
性　别	男	55	61.1
	女	35	38.9
文化程度	小学及以下	21	23.3
	初中	54	60
	高中及以上	15	16.7
家庭年收入	5 000 元以下	11	12.2
	5 000 ~ 15 000 元	30	33.3
	15 000 ~ 30 000 元	34	37.8
	30 000 元以上	15	16.7

2　阳江市新型农村合作医疗制度实施现状

阳江市从 2003 年开始新型农村合作医疗的试点工作，2007 开始在全市推行新型农村合作医疗制度。经过几年的努力，阳江市新型农村合作医疗制度基本建立，在解决农民看病难、看病贵和部分农民因病致贫、因病返贫等问题上取得了初步的成效。

2.1　资金筹集水平

新型农村合作医疗制度在全市推行几年来，资金筹集水平逐年提高。2006 年时，农民个人投入 10 元，省财政补助 35 元，市、县（市、区）财政补助 15 元，每个农民的合作医疗资金总筹资额为人均 60 元。2009 年起每人每年筹资水平达到 110 元，国家补助 4 元，省补助 61 元，市补助 8 元，县（市、区）补助 17 元，个人出资 20 元。图 1 为 2006—2009 年阳江市新型农村合作医疗基金筹集逐年增长情况，可以看出，阳江市新型农村合作医疗基金筹资总额逐年增加，有效地保障了阳江新型农村合作医疗制度的顺利运转。

2.2　参合率

参合率是反映当地农民参加新型农村合作医疗情况的重要指标[2]。2003 年，阳江新型农村合作医疗参合率仅为 33.6%。近几年来，随着农民在参合过程中得到了实惠，阳江市全市农民参合积极性逐年提高，2007 年农村人口参合率达到 83.9%，2009 年进一步增加到 98.68%（如图 2）。我们在与部分镇农医办主任的访谈中也了解到，今年新型农村合作医疗的筹资收缴工作一改往年上门收缴的局面，变成农民定期自主到村委会缴纳，反映出阳江广大农民参合积极性比较高。

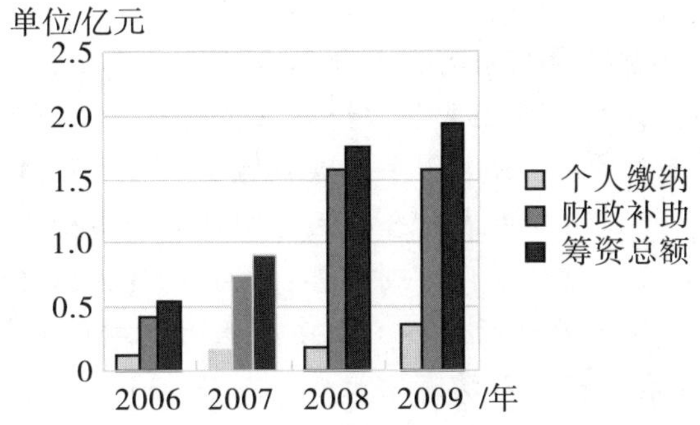

图 1　2006—2009 年阳江市新型农村合作医疗基金筹集情况

数据来源：广东省新型农村合作医疗网

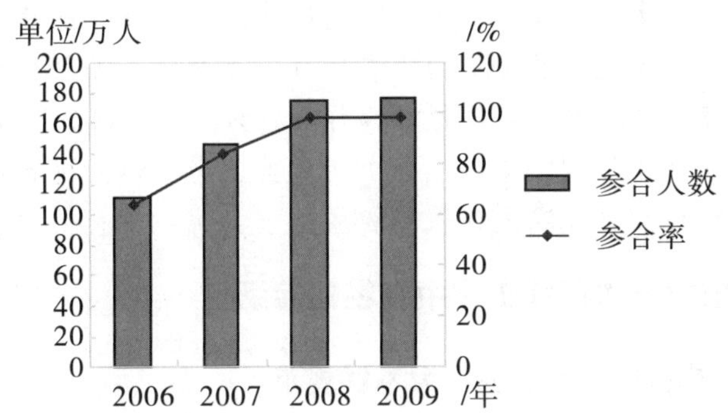

图 2　2006—2008 年阳江市农民参加新型农村合作医疗情况

数据来源：广东省新型农村合作医疗网

2.3　补偿标准和补偿范围

近几年来，阳江新型农村合作医疗的补偿标准逐年提高。2006 年上半年，阳江市新农合报销封顶线为 3 000 元，当年下半年调整为 6 000 元；2007 年 1 月 1 日，封顶线调整为 1 万元；2008 年下半年调整为 3 万元；2009 年，住院费用报销补偿比例调整为乡镇卫生院 70%、县级医院 60%、县外医院 40%，封顶线相应调整为 5 万元。在补偿范围方面，2008 年之前，阳江市新农合补偿范围不包括糖尿病、肺结核等特殊病。2009 年，阳江市新农合开始实行特殊病种门诊报销制度，对糖尿病、肺结核等 18 个特殊病种的患者所发生的门诊治疗费用实行报销，单一病种报销每月限额 300 元，多个病种每月限额 500 元，补偿范围进一步扩大。

2.4 医疗环境

截至2008年，阳江市共有医疗卫生机构384个，其中，医院36所，卫生院43所，诊所、医务室、卫生所234个，社区卫生服务中心（站）50个，妇幼保健院5个，专科防治院（所、站）3个，疾病预防控制中心4个，卫生监督所4个，农村卫生站941个。自新型农村合作医疗制度全面实施以来，全市医疗机构特别是镇卫生院和村卫生站的条件得到改善，医护人员队伍得到进一步巩固，业务水平有所提高，发展活力有所增强，大多数医疗机构的年门诊总量、住院人次、住院床位使用率和业务收入均有增长。

2.5 监督管理

阳江市新农合工作在资金管理中采取县、镇两级农医机构和村委会逐级审批、张榜公示的方法，保证医疗资金安全运作，做到取之于民、用之于民，努力使广大农民真正得到实惠。在监督方面，通过建立农村合作医疗联席会议制度对新型农村合作医疗制度进行监督，由市农医办负责召开，每年召开1~2次会议，主要听取合作医疗工作汇报，审议通过合作医疗方案、预算、结算等。农村合作医疗联席会议由农村合作医疗工作领导小组成员、离退休老同志、人大代表、政协委员、镇领导、村领导、农民代表等组成。

3 阳江市新型农村合作医疗工作中存在的问题

3.1 定点医疗机构医疗服务行为不够规范

定点医疗机构作为新型农村合作医疗的医疗服务供给方，是影响新型农村合作医疗可持续发展的关键因素之一。但医疗卫生服务是一种特殊的产品，具有不确定性、信息不对称性、外部性、准公共产品性质[3]，容易出现腐败和不规范行为。调查中我们发现，阳江市新型农村合作医疗定点医疗机构在运作过程中，普遍存在医疗服务行为不规范，损害参合农民切身利益的现象。

在与农户访谈中，90%受访农民认为定点医疗机构医疗服务行为不规范。大部分定点医疗机构为了追求自身经济利益，都存在“过度医疗”的倾向，包括对参合病人重复用药、用药过度、大量使用目录外药品，不合理化验与仪器检查，对从基层转诊的参合病人重复滥用化验和检查等现象。如有农户反映，治感冒在私人诊所二三十元就基本可以了，到镇卫生院或其他定点医疗机构可能要上百元，虽然可报销一定比例，但农民本身负担部分比在私人诊所所付费用多出不少。这些不规范医疗服务行为的存在，不仅导致新农合基金浪费严重，也损害了农民的利益。

3.2 基层医疗服务能力依然薄弱

3.2.1 基础设施薄弱

镇卫生院和村卫生站的建设往往对当地新型农村合作医疗工作产生直接影响，对解决农民看病难、看病贵问题起到关键性作用[4]。阳江市基层医疗服务机构（包括乡镇卫生院和村卫生站）近年在硬件设施的投入虽然逐年增长，但由于历史欠账偏多，依然存在基层医疗卫生资源不足、配置不均衡的问题。部分镇卫生院的建筑年久失修，X光机、B超、心电图机、洗胃机等医疗设备欠缺，无法满足患者需求。调查中我们发现80%需住院的患者不会选择镇卫生院。村卫生站的设施则更薄弱，基本只能解决村民头痛、感冒和轻微外伤等一些小病。

3.2.2 人才队伍短缺

阳江市基层医疗机构普遍存在因为工资和福利待遇过低而吸引不了医务人员到基层发展，人才流失严重的现象。阳江市镇级卫生院，特别是村卫生站的医务人员长期缺乏培训，许多医务人员达不到应有的业务水平，服务意识不强，难以满足日益增长的医疗服务需求。在对部分镇卫生院医生学历水平调查中显示，医务人员普遍存在低学历现象，中专学历以下的占85%，大专或以上学历的不到10%。在对村卫生站走访中发现，有些医务人员根本就没有任何学历。85%村卫生站医务人员年龄超过45岁，有些老村医已经60多岁，仍没有人接替。基层医疗机构人才队伍的短缺导致了基层医疗水平的低下，从而致使许多患者在就医选择上更多偏向市（县）级医疗机构或其他医疗机构，离“小病不出村，中病不出镇”的工作目标还有一定距离。

3.3 补偿比例仍偏低

2009年，阳江住院费用报销补偿比例进一步提高，调整为乡镇卫生院70%、县级医院60%、县外医院40%，起付线乡镇卫生院、县级医院、县外医院住院分别为100元、300元、600元，封顶线相应调整为5万元。但调查中我们发现，因为参合农民能报销的部分为起付线以上、补偿封顶线以下部分，所以农民实际获得的补偿仍不多，补偿比例仍偏低。特别对于那些大病住院的参合农民，医药费往往超过封顶线许多，但由于受到封顶线偏低的影响，受到的补偿对比实际医药费则明显偏少。例如阳东县雅韶镇八二村委会陂头村的参合农民陈某，近两年患有多种重大疾病，2008年至今已经花去医疗费用30多万元，当地农医办根据政策为陈某报销今年的医疗费用4.8万元，陈某所获报销补偿在总费用中只占到很小的一部分。在对新型农村合作医疗的缴费水平与报销补偿相比是否划算的调查中，结果显示只有32.2%的农民认为划算（见表2）。同时，许多大病患者就医要到市级或市级以外医院，但市级或市级以外医院补偿比例偏低，参合农民得不到更多实惠，未能很好地减轻参合农民负担。

表 2　农民对新型农村合作医疗补偿比例的态度

态度类别	人数	百分率/%
划算，很合理	29	32.2
不划算，补偿少	39	43.3
差不多，作用不大	14	15.6
不清楚	8	8.9

3.4　基层工作条件相对落后

同城镇医保相比，阳江市新农合目前的工作条件相对落后，难以应对高速推进的形势。主要表现在工作人员不足和工作经费的缺乏。目前阳江市新农合工作机构只配有数量极少的专职工作人员，其中市农医办仅配 1 人，各县（市、区）2 人，镇级则基本是临时抽调的兼职人员，给患者办理医疗费报销手续和参合农民咨询带来不便。调查中发现，部分镇农医办和村委会的农医工作专项经费得不到落实，存在即使有人“办公”也没钱“办事”的尴尬局面。另一方面，基层工作条件也比较落后，目前镇级农医办和村委会的农医工作对有关信息的管理仍停留在人工抄写、查阅的落后方式，未能很好地实施信息化管理，导致工作量大，工作效率难以提高。

3.5　特殊群体参合工作不到位

阳江市农村外出务工人员数量多且居住地分散，联系工作存在一定难度，新农合体系一直无法有效覆盖这一群体，这部分人员成为参合率最低的人群。还有部分逃避计划生育的人员，长期在外，参合工作难以发动。部分不支持新农合工作的农民，因与村干部存在矛盾或误解，未能及时化解，对新型农村合作医疗表现出抵触情绪。这些因素都导致阳江农村特殊群体参合工作进展缓慢，参合率一直偏低，成为阳江新型合作医疗工作进一步完善的瓶颈。

4　完善阳江新型农村合作医疗制度的对策

4.1　进一步深化宣传

近几年，阳江市对新农合政策的宣传工作取得一定成效，调查结果显示有 72% 的群众对新型农村合作医疗制度表示知道并非常关心。但问起农民对新农合具体政策细节是否了解，如起付线、封顶线为多少，办理补偿程序和需要准备的具体材料，大部分农民表示并不完全了解（具体情况见表 3）。农民对政策细节的不了解可能会导致对政策认识的偏差，影响新农合工作的顺利开展。因此，阳江市新农合在接下来的宣传工作中要突出重点。一方面要针对报销程序，报销比例，惠及面，入、出、转院办理等部分的具体政策，加大宣传力度，努力提高广大农民对政策细节的认知水平；另一方面还要通过一系列宣传措施引导广大农民不要盲目到县以上医院看病就医，要充分利用镇一级医疗资源，降低看病成本，更好地享受新农合政策带来的实惠。

表3　新型农村合作医疗制度具体政策了解程度

具体政策了解程度	人数	百分率/%
完全了解	23	25. 6
部分了解	38	42. 2
不了解	29	32. 2

4. 2　规范定点医疗机构医疗服务行为

4. 2. 1　加强医德医风建设

医德是整个社会道德体系的重要组成部分，是社会公德在医疗行业中的特殊表现。实践证明：医疗效果的好坏，不仅同医疗技术、设备的好坏有关，而且同医务人员的医德医风密切相关[5]。规范阳江市定点医疗机构医疗服务行为，首先要加强定点医疗机构医务人员医德医风的建设。阳江要通过各种措施提升医务工作人员的道德修养、高度的职业责任心和使命感。我们建议在阳江市各县区实施定点医疗机构定期开展社区义诊和医疗服务队下乡活动，在医疗服务活动中不断提升医务人员医德医风。

4. 2. 2　完善举报制度

奖励举报是打击不规范医疗服务行为的有效措施之一[6]。阳江要进一步完善举报制度，对举报人给予一定的奖励，鼓励医院工作人员、参合人员及其他社会成员对弄虚作假及其他违规行为进行举报。阳江市各级定点医疗机构要统一设置举报箱，公布投诉电话，对投诉反映的问题，相关监督部门要进行调查核实，及时查处违规行为。还要建立定点医疗机构病人举报投诉制度，及时了解患者不满意的原因及医疗质量瑕疵所在，并责成或敦促医疗机构及时改正。

4. 2. 3　健全惩罚机制

对在医疗服务过程中出现违规违纪行为的医务人员，要相应给予通报批评、警告、记过、辞退等惩罚，对出现违法行为的依法交由司法机关处理，从而有效保障患者合法权益。阳江要逐步健全定点医疗机构退出机制，对各级定点医疗机构进行定期评估和审核，对存在伪造病人资料，造假骗保，不按相关规定收费的，按照相关规定取消定点医疗机构资格并及时向社会通报。

4.2.4　完善定期和不定期检查制度

阳江市要进一步完善定点医疗机构监督检查制度，加强日常检查和管理，定期公布参合农民住院费用，由社会对参合者、医疗机构和服务部门进行全面的监督。阳江市各级卫生监督管理部门要定期和不定期到各级定点医疗机构查阅及审核文件、账目、处方、病历等资料，核对补偿是否符合相关规定。充分利用计算机信息管理系统，实行动态监控，对门诊、住院进行动态的、全过程的监控，对疑点费用和发生的高额费用，经审核分析后抽查目标，有针对性地去定点医疗机构实地检查，核实情况，及时制止和纠正不规范的医疗服务行为[7]。

4.3　增加基层医疗卫生投入和强化医疗队伍建设

阳江市要进一步加大对基层医疗卫生机构，特别是村卫生站的基金投入和补贴。加强镇、村两级农村医疗卫生基础设施建设，增加必要的配套医疗卫生设备，从根本上改善农村的医疗卫生条件，为农民提供良好的医疗卫生服务。最终要形成以县级医院为龙头，以乡镇卫生院和村级卫生室为基础的医疗卫生服务网络。以此吸引更多的农民到基层医疗机构看病就医，让镇级和村级医疗资源得到最充分的利用，从而更大程度地减轻广大农民的负担。

阳江还要进一步加强乡镇和村两级医护人员培训教育工作，提升业务素质和服务水平。组织市定点医疗机构和卫生技术人员到农村服务，支援乡镇和村医疗卫生机构。以各种优惠政策引导优秀的医学院校毕业生到基层卫生院工作，提高基层医院业务水平。对阳江市条件差的边远行政村，卫生部门要和上级部门联系争取，让一些有责任心和富有基层服务意识的医疗工作者到这些地方工作，或由卫生院采取巡回医疗的方式，解决村医缺位问题。

4.4　提高补偿比例，改善补偿程序

阳江市 2010 年新农合农民缴费标准由 2009 年的每人每年 20 元提升到每人每年 30 元，住院报销比例调整为：镇级医院 70%，县（市、区）级医院 60%，市级医院 50%，市以外医院 30%。对此约 90% 的参合农民认为报销比例的增加量与缴费标准的增加量不协调，应再提高一定范围。考虑到近年来阳江市社会经济不断发展，政府对新型农村合作医疗资金投入不断上升，加上上级财政补助不断提升，阳江市各级定点医疗结构报销比例可相应再提升 5 个百分点，更大程度地减轻农民负担。

在补偿程序方面，阳江市要进一步推进定点医疗机构住院即时补偿工作进程，简化报销程序，将以往那种由患者先垫付医药费，再到户口所在地的农医办办理报销补偿的程序，转变为入院登记、核实参合身份，出院结算，然后直接由各级定点医疗机构与相应农医办结算医疗费用，减少患者的额外支出。简化农民到县外就医的转诊手续，探索推行参合农民在省、市级定点医疗机构就医即时结报的办法，方便参合农民在全省范围内办理就医补偿。

4.5 改善基层工作条件

基层农医工作在新型农村合作医疗制度推广中具有极其关键的作用。阳江要进一步改善基层农医工作条件，加大对基层农医办的财政投入，增加农医工作补贴，提高农医工作积极性。镇级农医办至少要配备专业人员2名，专职负责镇级农医日常工作。行政村干部还要专人协助处理村农医事务，并对参与协助的干部给以一定的工作补贴。同时还要完善阳江市新农合工作人员培训机制，提升业务水平和服务意识。要进一步加强和完善阳江市新农合信息化建设，为新农合经办机构配备专用电脑和网络办公设备，提升基层工作效率。

4.6 做好特殊群体参合工作

对于阳江市特殊参合群体，各级新农合工作人员要区别对待，认真负责，积极引导各类特殊群体参加新型农村合作医疗。阳江可以考虑将外出务工农民参合费用的收缴时间延长至春节前后，同时做好外出务工参合农民的就医补偿工作，探索方便外出务工农民就医，简化审核报销程序的有效方式。在制订和调整统筹补偿方案时，要认真分析外出务工农民返乡就医对新农合运行的影响，并提出相应对策。对逃避计划生育和有抵触心理的农民要认真对待，耐心讲解，努力争取这部分农民顺利参加新农合。

5 结束语

新型农村合作制度涉及面广、政策性强、制约因素多，具体工作中会遇到许多困难和问题。作为一种体制创新，没有成熟的经验和模式，需要在实践中不断探索和完善，不断突破难点，在不断总结试点经验的基础上逐步推开。通过对阳江市新型农村合作医疗制度的调查，反映出我国新型农村合作医疗制度在减轻农民经济负担、保障广大农民身体健康的方面取得了可喜得成绩，但在推广实践中仍然存在定点医疗服务行为不规范、补偿比例与农民实际需求不适应、特殊群体参合难度大等不少亟待解决的问题。因此，我们要充分认识到建立新型农村合作医疗制度的长期性和艰巨性，不断总结经验，发现和改进问题，进一步完善我国新型农村合作医疗制度。

参考文献：

[1] 侯敏，林宝辉．中国新型农村合作医疗制度探析［J］．中国集体经济，2007（4）：178－179.

[2] 任延禄．我国新型农村合作医疗制度设计缺陷分析及对策研究［J］．中国卫生经济，2008（10）：42.

[3] 周平平，张栋，章悦. 新型农村合作医疗制度现状的分析与对策 [J]. 农村经济，2009 (6)：59.
[4] 成昌慧. 新型农村合作医疗制度需方公平性研究 [M]. 北京：经济科学出版社，2009：128.
[5] 曾光. 中国公共卫生与健康思维 [M]. 北京：人民出版社，2006：308.
[6] 戴栋宁. 新形势下加强青年医务人员医德教育的思考 [J]. 当代医学（学术版），2007，(8)：18－19.
[7] 吴志澄. 论新型农村合作医疗监督机制创新 [J]. 中共福建省委党校学报，2009 (12)：38－39.

第十章 设计型毕业论文的写作

一、设计型毕业论文的概念和特点

（一）设计型毕业论文的概念

设计型毕业论文是毕业生综合运用所学专业的基础知识和专业理论，在完成毕业设计作品之后，用以阐释、论证设计的过程、任务、要求及其成果，并以书面表达形式呈现的论文。

设计是一种有目的的创作行为，是构思和创造以最佳方式将设想转化为现实的活动过程。设计一般是根据已经提出的技术构想，制定出具体明确并付诸实施的方案。毕业设计是根据课题的要求，以科学的理论为指导，以所学过的知识技能为基础，创新地把研究方案物化的过程。设计型毕业论文是毕业设计成果的书面反映，是毕业设计工作的总结和提高。

设计型毕业论文主要用于工科和艺术设计类专业。

（二）设计型毕业论文的特点

1. 科学性

设计型毕业论文以科学理论为指导，以科学实验和工程实践为依据，对设计方案进行论证，设计内容应准确、科学、符合技术要求。

2. 规范性

设计型毕业论文内容的表述，要符合有关标准和规定。如符号的使用、图表的绘制，都必须按有关标准进行，做到标准化、规范化。尤其是工程设计的技术标准，是工程设计工作必须共同遵循的技术依据或准则，有国家标准的必须按国家标准执行，没有国家标准的则按部颁标准或企业标准执行。

3. 综合性

设计型毕业论文反映的设计成果，是科学的设计思想、物质资源和现代化的设计方法的综合，也是多学科知识、科学实验、工程实践的组合。

4. 应用性

毕业设计虽然是对学生所学专业知识、理论和技能的考查，但设计课题要求与科研、生产实践、市场需求紧密结合，设计成果能产生良好的经济效益和社会效益。

二、设计型毕业论文的写作要点

由于设计对象不同，因此设计型毕业论文没有一个固定的格式。其结构安排一般如下。

（1）引言。重点描述应用项目的背景、项目开发特色、工作难度等。

（2）项目分析设计。重点描述项目的整体框架、功能说明、开发工具简介等。

（3）项目实现。重点描述数据库设计结果、代码开发原理和过程、实现中遇到和解决的主要问题、项目今后的维护和改进，等等。

（4）结论或结语。

下面以软件工程专业的毕业设计论文为例，逐一介绍设计型毕业论文正文部分的写作要点。

（一）绪论

绪论是全篇论文的开场白。主要说明课题的来源、研究或设计工作的目的、意义和范围，课题的国内外研究现状，本论文要解决的问题，预期结果，理论分析、研究设想、研究方法和测试的概况等。

具体写作要点如下。

（1）阐明课题的背景和选题的意义，说明本课题的来源、目的、范围及应达到的技术要求。

（2）论文的课题应强调问题的实际背景，解决该问题的现实意义和重要作用等。

（3）结合问题背景的阐述，使读者感到此课题确实具有实用价值和学术价值，有研发和开发的必要性。

（4）通过对前人工作的简短评述（文献综述），阐述课题在相应学科领域中的发展进程和研究方向，说明本课题研究的指导思想、要解决的主要问题，以及解决此课题所需要的条件。

（二）本论

1. 本论的主要内容

本论是论文的主体部分和核心部分，其主要内容包括以下几点。

（1）设计方案的论证和方案的拟订。应说明设计原理，展示总体设计方案，阐释方案设计的理由，揭示方案设计的特点，阐明具体的实现方法，等等。

（2）过程论述。对自己的研究工作的详细表述，包括在毕业设计和研究工作中采用的方法，计算时所使用的主要方法，分析解决问题的思路，主要难点及解决方法，等等。

（3）设计及计算部分。这是最主要的部分，应详细写明设计结果及计算结果。

（4）方案的校验和各种实验测试情况。说明设计是否满足各项性能指标，能否达到预期效果。校验的方法可以使用理论分析，包括系统分析，也可以是实验方法、实验测试、程序及数据处理、计算机的上机运算等。

（5）测试结果及分析。对研究过程所获得的主要数据、现象和测试结果进行定性或定量分析、理论验证，以及理论在实际中的应用，并由此得出结论或推论。

2. 本论各部分的写作方法

（1）课题的技术背景。主要阐述该课题的技术背景在相应学科领域中的发展进程和研究方向，特别是近年来的发展趋势和最新成果。通过与中外研究成果的比较和评论，说明自己的课题是符合当前的研究方向并有所进展，或采用了当前的最新技术并有所改进，目的是使读者进一步了解课题的意义。

（2）解决方案的提出与论证。在明确了所要解决的问题并进行文献综述的基础上，提出解决问题的思路和方案。首先要阐述自己的设计方案，说明为什么要选择或设计这样的方案，前面评述的优点在此方案中如何体现，不足之处如何克服，最后完成的工作能达到什么性能水平，有什么创新之处。在写作方法上，一是要通过比较显示自己方案的价值，二是要突出方案的创新之处或有新意的思路算法和关键技术。

（3）核心设计或论证。这部分要对整个设计工作的内容，包括理论分析、总体设计、模块划分实现方法等进行详细的论述。特别是系统的分析与设计、系统的实现与实施等。其中，系统的分析与设计，主要包括需求分析、系统整体框架描述、开发工具介绍、功能设计、数据库设计等；系统的实现与实施，重点描述代码开发原理和过程、实现中遇到的主要问题、今后的维护和改进等。这部分内容在写作上，除了用文字描述外，还要善于利用各种原理图、流程图、表格、曲线等来说明问题。

（4）测试及性能分析。通过测试数据的比较分析，阐述设计是否满足预期的性能需求。根据课题的要求，可以在实验室环境下测试，也可以在工作现场测试。在论文中，要将测试时的环境和条件列出，因为任何测试数据都与测试环境和条件相关，不说明测试条件的数据是不可比的，也是不可靠的。

（三） 结论

结论是对整个设计研究工作的归纳总结。主要说明所进行工作的情况和价值，分析其优点和特色，指出创新方面所在、性能达到何种水平、有何理论意义和应用意义，并指出本课题研究中尚存在的问题和尚待解决的问题、研究设想以及进一步开展研究的见解和建议等。

三、设计型毕业论文写作的注意事项

（一） 资料和数据正确可靠

（1）资料可靠。设计资料是一切设计工作的基础。没有必要的设计资料，设计工作就难以进行。如果资料不可靠，则可能做出错误的决策，影响设计质量。因此，对收集的资料要进行整理、鉴别，设计中要引用正确的资料。

（2）数据无误。计算所采用的公式必须有科学根据。计算的数据应精确到一定位数。有很多计算需要验算和校核，这些核算不可省略。

（二） 重点突出

（1）要突出理论分析。设计型毕业论文和一般的设计说明书不同，一般的设计说明书并不强调理论分析，但设计型毕业论文必须要突出理论分析，才能较好地反映学生掌握和应用基础理论的情况。

（2）要突出自己的创见，详细写出自己独特的见解，以反映设计的创造能力。

（3）要突出主体设计和专题论述。

（三） 图表规范

论文中所列表格、所绘插图，以及所附的工程图，都应符合规范，准确地表示出有关内容，并且与文字说明的内容一致。

图表要按章编号，并与文字说明相呼应。

智能指纹锁的设计

广州工商学院电子信息工程系 2018 届毕业生　李华勇
指导教师　范仰才

摘　要：设计并制作了以 STC89C52 单片机为核心的智能指纹识别电子密码锁系统。系统主要由液晶显示、按键、单片机、指纹识别模块、继电器模块、供电模块、电磁锁组成。经测试，装置达到预期设计效果。“一种智能指纹锁控制器”获得国家实用新型专利。

关键词：指纹识别模块；单片机；LCD；电磁锁

Design of Intelligent Fingerprint Lock

Author: Huayong Li　Tutor: Yangcai Fan
(Department of Electronic and Informantion Engineering, Guangzhou College of Technology and Business)

Abstract: An intelligent fingerprint recognition electronic code lock system based on STC89C52 Microcontroller is designed and manufactured. The system is mainly composed of LCD, keypad, single-chip microcomputer, fingerprint identification module, relay module, power supply module and electromagnetic lock. After testing, the device has achieved the desired design effect. A fingerprint lock controller has acquired the national utility model patent.

Key words: fingerprint identification module; single-chip microprocessor; fingerprint detection; LCD

1　课题的背景及其意义

随着技术发展和互联网应用的普及，人们趋向于智能信息化的生活。在互联网技术的驱动下，应用生物技术的产品在市场得到快速普及。生物识别技术因它独一无二的特点得到充分应用。主要优势是进行真实身份的确认，减少身份的冒用，不需要携带锁匙和记住大量的密码，增加生活出行的便利。智能指纹锁符合时代的要求，是科技发展的必兴产物，被评为 21 世纪高科技产物之一。指纹锁的安全系数比传统的门锁的身份验证机制有了很大的提高。物美廉价的指纹锁逐渐进入市场，应用在生活的方方面面，如保险箱、门锁、电子银行等。

2 硬件电路的设计

2.1 设计思路

由指纹模块录入指纹、处理指纹、发送数据给单片机，单片机响应指纹模块的指令，处理指纹模块发送来的数据。在 LCD 显示屏显示，如果指纹正确，单片机驱动继电器，触发电子锁头开门；指纹不对，在显示屏提示重新输入指纹，也可以通过矩阵键盘输入密码开启门锁[1]。总电路图如图 1 所示。

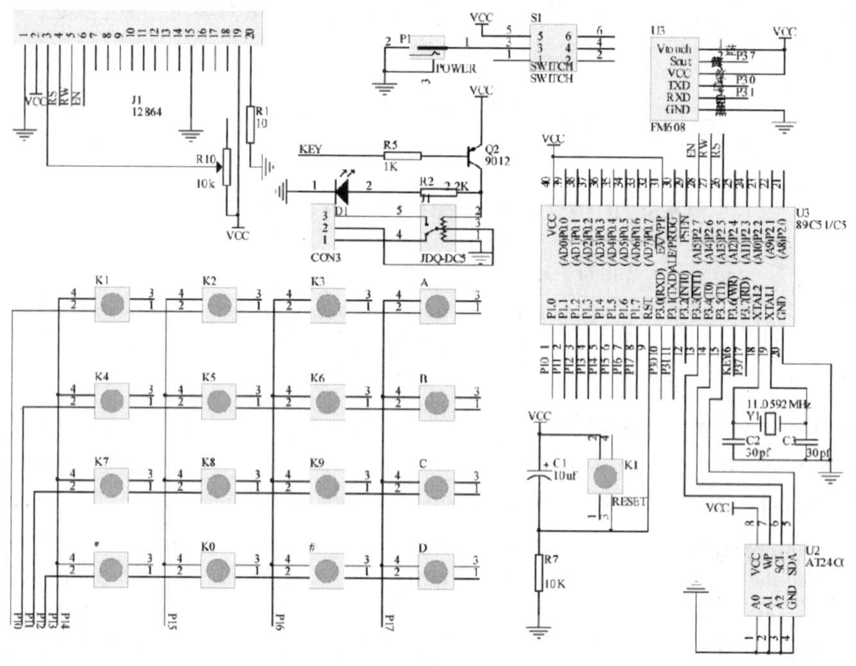

图 1 硬件总电路设计图

2.2 单片机最小系统电路

本设计采用 51 单片机作为主处理设备，它的最小系统由电源、时钟电路、复位电路和单片机组成。

电源：一切电子设备都要供电才能实现它内部的功能，单片机也不例外。大部分的单片机都是用大家熟悉的 USB 接口供电。VCC 符号代表连接电源的正极，GND 符号表示和地接在一起。每次给单片机供电时要注意电源的电压，不能过大。电压过大或正负极接反都会烧坏单片机。

时钟电路：由电容器和晶振组成，是整个最小系统的重要部分。其作用就相当于一个人的心脏跳动的频率，每时每刻都在振动，一切的工作都靠它来起振，就像心脏不断给我们的身体输送氧气一样。晶振是一种电子元件，由石英制造而成。在它通电时会产生特定频率的振荡，并使单片机工作。它的英文符号是XTAL1 和 XTAL2，它的振荡频率达到 10 MHz。电容器也是时钟电路的一部分，一般用瓷片电容，容量是 30 pF。时钟电路尽量离单片机的距离近一些，如距离过远，会导致电路不起振[2]。

复位电路：电路中 RST 引脚部分就是复位电路，由电容和电阻组成。复位电路就是在通电的瞬间给单片机发一个信号，单片机收到此信号就开始工作。复位电路的原理为：通电时，电流流过电阻给电源充电，让电容连接到 RST 引脚的电压从 5 V 变成 0 V。

单片机：MCU 内部有 256 Byte 片内数据 RAM，8 kb 片内程序储存器，一个虚拟 I2C 总线接口，一个 UART 接口，可允许 2 个优先级的 8 个中断源。电源供电电压为 3. 3 V，对数据实现掉电保护，有 40 个 IO 接口。

2. 3　键盘电路和液晶显示电路

键盘电路：矩阵键盘使用的按键较多，为了让它占用更少的资源，排列成矩阵形式。通过电平来判断是否闭合，如果按键闭合就呈现低电平，断开就是高电平。为了预防干扰信号对动作的影响，需要加入消抖程序[3]。

液晶显示电路：液晶的物理特性较为特殊，是由高分子材料组成，在各种微型显示器中得到普及应用。液晶的原理由背部灯配合下电流刺激液晶分子产生线、点和面并形成画面，它具有体积小、低功效、易操作的优点。

2. 4　指纹模块电路

指纹模块电路通过串行接口，模块可以与 5 V 电源的单片机进行通信。RXD（MCU 的接收引脚）、RD 与 TXD（MCU 传输引脚）连接。如果上位机（PC）处于 RS－232 模式，可添加电平转换电路，如模块与 PC 之间的通信。该模块采用半双工同步串行通信，默认波特率为 56 600 bPs。

2. 5　人体红外感应模块

人体红外传感器模块主要特征：工作电压 5～20 V，采用高灵敏度探头，电平输出只有两种状态，即 3. 3 V 和 0 V，可以设置它的延时时间在 0. 3～18 s，感测范围在 7 m 范围内，锥角小于 120°。工作温度范围为 15～70 ℃。工作模式是自动感应模式，当有人进入感测范围，模块就会输出高电平；人离开感测范围，模块就延时输出低电平。

3 系统软件的设计与实现

3.1 主程序设计思路及流程图

主程序设计流程图如图2所示，先对各模块初始化，扫描有没有按键被按下，录入指纹，与已经存储的指纹进行匹配并在LCD显示对比结果，同时判断输入按键值，执行相对应的操作。

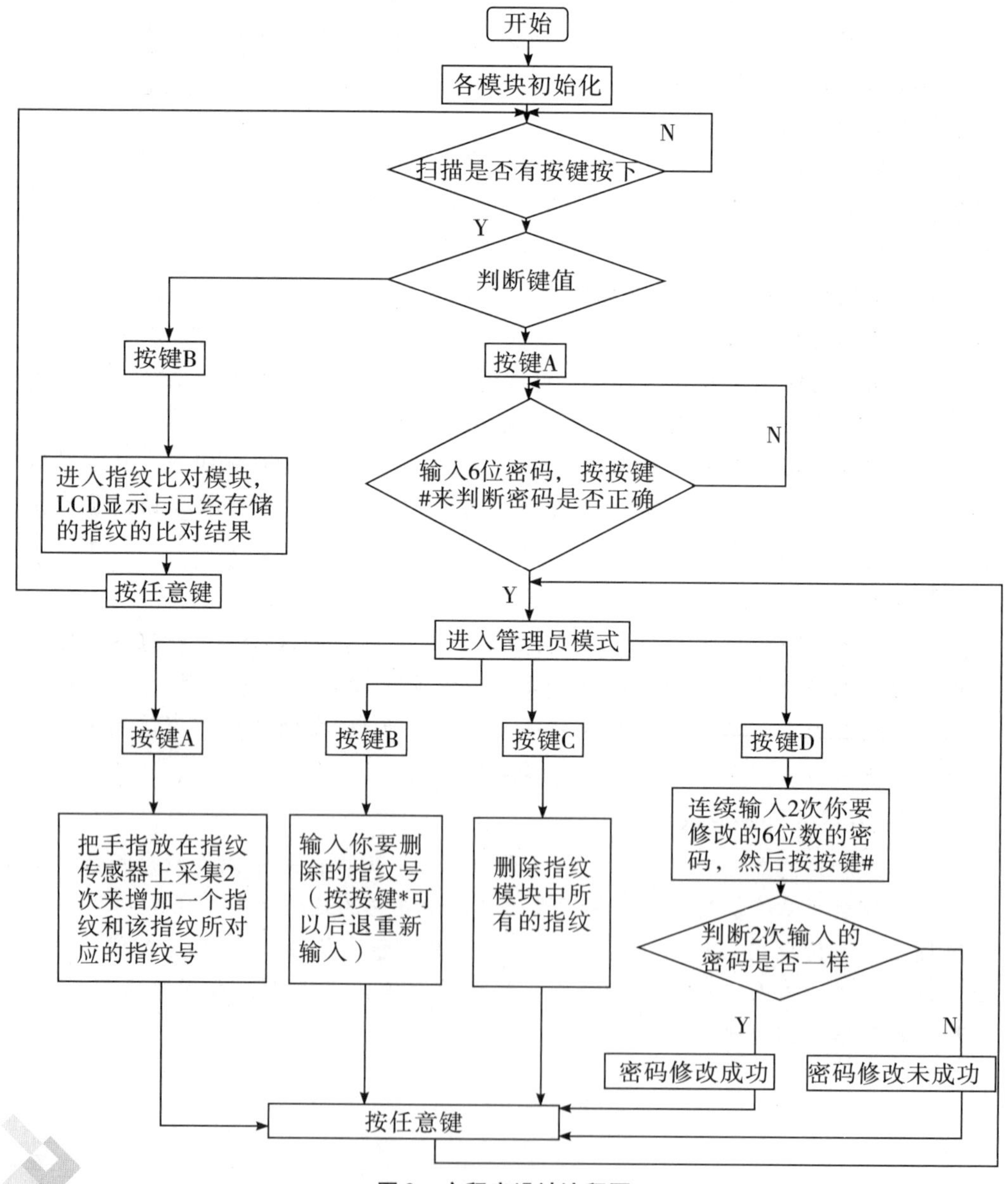

图2 主程序设计流程图

3.2 程序代码的设计

程序代码的设计主要是单片机的中断源，AT24C02 支持 IIC 通信协议，所以要熟读它的通信协议，还有 LCD 的通信协议和初始化，以及矩阵键盘的扫描程序[4]。

LCD 程序设计：先声明坐标编码的常量，发送一个字节，接收一个字节，检查忙状态，写一个字节的指令，写一个字节的数据，初始化函数，设定光标函数，清除文本，显示字符串。

AT24C02 程序设计：先写一个延时程序，初始化子程序，根据通信协议编写下面的程序，启动 IIC 总线，停止 IIC 总线，往总线上写一个字节，往总线读一个字节，IIC 总线时钟的应答，在固定地址读出数据，在固定地址写入数据。

矩阵键盘程序设计：采用行列式扫描方式，先给全行发代码 0，扫描列线输入；若有键按下延时消抖；再判断一次是否按下，有按下则逐行扫描初值，列扫描同理，最后等待按键释放，返回键编码。

单片机程序设计：配置好定时器的工作方式、标志位等。指纹模块的程序如：用户密码检测，正确返回 1，错误返回 0，单片机串口初始化，建立握手信号，录入指纹图像，生成特征并储存，搜索指纹返回指纹 ID 号，自动注册模板返回储存 ID，删除指纹，自动验证指纹，键盘输入密码等相关程序。

3.3 程序的烧写

单片机是控制其他模块的核心，硬件电路都连接好后，把程序烧录到单片机中，可以根据程序的内容在硬件中实现它相对应的功能。首先要生成单片机能识别的相关文件，流程如下。

（1）打开 KEIL μVision5 软件。该软件功能相当齐全，编译速度也快，能识别 C 语言，汇编语言等语言。

（2）新建一个 project 保存到相应的位置，选上相应的单片机型号。

（3）新建一个记事本，把程序的代码输入进去，保存记事本的后缀为“. c”文件。

（4）设置单片机的工作频率，为 9 600 MHZ。

（5）编译全部代码，设置生成 hex 文件。此文件能被单片机识别。

STC－ISP 烧写软件是一种简便操作的烧录软件，设置简单，速度响应快，广受用户欢迎。把 hex 文件放到单片机中运行的流程如下。

（1）打开 STC－ISP. exe 软件，如图 3 所示。

（2）选择 MCU Type 的型号，打开 kEIL μVision5 生成的 hex 文件。

（3）设置好 COM 串口，打开电脑设备管理器看单片机占哪个 COM 串口，设置波特率。

（4）直接下载到单片机，然后给单片机上电，完成单片机程序烧写。

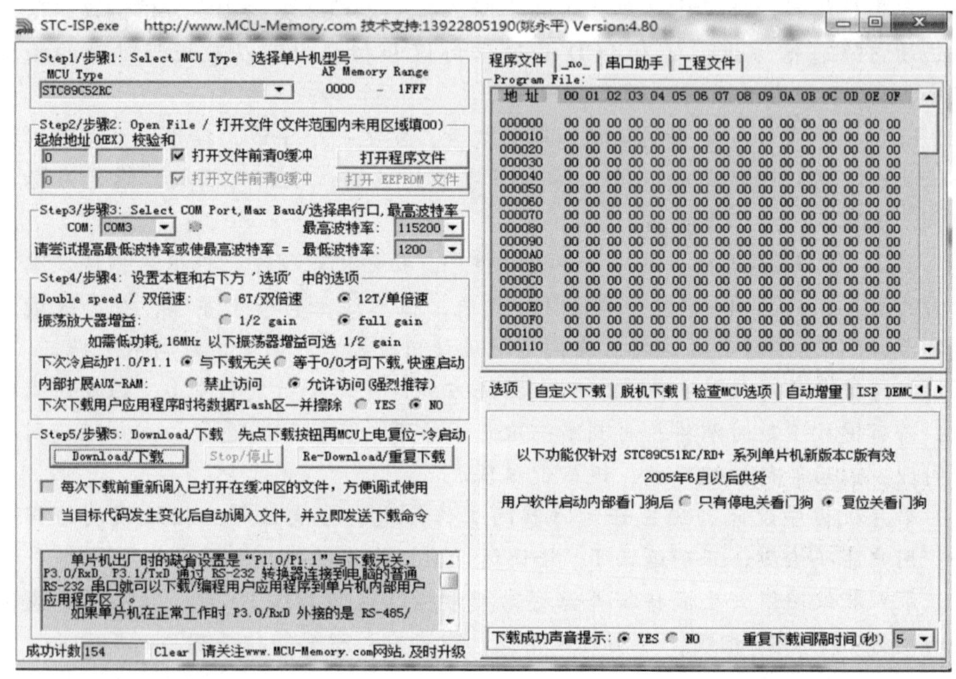

图 3　软件界面

4　系统测试与运行

4.1　硬件电路的调试

首先测试单片机是否能正常工作，用万用表测试单片机的电源脚是否有 3.3 V 电压，测试 GND 引脚有没有互通，同时测试 LCD 液晶屏、指纹模块等供电是否正常。指纹模块有四个引脚，分别是 RXD 接收串口与单片机的 TXD 引脚相连。TXD 发送串口与单片机 RXD 引脚相连，VCC 和 GND 不能接反，否则会烧坏电路。用示波器检测单片机引脚发送接收引脚是否有脉冲信号的发送；测试各个节点电压是否正常；检查电路板是否有虚焊现象；检查人体感应模块在检测到有人进入感测区时输出引脚是否为高电平[5]。

4.2　测试结果与分析

判断指纹开锁是否成功和按键输入能否实现相对应的功能。人走进门锁，人体检测模块通过红外感应模块检测到人，启动 LCD，LCD 屏幕亮起，并在显示屏上显示“请输入指纹”，指纹模块亮出蓝光，表示等待指纹的输入。如果指纹模块没响应，应检查接收发送线有没有接错，把手指放在模块处，指纹模块就会自动识别。如果此指纹在之前有储存，LCD 就显示“门已打开，并显示指纹 ID 号”，继电器工作，驱动电磁锁开锁；如果指纹没有被储存，显示屏会显示“没有搜索到指纹，请重新按手指”，继电器不工作。按下键盘“A”，LCD 显示请输入 6 位密码，并按 # 键确认输入。如果密码正确就进入管理员模式，初始密码为“000000”。进入管理员模式后，按键“A”是增加指纹按键，采集两次指纹增加指纹号和相对应的指纹，按键“B”是删除指纹号，按 * 按键可以返回重新输入，按键“C”是删除模块存储所有的指纹；按键“D”是修改管理员密码，连续两次输入相同的 6 位数密码，按#键确认，屏幕显示修改密码成功，两次输入不一样就显示不成功；其他按键就是退出管理员模式。验证每个按键的功能，如果不能实现相对应的功能，就要修改相对应的程序，分析是哪个按键的程序出现问题。

5　主要问题及其解决办法

5.1　设计中遇到的主要问题

本装置在制作中并非一帆风顺，遇到了很多意想不到的问题。单片机的供电电压是 5 V，但电磁锁的工作电压是 12 V。供电问题困扰了本设计一段时间；电路焊接中出现有虚焊，导致液晶屏一闪一闪，当用万用表测它的电压时，显示正常，一段时间找不到原因。还有 LCD 的背光问题，也要选取适合的电阻。对指纹模块不熟悉，对 LCD 和 24C02 的通信协议也不清楚，只能求助模块的使用手册，一步步去摸索；还有对 c 语言不是很精通，有个别程序陷入死循环，其他程序就无法执行。在实验期间，买了单片机只能一次性烧写，把错误的程序烧写进去就不能再用这块单片机了。人体检测模块存在延时问题，在短时间内没发现高电平的输出，以为模块是不好的。因为买回来的模块设置了最大延时响应。

5.2　解决办法

在焊接过程中由于粗心导致焊接出错，显示屏虽然有亮光但是没有显示预先设置好的文字，指纹录取器无法工作。刚开始以为是程序出错，但仔细研究焊接板，发现焊点虚焊了，于是重新把所有的焊点检查了一遍，确定没有出现虚焊或者少焊的现象，重新上电之后，显示屏和指纹录取模块正常工作。电磁锁的工作电压是 12 V，但单片机供电电压没有达到所需的电压，只能重新设计电路图，额外提供一个小电源给电磁锁供电，问题才得到解决。认真阅读人体检测模块使用手册，通过调整延时，最终人体检测模块也正常工作了。再反复熟读指纹模块的通信协议和使用手册，了解模块的内部结构和每条串口线负责传输的内容。认真学习 C 语言知识，结合网上的一些资料，把程序也设计好了。在作品的包装问题上，为了使产品更加小巧，尝试了多种装置摆放方案，最终才确定一个较为理想的方案，将装置整齐有序地摆放在一起，但由于元器件之间过于紧密连接，焊接必须特别谨慎。

6 结论

本智能指纹识别电子密码锁系统，以STC89C52单片机为核心，通过串口通信控制指纹识别模块实现指纹开锁功能。预先把编写好的程序烧写到单片机上，LCD屏幕显示出程序中相应的功能，串口驱动继电器工作实现开锁。在本设计中我得到了很多感悟也学到了很多专业知识。在单片机方面我学会了独立编程，熟悉整个程序烧录的流程；深入学习了C语言，体会到了C语言的魅力和强大。通过自己编写的程序去控制机器并实现功能，这个过程是无法用语言表达内心的激动和喜悦心情的。我也学会了如何看使用手册和分析通信协议，每个电子元件的应用首先要读懂使用手册才能清楚内部的实用。例如本次设计的指纹模块，编程依据还是读懂手册，根据相关的协议去写程序，才能实现相关的功能。硬件设计方面也收获不少，在整个电路设计中，考虑的问题比较多，单片机和各个元器件的排列问题、电磁锁的供电问题等都遇到不少的困扰，通过自己的努力，问题最终都得到了很好的解决。

本设计预期的基本功能虽然实现了，但还是有点遗憾。一些本来可以实现的功能由于时间关系未能实现。如系统加入人体检测模块主要是为以后开发系统的物联网功能考虑的，当有人进入检测范围时能实时发送信号到相应的设备上，这部分功能有待今后继续研究和完善。

本系统将指纹识别技术的安全性和方便性应用于生活中，与市场上现有的指纹锁相比，本系统添加了人体感应检测模块，使系统更加智能化，为居家安防与物联网结合提供了有价值的参考。

参考文献：

[1] 郭天祥. 新概念51单片机C语言教程［M］. 北京：电子工业出版社，2009：60－400.

[2] 毛一之. 基于C语言的RS232串行接口通信实现［J］. 河北工业大学学报，2008（12）：11－19.

[3] Kazuharu Yamato, et al. Problems of fingerprint lookup devices and how to resolve them［J］. Gazo Denshi Gakkaishi, 1995（24）：382－391.

[4] 蔡振江. 单片机原理及应用［M］. 北京：电力工业出版社，2008：176－208.

[5] 谢宜仁. 单片机实用技术问答［M］. 北京：人民邮电出版社，2002.

指导教师评语：

本课题以STC89C52单片机为核心控件，加入人体感应检测模块，设计了一款智能指纹识别电子密码锁系统。该系统能实现指纹的录入、存储、对比，并在指纹对比正确的情况下实现开锁，指纹对比不正确则提示输入密码开锁的功能。经实物测试验证，系统安全可靠，效果良好，达到了预期效果。“一种智能指纹锁控制器”获得了国家实用新型专利。作者运用所学知识和技能较好地完成了设计任务，设计思路清晰、合理、可靠，成果具有一定的实用性。

第十一章
实验型毕业论文的写作

一、实验型毕业论文的概念和特点

（一）实验型毕业论文的概念

实验型毕业论文是运用所学专业的理论知识，将科学实验中得到的数据或现象进行观察、分析、综合、判断，并如实地将实验过程和创新成果加以归纳、总结的论文。实验型论文写作的前提是实验。所谓实验，又叫科学实验，就是根据一定的研究目的，运用相应的物质手段（实验仪器、设备等），主动干预或控制对象，模拟自然现象或自然过程，以便在典型环境中或特定条件下获得科学事实的一种探索活动。实用型毕业论文就是对实验过程和实验结果，以及对实验结果所揭示的事物的本质和规律的认识的记录。

实验型毕业论文，可以表述作者依据特定的研究目的，自行设计出一套全新的实验方案，利用外加的因素去干扰实验对象，看它将会产生什么样的结果；也可以表述运用新的原理、设备和方法，验证前人、他人已有的实验及其成果（理论或假说）是否正确；还可以表述运用前人、他人的实验原理、设备和方法，做出更高数量级的精度测定，进一步加深对研究对象某些性质和规律的认识。

（二）实验型毕业论文的特点

1. 确证性

这是科学实验，也是实验型毕业论文最本质的特点。确证性是指实验结果是必然的，不但经得起自己的验证，而且要经得起任何人的复验。即在相同的实验条件下，任何人在任何时候、任何地点进行实验，均可得到完全相同的结果。实验对象、数据和结论只有真正具有确证性，实验型毕业论文才有科学的根据。

2. 纪实性

实验型毕业论文对实验过程和结果一定要如实记录，不允许有选择性，更不能进行加工和虚构。要绝对忠诚于客观事实，真实、准确地记录实验的全过程及其重要细节，包括实验目的、对象、仪器、方法、步骤、现象、数据、结果等，并具体分析各种现象发生的原因。尤其是实验的数据，一般要保留至小数点之后4～5位数，甚至更多。只有这样，才能真实地反映实验情况，并从中可能获得意外收获。

3. 创见性

实验型毕业论文是科学实验创造性成果的书面形式，以阐述作者的科学见解为目的，因此作者观点必须具有创见性。作者是否具有创新性见解是实验型论文与一般实验报告的根本区别。科学实验报告是科学实验过程和结果的如实记录，不需要明确的结论，也不需要表达作者的观点和见解，不论实验是否达到预期的结果，结果是否正确，都可以写成实验报告；但实验型毕业论文则不然，一定要有个人独到的观点和见解。

二、实验型毕业论文的写作要点

（一）题名

实验型毕业论文的题名一般由“研究对象＋研究类型”构成。其中研究对象指论文具体的研究内容，研究类型指研究方法、手段和研究角度、研究性质等。

如《食品在高压静电场中冻结、解冻的实验研究》《真菌保健食品中多糖含量测定方法的比较》《免疫层析试纸技术及其在食品安全检测中的应用》这三个论文题名，其中“食品在高压静电场中冻结、解冻”“真菌保健食品中多糖含量测定方法”“免疫层析试纸技术及其食品安全检测”表明研究的对象，“实验研究”“比较”“在……中的应用”表明研究类型。

（二）摘要

实验型毕业论文摘要一般包括研究目的（研究工作的前提、目的和任务，所涉及的主题范围），实验方法（所用的理论、条件、材料、手段、装备、程序等），结果（实验与研究的结果、数据，得到的效果、性能等）和结论等四个要素。其中，结果必须有定量或定性的描述，研究目的有时可以略写。

示例：

吸烟对室内空气环境的污染

［**目的**］调查了城市住宅区内的一家地下室饮料厅和三家地下室旅社。

［**方法**］空气中一氧化碳体积分数测定采用汞置换法；烟气总颗粒物质（TPM）质量浓度测定采用质量差值法；NO_x 体积分数测定采用盐酸萘乙二胺比色法；空气致突变性试验，采用 Ames 试验（TA98）标准平皿掺入法。

［**结果**］测定结果：地下室饮料厅一氧化碳体积分数最高为 13.23 ppm；全营业时间平均体积分数为 7.69 ±2.59 ppm，超标 7.8 倍。NOx 实测体积分数均未超过国家大气一次最高容许体积分数，但烟气总颗粒物质（TPM）一次最高值达 2.41 mg/m^3，全营业时间平均值为 1.51 ±0.59 mg/m^3，一次最高质量浓度超标 4 倍，平均质量浓度超标 9 倍。地下室旅社所有房间的空气一氧化碳体积分数全部超标，最高达 13.55 ppm，平均达 7.44 ppm。室内模拟吸烟试验表明：密闭的 6.2 m^3 室内燃吸 20 支卷烟，采集 400 L 空气量的烟气总颗粒物质（TPM）样品，即足以使 TA98 菌株产生明显回复突变，其致突变强度和吸烟量呈相关关系，说明吸烟对空气污染严重。

［**结论**］通过分析指出，人们长期居留在被动吸烟环境

资料来源：《文摘编写规则》（GB 6447—86）。

（三）引言

引言即绪论，对全文起提纲挈领的作用，要求将实验的缘由、目的和重要性交代清楚。主要包括以下内容。

（1）结合文献综述，说明前人在该领域内已经做了哪些工作，取得了哪些成果，还有哪些问题尚未解决或需要解决，是否具备进一步研究的条件，等等。这是引言中最重要的内容。

（2）说明研究本课题的理由。目的和背景密不可分，可以顺着背景写下去。

（3）说明研究所涉及的范围，即研究起点和终点，或取得成果的适用范围。

（4）说明研究采用的实验方法或实验途径，研究的理论和实验根据。必要时，还应对采取的方法和使用的概念、术语做出解释和说明。引言中叙述实验方法只提及方法的名称即可，无须展开细述。

（5）说明研究的意义。

上述内容不是所有实验型毕业论文所必须的，可视具体情况删减或调整。

（四）正文

实验型毕业论文的正文一般由材料和方法、结果与分析、讨论三个部分组成。根据内容的繁简情况，有时方法和结果可以合为一部分，有时结果和讨论可以合为一部分。

1．材料和方法

（1）介绍实验用的材料。包括材料的来源、产地，材料的制备、加工方法，材料的性质、特点，材料的代号、命名，等等。

（2）介绍实验的设备、装置和仪器。包括它们的名称、型号、精度、纯度、性能、特点、生产厂家等。若是自制设备或对已有设备做了改进，应着重说明，必要时画出原理图或构造示意图。

（3）介绍实验的方法和过程。包括观察的方法，观察结果的运算和处理的方法和公式，实验过程中出现问题的处理方法，操作应注意的问题，观察结果记录的方法和使用的符号，等等。

上面所述，是撰写一篇实验型论文可以包括的项目，具体到某一项目时，并非需要一一列出。其详略的原则，以能提供读者重复该实验所需的信息为准，在此原则下力求简洁。如果是借用前人的材料和方法，则不必详细陈述，只注明出处即可。材料较多、装备复杂、方法抽象时，可用图表来简化说明。

2．结果与分析

这是实验型毕业论文的核心内容，包括实验的产品、实验过程所观测到的现象、实验仪器记录的图像和数据，以及对上述现象、数据进行初步统计和加工后的有关资料等。通过数理统计和误差分析说明结果的可靠性、再现性和普遍性，进行实验结果与理论计算结果的比较，说明结果的适用对象和范围，分析不符合预见的现象和数据，检验理论分析的正确性，等等。

结果与分析部分的写作要领是：①要准确、精细；②要有处理和选择，不能随意舍去与自己预想不同或相反的数据；③按一定的顺序排序；④尽量用图或表表达。

3．讨论

讨论部分是对实验方法和结果进行综合研究，重点是把结果的具体现象上升成为理论加以科学的分析，或进行严密的推理，或引经据典予以证明，或用前人的研究进行比较，或运用数学公式演算推导，以揭示对结果本质和规律性的认识，表达自己创造性的发现和见解。有时也可对结果进行简洁的归纳，说明其作用和意义。

讨论部分的写作要注意必须以实验结果为基础、以理论为依据进行科学的分析，要防止武断和感情用事，防止凭个别的材料推出不合逻辑的一般性结论。不要回避存在的问题，对不符合预想的实验结果要做说明和交代。

（五）结论

结论是通过对研究结果和讨论内容的提炼和概括所做出的最后判断。它既不是观察和实验结果的本身，也不是讨论部分各种意见的简单合并和重复，而是从正文全部材料出发，经过深入的分析综合和严密的逻辑推理而形成的总观点。

1．结论的写作要点

（1）本研究结果说明了什么问题，得出了什么规律性的东西，解决了什么理论问题或实际问题。

（2）对前人有关本问题的看法做了哪些检验，哪些与本研究结果一致，哪些不一致，自己做了哪些修正、补充、发展或否定。

（3）本研究有无意外发现或不足之处，以及尚难以解释和解决的问题。

（4）本研究成果在理论上和实用上的意义与价值。

（5）今后需要进一步研究的问题和建议。

2．结论写作的注意事项

（1）语言表达要明确、精炼，不要有分析、比较等论证性的内容，不要用“大概”“可能”“也许”之类的词语。

（2）避免与引言、摘要雷同，也不要与实验结果内容简单重复。

（3）内涵要与论文的主题范围一致，每一句话都要有正文充分的论证支持。

（4）不要出现参数符号、数学公式、图表这些内容。

（5）评价不要言过其实，慎重使用“国际先进水平”“国内首创”“填补国内空白”之类的语言，也不要轻易否定和批判他人的观点。

羊栖菜多糖对斑马鱼胚胎细胞生长的影响

广东海洋大学动物科学专业 2012 届毕业生　欧淑姬

指导教师　安立龙

摘　要： 探讨羊栖菜多糖（SFPS）对斑马鱼胚胎细胞生长的影响。选用体外培养的第三代斑马鱼原肠期胚胎细胞，以 DMEM 为基础培养液，添加适量的新生小牛血清、罗非鱼血清、非必需氨基酸、丙酮酸钠、L－谷氨酰胺、β－巯基乙醇、胰岛素、bFGF，在 28 ℃、5% CO_2、饱和湿度条件下，研究 5、10、20、40、80 mg/L SFPS 对斑马鱼胚胎细胞形态及生长增殖的影响。结果显示：（1）5、10、20 mg/L SFPS 对斑马鱼胚胎细胞形态与生长行为的影响不明显；40、80 mg/L SFPS 对斑马鱼胚胎细胞产生毒性作用，使细胞突触分叉，细胞内颗粒增多，并抑制细胞的生长行为。（2）5、10、20 mg/L SFPS 对斑马鱼胚胎细胞的早期生长无显著影响（$P>0.05$），而 5、10 mg/L SFPS 对中后期细胞的生长增殖具有明显的促进作用，并能延缓细胞凋亡，其中 5 mg/L SFPS 的影响较为显著（$P<0.05$）；40、80 mg/L SFPS 对斑马鱼胚胎细胞的生长增殖表现出显著的抑制作用（$P<0.05$）。结果表明，适量的 SFPS 对体外培养的斑马鱼胚胎细胞生长具有促进作用，过量具有一定的毒性作用。

关键词： 羊栖菜多糖；斑马鱼胚胎细胞；生长；增殖

1 前言

羊栖菜（sargassum fusiforme）又名海菜芽、海大麦、玉茜、须泡、鹿角尖、小叶海藻等，属褐藻门马尾藻科植物，为多年生的暖温带海藻，广泛分布于我国沿海地区[1]。羊栖菜藻体肥厚多汁，营养价值高，既能食用又能药用，具有散结消痰、清凉解毒、破血去瘀、利水消肿等功用，还有“治疗奔豚气、脚气、水气浮肿、宿食不消”等功效[2]。近年来，由于海藻资源开发利用热潮的兴起，羊栖菜因其富含营养物质和生物活性成分，具有抗病毒、抗肿瘤、提高机体免疫力、降血脂、降血糖、防治心血管疾病等广泛的生物学作用，具有很高的开发价值和广阔的应用前景。近年研究发现[3-5]，羊栖菜多糖（SFPS）能够促进动物个体的生长发育，也能促进体外培养细胞的生长增殖。但目前，关于 SFPS 对促进生长作用及其适宜添加剂量的研究很少，因此对其有待进一步的研究。

斑马鱼（zebrafish）又名蓝条鱼、花条鱼、蓝斑马鱼、印度鱼、印度斑马鱼，为辐鳍鱼纲鲤形目鲤科的其中一种，原产印度、孟加拉国等国家，是一种常见的热带鱼。由于斑马鱼具有一些优良的特点，如个体小，成体长 3～4 cm，易于实验室养殖；常年产卵，卵在体外受精、发育，对母体无任何影响；从受精卵发育到完整的胚胎形成只需 24 h，通过人工控制光照可每天收集受精卵；胚胎发育速度快，易于同时收集大量特定阶段的同期胚胎材料。因此斑马鱼已经成为最受重视的脊椎动物发育生物学模式生物之一。

最早对斑马鱼胚胎细胞的研究始于 Collodi[6]，Collodi 等尝试利用斑马鱼进行鱼类胚胎细胞的分离培养，其基本上借鉴小鼠 ES 细胞的培养方法。直到目前，鱼类细胞的培养基本沿用经典的陆地哺乳动物细胞的培养基，其中，谷氨酰胺和葡萄糖是主要的碳源与能源物质[7]，而 SFPS 在鱼类细胞培养上的应用比较少。本试验在体外培养鱼类细胞的基础上[8]，在完全培养液中添加不同浓度的 SFPS，探讨 SFPS 对斑马鱼胚胎细胞生长增殖的影响，阐明 SFPS 在斑马鱼胚胎细胞中的作用，为斑马鱼胚胎细胞培养基的优化提供科学依据，为鱼类胚胎细胞体外培养建系提供参考，同时，为 SFPS 在水产生产和动物营养上的应用提供理论依据。

2　材料与方法

2.1　试验材料与主要试剂

斑马鱼，购于湛江本地市场；高糖（DMEM）、β-巯基乙醇，购自 GIBCO 公司；胰蛋白酶、丙酮酸钠，购自国药集团化学试剂有限公司；氯化钠、碳酸氢钠、氯化钾、乙二胺四乙酸二钠，购自广州化学制剂厂；非必需氨基酸、碱性成纤维细胞生长因子、胰岛素，购自 SIGMA 公司；L-谷氨酰胺，购自中国医药（集团）上海化学试剂公司；多聚赖氨酸，购自武汉博士德生物工程有限公司；青霉素、链霉素，购自哈药集团；新生牛血清，购自杭州四季青生物工程材料有限公司；罗非鱼血清，本实验室自制。

2.2　主要仪器设备

SW-CJ-1F 型洁净工作台（上海博迅实业有限公司医疗设备厂），AY120 型岛津托盘电子分析天平［岛津（香港）有限公司］，XD-101 型生物倒置显微镜［南京江南光电（集团）股份有限公司］，79-1 型恒温磁力搅拌器（江苏中大仪器厂），TD5-II 型自动平衡离心机（长沙平凡仪器仪表有限公司），4150 低温 CO_2 培养箱（新西兰 Contherm 公司），隔水式电热恒温培养箱（上海跃进医疗仪器厂），普通光学显微镜（日本尼康株式会社）。

2.3　主要试剂的配制

2.3.1　DMEM 培养基

取 DMEM 干粉 1 瓶 13.4 g，称取 $NaHCO_3$ 3.7 g，溶于 900 mL 三蒸水中，用磁力搅拌器搅拌至完全溶解，定容至 1 000 mL，调 pH 至 7.2 左右，以 0.22 μm 滤膜过滤，无菌条件分装，4 ℃冰箱保存备用。

2.3.2　新生小牛血清（NBS）

将新生牛血清置于水浴锅中，56 ℃灭活补体 30 min，用 G4、G5 砂芯漏斗各抽滤一次，再用 0.22 μm 滤膜过滤，无菌条件分装，-20 ℃冰箱保存备用。

2.3.3　无钙镁（PBS）

称取 NaCl 10.0 g，KCl 0.25 g，$Na_2HPO_4 \cdot 12H_2O$ 3.53 g，KH_2PO_4 0.25 g，溶于700 mL 三蒸水，用磁力搅拌器搅拌至完全溶解，定容至 1 000 mL，调 pH 至 7.2 左右，分装为 100 mL/瓶，15 磅高压灭菌，4 ℃冰箱保存备用。

2.3.4　罗非鱼血清（TS）

自罗非鱼尾部抽血，4 ℃静置 24 h，1 500 r/min 离心三次，去除血细胞，56 ℃ 灭活，以 0.22 μm 滤膜过滤灭菌，无菌条件分装，-20 ℃保存备用。

2.3.5　抗生素液

青霉素 100 万单位，链霉素 100 万单位溶于 10 mL PBS（-），以 0.22 μm

滤膜过滤，无菌条件分装，－20 ℃冰箱保存。

2.3.6　完全培养液（DMEM 培养液）

取 80 mL DMEM 培养基，10 mL 新生小牛血清，2 mL 罗非鱼血清，1 mL 非必需氨基酸，1 mL 丙酮酸钠，2 mL L－谷氨酰胺，1 mL β－巯基乙醇，1 mL 胰岛素，1 mL bFGF，1 mL 抗生素液，充分混匀后，以 0.22 μm 滤膜过滤，4 ℃冰箱保存备用。

2.3.7　SFPS 的制备

取羊栖菜干粉，按料水比 1∶20 加入三蒸水，调 pH 至 2.0，65 ℃水浴维持 6 h，100 目滤网过滤两次，收集滤液，转速 3 500 rpm 离心 10 min，取上清液，再用 G4 砂芯漏斗抽滤，滤液减压浓缩后加入 3 倍体积无水乙醇沉淀多糖，离心收集沉淀。沉淀经无水乙醇、无水乙醚、丙酮洗涤后，真空干燥，加蒸馏水溶解，离心去除不溶物。上清液用 Sevag 法去蛋白至界面无白色沉积为止，脱蛋白液再用 H_2O_2脱色，最后加入无水乙醇使多糖沉淀，离心后真空冷冻干燥，再加蒸馏水溶解离心去除不溶物，上清液加入无水乙醇使多糖沉淀，离心、干燥后即得 SFPS。测定其多糖含量和主要成分的含量为：多糖 60.21%，硫酸根 9.92%，褐藻胶 29.42%，蛋白质 1.84%，褐藻淀粉 0.27%。

2.3.8　SFPS 溶液

取含量为 60.21% 的 SFPS166.085 4 mg 溶于 50 mL 完全培养液中，配制成 2 mg/mL 的母液，以 0.22 μm 滤膜过滤后分装成小瓶，4 ℃冰箱保存。

2.4　斑马鱼胚胎细胞的原代培养和继代培养

2.4.1　斑马鱼胚胎的获得

购回斑马鱼饲养在玻璃水族箱中，早晚各投喂一次，放置水泵循环水饲养。使用白炽灯人工光照，斑马鱼的光照周期为：光照 14 h/d，黑暗 10 h/d。用微电脑时控开关控制光照时间，早晨 5：30 开灯，晚上 19：30 关灯。斑马鱼在光照刺激 30 min 后，性成熟的雌雄斑马鱼会追逐嬉戏，自然产卵受精。水族箱底放置钢丝滤网，以收集受精卵。

2.4.2　斑马鱼原肠期胚胎细胞的原代培养

取出斑马鱼自然交配繁殖的受精卵，用高压灭菌的自来水冲洗干净后，在 28 ℃培养箱中培养至原肠胚晚期，移至无菌室中，用 0.01% 的 $KMnO_4$ 浸泡 5 min，后用 1% 的双抗浸泡 10 min，70% 的酒精漂洗 8 ~ 10 s，后用含双抗的 PBS（－）洗涤 3 遍，用镊子将卵膜撕裂，释放出斑马鱼胚胎和卵黄，加入 0.2% 胰蛋白酶消化液消化 1 min 后，加入同等体积含 10% BNS 的 DMEM 培养液终止消化。以 100 目滤纱过滤，1 000 r/min 离心 5 min，弃去上清液，斑马鱼细胞培养液重悬细胞，血球计数板计数调整细胞浓度为 1×10^6 个/mL，接种于 12 孔培养板，在 28 ℃、5% CO_2浓度、饱和湿度条件下培养，首次换液时间为细胞种植到培养液后的第 4 ~5 d，以后每隔 2 ~3 d 换一次液。待细胞生长 90% 汇合后，继代培养。

2.4.3　斑马鱼原肠期胚胎细胞的继代培养

当细胞生长成片后，弃去培养液，以 PBS（-）清洗 3 次，加入 0.25% 胰蛋白酶消化液消化 1 ~2 min，加入同等体积含 10% NBS 的 DMEM 培养液终止消化，轻轻吹打并收集细胞至离心管，1 000 r/min 离心 5 min，弃去上清液，斑马鱼细胞培养液重悬细胞，血球计数板计数调整细胞浓度为 1×10^6 个/mL，接种于 12 孔培养板，28 ℃、5% CO_2度、饱和湿度培养，每隔 2 ~3 d 换液。

2.5　不同剂量 SFPS 对斑马鱼胚胎细胞的培养

2.5.1　试验分组

各试验组溶液组成如表 1 所示。

表 1　含不同浓度的 SFPS 细胞培养液组成

试验分组	培养液
对照组	完全培养液
5 mg/L SFPS 组	完全培养液 +5 mg/L SFPS
10 mg/L SFPS 组	完全培养液 +10 mg/L SFPS
20 mg/L SFPS 组	完全培养液 +20 mg/L SFPS
40 mg/L SFPS 组	完全培养液 +40 mg/L SFPS
80 mg/L SFPS 组	完全培养液 +80 mg/L SFPS

2.5.2　斑马鱼胚胎细胞形态和生长行为的观察

第三代斑马鱼胚胎细胞生长至 90% 汇合后，进行继代培养，操作方法如 2.4.3。按 1×105 个每孔接种于 12 孔细胞培养板，培养 48 h 后，弃去上清液，加入含不同浓度 SFPS（0、5、10、20、40、80 mg/L）的细胞培养液，每组设计 2 个重复试验，置于 28 ℃、5% CO_2、饱和湿度条件下继续培养。培养后每天在倒置显微镜下观察细胞形态结构和生长行为的变化，并拍照、记录。

2.5.3　斑马鱼胚胎细胞生长曲线的绘制

第三代斑马鱼胚胎细胞生长至 90% 汇合后，进行继代培养，操作方法如 2.4.3。将离心所得的细胞弃去上清液后用培养液重悬，然后平均分为 6 份，再离心。再将所得的细胞分别用不同浓度 SFPS（0、5、10、20、40、80 mg/L）的细胞培养液重悬细胞，制成细胞悬液，取少量悬液，以苔盼蓝染色，计算细胞成活率。按 1×105 个/孔接种于 12 孔细胞培养板，置于 28 ℃、5% CO_2、饱和湿度条件下培养。每天观察生长增殖情况，记录；同时每种培养液每两天消化2孔细胞，以血球计数板计数细胞，并绘制生长曲线。

2.6 数据处理

所有数据采用随机区组设计原理，用 SPSS 11.0 软件进行单因素方差分析，各组间采用 LSD 法进行多重比较，数据均以平均数 ± 标准差表示。

3 结果与分析

3.1 斑马鱼胚胎细胞原代和继代培养的生长行为

从斑马鱼原肠期分离出胚胎细胞，在 28 ℃、5% CO_2、饱和湿度条件下，以 DMEM 培养液体外对斑马鱼胚胎细胞进行原代和继代培养。在倒置显微镜下观察，刚接种的细胞分布均匀，呈圆形，透明反光，培养 12 h，已分散的细胞有聚集成细胞团的现象。细胞培养 24 h，观察到单个细胞贴壁生长，细胞形态多样，呈梭形、不规则星形、多边形，但主要为成纤维样细胞；细胞团则与培养板壁接触的少量细胞贴壁，轻轻晃动培养板，未见细胞团摆动。细胞培养 48 h 换液后观察到细胞有明显生长现象，大部分细胞团未贴壁细胞脱落，贴壁细胞则能正常地贴壁生长。细胞培养至第 6 天，有些细胞走向一致。继续培养，细胞生长成片。另外，在原代培养过程中，发现细胞对培养的微环境很敏感，每次换液后，观察到原本贴壁生长的细胞有部分会蜷缩，由原本铺展的形状变为圆的亮点，但仍贴壁。

斑马鱼胚胎原代细胞在培养 10 ~ 14 d 后可以进行第一次传代，而后继代细胞的传代时间比原代短，根据细胞生长状况，一般 7 ~ 10 d 传代。斑马鱼胚胎细胞继代培养过程中，刚接种的细胞较少会出现聚集成团的现象，大部分细胞呈单细胞贴壁生长。相对于原代培养的细胞，继代培养的细胞具有贴壁速度快、细胞种类少等特点。

3.2 SFPS 影响斑马鱼胚胎细胞形态和生长行为的观察

在培养液中添加不同浓度的 SFPS 后对斑马鱼胚胎细胞的生长和形态有不同的影响。5、10、20 mg/L SFPS 组，在培养的第 2 天，贴壁细胞数量与 0 mg/L SFPS 组比较无明显差异，细胞向两端或多端延伸，呈梭形或不规则形；在培养的第 4 天，细胞数量明显增加，细胞形态较均一，多为长梭形，细胞胞质突起明显；在培养的第 8 ~ 10 天，细胞基本汇合在一起，有些胞体已经重叠，与 0 mg/L SFPS 组比较无明显差异。而 40、80 mg/L SFPS 组，在培养的第 2 天，贴壁细胞数量与 0 mg/L SFPS 组比较也无明显差异，细胞向两端或多端延伸，呈梭形或不规则形；在培养的第 4 天，细胞聚集生长，出现有抱团现象，细胞分布不均匀，突触分叉，个别胞体呈不规则的薄片状，细胞内颗粒增多，细胞数量也显著少于

0 mg/L SFPS 组；培养的第 8 天，细胞密度明显低于其他各组，细胞间还有很多空隙，细胞形态多为不规则星云状；培养的第 10 天，40、80 mg/L SFPS 组细胞明显出现细胞变小、细胞膜下陷现象，胞质内颗粒明显，也即细胞凋亡的形态。在培养的第 12 天，0、5、10、20 mg/L SFPS 组细胞也陆续出现凋亡现象。

3.3 SFPS 对斑马鱼胚胎细胞增殖的影响

采用胰蛋白酶消化法从原肠期斑马鱼分离出胚胎细胞，传代培养后，分别在大气环境和5% CO_2 浓度、温度28 ℃、饱和湿度条件下，采用不同浓度的 SFPS 培养液培养斑马鱼胚胎细胞，研究不同浓度 SFPS 对斑马鱼胚胎细胞体外增殖的影响。

表 2　不同浓度 SFPS 对斑马鱼胚胎细胞增殖的影响

SFPS 添加浓度（mg/L）	细胞数量（$\times10^5$个/孔）					
	第 2 天	第 4 天	第 6 天	第 8 天	第 10 天	第 12 天
5 mg/L SFPS 组	1.09 ±0.02	2.06 ±0.06	3.60 ±0.07^b	4.58 ±0.03^b	5.21 ±0.06^b	5.21 ±0.13^b
10 mg/L SFPS 组	1.13 ±0.08	2.03 ±0.08	3.51 ±0.03^b	4.46 ±0.05^b	5.14 ±0.11^b	5.13 ±0.07^b
20 mg/L SFPS 组	1.14 ±0.09	1.98 ±0.03	3.25 ±0.11^a	4.21 ±0.05^a	4.86 ±0.08^a	4.80 ±0.03^a
40 mg/L SFPS 组	1.10 ±0.07	1.69 ±0.13^b	2.53 ±0.04^c	2.98 ±0.05^c	3.39 ±0.05^c	3.06 ±0.09^c
80 mg/L SFPS 组	1.08 ±0.03	1.29 ±0.07^c	1.88 ±0.04^d	2.16 ±0.08^d	2.29 ±0.06^d	1.98 ±0.13^d

注：同一列上标小写字母不同者，表示差异显著（$P<0.05$）；上标字母相同或无上标者，表示差异不显著（$P>0.05$）。

如表 3－1 所示，斑马鱼胚胎细胞用含不同浓度 SFPS 的培养液培养的过程中，在培养的第 2 天，各组细胞数差异均不显著（$P>0.05$）；培养 4～12 d，0、20 mg/L SFPS 组细胞数间仍未表现出较大的差异（$P>0.05$）；培养第 6 天起，5、10 mg/L SFPS 组均比 0 mg/L SFPS 组细胞数多，差异显著（$P<0.05$），尤其是5 mg/L SFPS 组，结果更明显。40、80 mg/L SFPS 组从培养第 4 天起，细胞增殖速度较其他各组缓慢，与 0 mg/L SFPS 组相比较，细胞数差异显著（$P<0.05$）。培养的第 10 天后 0、10、20、40、80 mg/L SFPS 组细胞开始出现凋亡，添加 5、10、20 mg/L SFPS 的各试验组细胞数均多于 0 mg/L SFPS 组，并且细胞数的差距随着 SFPS 添加剂量的增加而减少；而 40、80 mg/L SFPS 组细胞数则少于 0 mg/L SFPS 组，细胞数的差距随着 SFPS 添加剂量的增加而加大。

4 讨论

4.1 SFPS 对斑马鱼胚胎细胞形态与生长行为影响的探讨

本试验选择培养的第三代斑马鱼胚胎细胞作为试验材料，是基于试验过程中发现原代培养的细胞在24～48 h才有较多的细胞贴壁铺展，而继代培养的细胞12～24 h就可以观察到较多的细胞贴壁并铺展开。鱼类细胞体外培养的关键主要是原代培养[9]，原代培养的细胞种类较杂，而继代培养的细胞多为成纤维状细胞，随着培养代数的增加，细胞对微环境的适应能力不断增强，在换液过程中不再出现像原代培养那样细胞发生蜷缩的现象。所以第三代细胞对于本实验在条件上与对细胞形态、生长行为的观察是最好的选择。

试验结果表示，5、10、20 mg/L SFPS对斑马鱼体外培养的胚胎细胞形态与生长行为没有明显的影响；而40、80 mg/L SFPS组，在细胞培养早期没有显著变化；在细胞培养的中、后期，细胞的数量与形态、生长行为与0 mg/L SFPS组的细胞相比较，有明显的差异。上述表明SFPS一方面可直接维持并促进斑马鱼胚胎细胞生长，另一方面可影响细胞的细胞骨架，使细胞形态发生改变，但要适量而为。低浓度的SFPS可以为细胞的生长提供更为充足的营养物质，在保证细胞的正常生长之余，还可以使细胞的各种特性更好地表达出来；高浓度的SFPS对细胞产生明显作用，不但抑制细胞的生长的速度，还使细胞形态及生长行为发生变化，影响细胞的正常结构及其特征。钟路等[10]研究发现，经槲皮素处理后，从形态学观察发现，细胞出现凋亡的特征性变化，可见典型的凋亡小体；经流式细胞仪检测，药物作用后细胞凋亡率较对照组显著增高，说明槲皮素对白血病细胞K562有增殖抑制和促凋亡作用；另外，0.01～1 μg/mL槲皮素也能显著促进细胞的增殖（$P<0.05$），但槲皮素浓度达到10 μg/mL时对细胞产生毒性作用。可见，高浓度的SFPS对细胞产生刺激或直接的毒性作用，使细胞膜功能下降，以致细胞内的细胞质基质和细胞器受到抑制或破坏作用而无法正常运作[11]，而细胞间亲和力作用的影响，使得细胞互相聚集，形成细胞团；随着时间的增长，细胞受到高浓度SFPS的毒性作用加深，以致细胞慢慢出现细胞体积缩小、膜泡状突起、胞质浓缩、核染色质固缩、细胞核碎裂，出现凋亡的特征。

4.2 SFPS对斑马鱼胚胎细胞增殖影响的探讨

本试验表明，在培养前期（1～2 d），与0 mg/L SFPS组比较，添加SFPS各组细胞数量无显著差异，细胞处于潜伏期，增殖缓慢。培养第4天，0、5、10、20 mg/L SFPS组，细胞增殖加快，逐渐进入对数生长期；培养的第6～8天，细胞依然快速增殖，并且5、10 mg/L SFPS组细胞数量明显多于0 mg/L SFPS组；培养12天，结果表明5 mg/L SFPS对斑马鱼胚胎细胞后期的培养延缓其凋亡具有明显作用。试验证明，低浓度的SFPS对斑马鱼胚胎细胞的生长增殖具有促进作用。SFPS除了能促进动物个体的生长发育，也能促进体外培养细胞的生长增殖、这种作用可能与其抗氧化作用有关。近年来的研究表明，过多的活性氧自由基对吞噬细胞本身及其他细胞、组织生物大分子有破坏作用，而脂质过氧化加速又可造成正常细胞的破坏和死亡[12]。Lee等[13]报道，在无饲养层的情况下，抗氧化剂可以起到部分代替生长因子的作用，并减少细胞凋亡，添加抗氧化剂可通过减少细胞凋亡增加猪 PGC 细胞体外培养的数量。另有研究报道，褐藻多糖硫酸酯具有有丝分裂原效应，可以促进细胞的分裂和增殖[14]。可见，低浓度 SFPS 可以通过调节细胞内分泌，促进斑马鱼胚胎细胞的增殖。另外，SFPS 能清除自由基，提高 SOD 等抗氧化酶的活性，具有抗脂质过氧化作用，减少脂质过氧化产物的产生[15]，产能维护细胞的正常结构和功能，起到延缓细胞凋亡作用。

而 40、80 mg/L SFPS 组，细胞数量明显要少，增殖速度慢，仍处于潜伏期，说明高剂量 SFPS 能够阻滞成纤维细胞由 G0/G1 期进入 S 期，抑制细胞增殖。苗本春等[16]对羊栖菜同属海藻海带多糖的研究发现，海带多糖能显著抑制体外培养人胚肺成纤维细胞的增殖，流式细胞仪检测发现，多糖将成纤维细胞阻滞在 G0/G1 期，且能明显抑制其蛋白质的合成，从而起到抑制增殖的作用。这与 SFPS 抗肿瘤作用机理相类似，通过阻滞肿瘤细胞进入对数生长期，诱导细胞凋亡[17]。40 mg/L SFPS 组从培养第 6 天开始也出现了抑制作。提示高浓度的 SFPS 抑制斑马鱼胚胎细胞增殖的原因可能是：斑马鱼胚胎细胞经不同浓度 SFPS 处理一段时间后，当胞内药物达到一定浓度后才出现抑制作用，可能是 SFPS 达到一定浓度才能激活某些影响细胞分裂增殖基因的转录，从而起到抑制作用。斑马鱼胚胎细胞生长增殖受到抑制还可能与细胞内 Ca^{2+} 浓度升高有关，Ca^{2+} 作为第二信使，与细胞信号转导和细胞凋亡密切相关，高剂量添加 SFPS 时，Ca^{2+} 浓度升高，激活细胞凋亡机制，从而抑制斑马鱼胚胎细胞的增殖。

5 结论

本试验探讨了不同浓度（5、10、20、40、80 mg/L）SFPS 的培养液对斑马鱼胚胎细胞体外培养生长的影响，所得结论如下：

（1）5、10、20 mg/L SFPS 对斑马鱼胚胎细胞形态与生长行为的影响不明显；40、80 mg/L SFPS 对斑马鱼胚胎细胞发生毒性作用，使细胞突触分叉，细胞内颗粒增多，并抑制细胞的生长行为。

（2）5、10、20 mg/L SFPS 对斑马鱼胚胎细胞的早期生长无显著影响（$P>0.05$），而 5、10 mg/L SFPS 对中后期细胞的生长增殖具有明显的促进作用，并能延缓细胞凋亡，其中 5 mg/L SFPS 的影响较为显著（$P<0.05$）；40、80 mg/L SFPS 对斑马鱼胚胎细胞的生长增殖表现出极显著的抑制作用（$P<0.05$）。

参考文献：

[1] 张展，刘建国，刘吉东．羊栖菜的研究述评［J］．海岸水产研究，2002，23（3）：67－74.

[2] 李时珍．本草纲目［M］．北京：人民卫生出版社，1957：1 377.

[3] 陈慧玲，况炜，史锋，等．羊栖菜多糖对血管内皮细胞增殖活性的影响［J］．现代实用医

学，5，17（7）：394－397.
[4] 李八方，毛文君，胡建英．羊栖菜水提取物及其复方食品对机体生长发育的影响［J］．中国海洋药物，1999（4）：35－39.
[5] 张土保．家兔类胚胎干细胞分离培养及羊栖菜多糖对其生长增殖和分化的影响［D］．湛江：广东海洋大学，2009.
[6] COLLODI P，KAMEI Y，ERNST T，et al. Culture of cells from zebrafish（Brachydanio rerio）embryo and adult tissues［J］．Cell Biol Toxicol，1992，8：43－61.
[7] 陈巨星，孙祥明，张元兴．谷氨酰胺对鲑鱼胚胎（CHSE）细胞生长和代谢的影响［J］．应用与环境生物学报，2004，10（4）：442－445.
[8] 于淼，管华诗，郭华荣．鱼类细胞培养及其应用［J］．海洋科学，2003，27（3）：4－8.
[9] 杨先乐．鱼类组织培养的回顾与展望［J］．水产学报，1999（51）：74－81.
[10] 钟璐，陈芳源，王海嵘，等．槲皮素对KS62细胞形态及VEGF表达的影响［J］．上海第二医科大学学报，2005，25（11）：1 126－1 129.
[11] 翟中和，王喜忠，丁明孝．细胞生物学［M］．北京：高等教育出版社，2008：454－465.
[12] 王安利，胡俊荣．海藻多糖生物活性研究新进展［J］．海洋科学，2002，26（9）：36－38.
[13] LEE C K，WEAK R L，JOHNSON G A，et al. Effects of protease inhibitors and antioxidants on in-vitro survival of porcine primordial germ cells［J］．Biol Reprod，2000（63）：887－897.
[14] 杨晓林，孙菊云．褐藻糖胶有丝分裂原效应［J］．中华微生物和免疫学杂志，1991，11（5）：282－283.
[15] 张胜峰，麻卫锋，于萍．羊栖菜多糖提取分离及其清除自由基的活性研究［J］．食品科学，2009，30（18）：192－195.
[16] 苗本春，蒋捍东．海带酸性聚糖类物质J201A抑制肺成纤维细胞增殖活性的探讨［J］．中国海洋药物，2002，21（3）：1.
[17] 王建光，杨新宇．羊栖菜多糖诱导MCF－7细胞凋亡机制的研究［J］．中国老年学杂志，2005，25（5）：567－568.

附录：实验图片

图1　斑马鱼

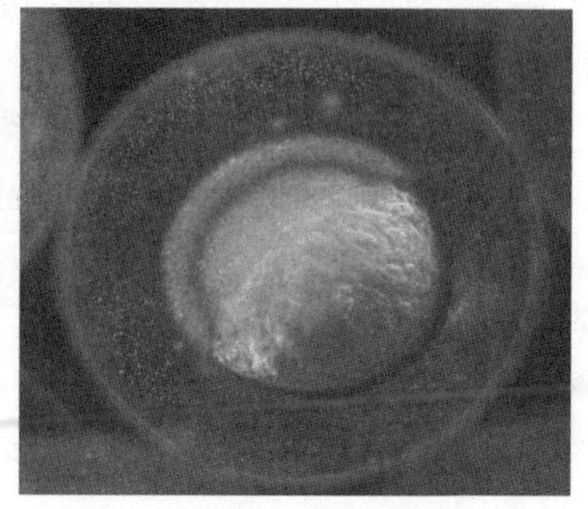

图2　斑马鱼原肠期胚胎×40

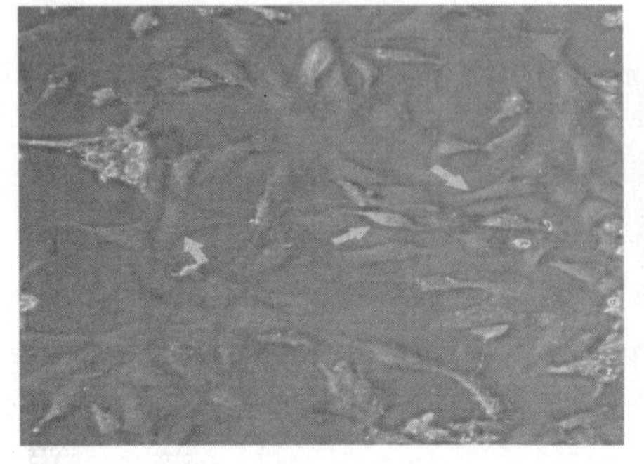

图 3　斑马鱼胚胎原代细胞 ×200

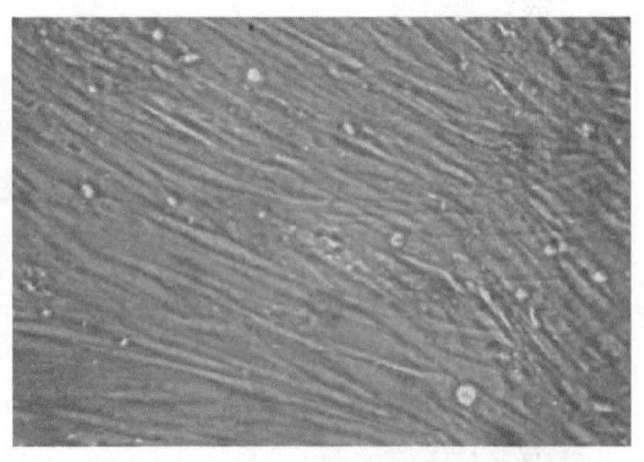

图 4　0 mg/L SFPS 组斑马鱼胚胎细胞
（8 d）×200

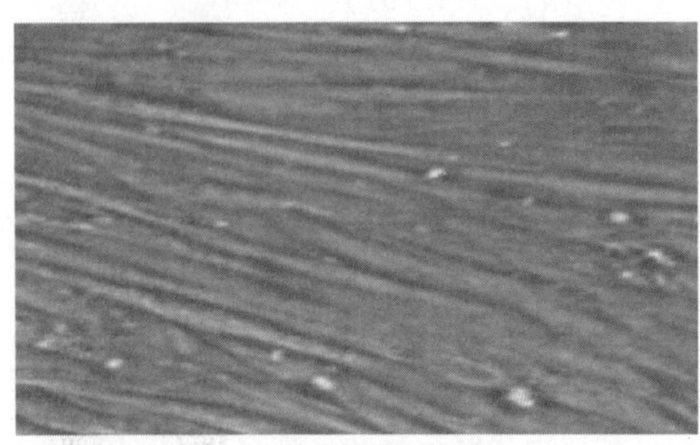

图 5　5 mg/L SFPS 组斑马鱼胚胎细胞
（8 d）×200

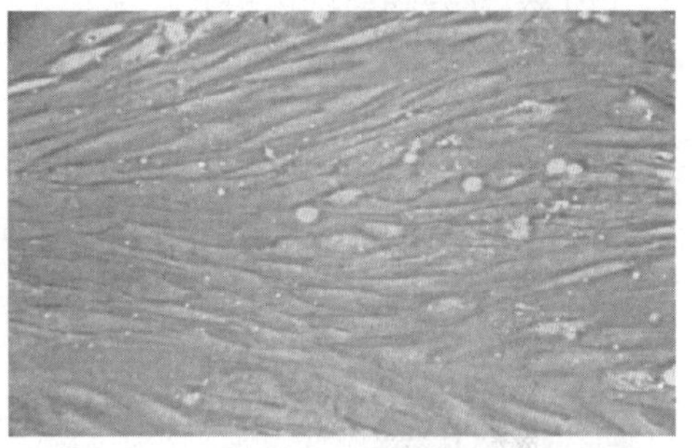

图 6　20 mg/L SFPS 组斑马鱼胚胎细胞
（8 d）×200

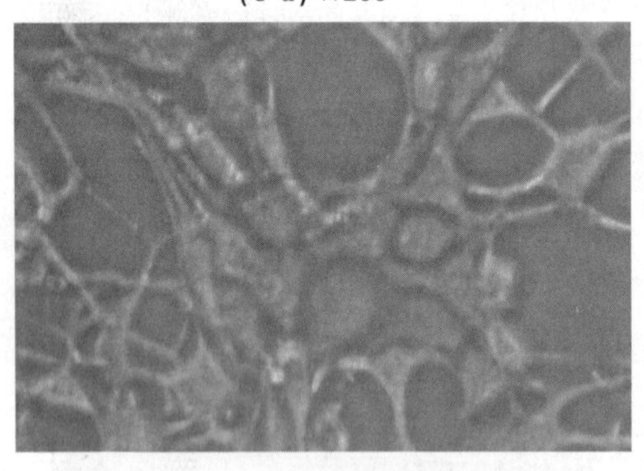

图 7　40 mg/L SFPS 组斑马鱼胚胎细胞
（8 d）×200

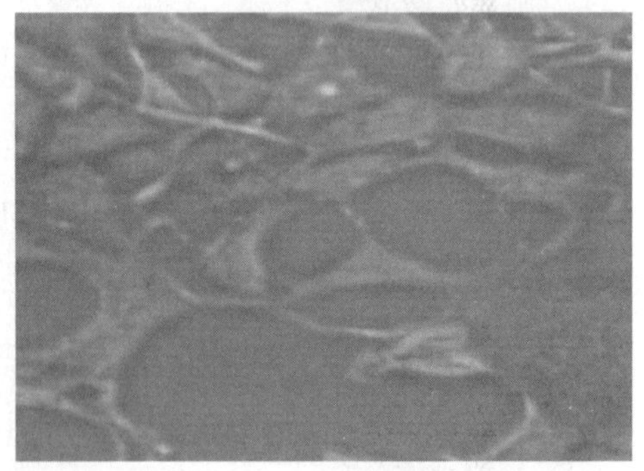

图 8　80 mg/L SFPS 组斑马鱼胚胎细胞
（8 d）×200

第十二章 综述型毕业论文的写作

一、综述型毕业论文的概念和特点

（一）综述型毕业论文的概念

综述型毕业论文，是指对某专业领域的某一学科或专题在一段时期内的研究成果（文献资料）以及发展动向，经过系统、全面的分析研究，选取有关情报信息，进行归纳整理，做出综合性叙述和评论的一种论文。

综述是一种情报研究文章，其特点是“述而不评”，只对已发表的文献进行综述，不加评论地综合介绍已有的成果和存在的问题，其中包括各种学术观点和见解。其目的是全面系统地反映国内外某一学科或专业在某一时期的发展历史、当前的状况及发展趋势，把原始文献中的大量数据、资料和主要观点进行整理、分析和归纳，让读者花较少的时间便可了解某一学科或专业领域的概貌，原则上只着重于客观叙述，不参入综述者的见解，不进行评论，也不提具体建议。

与综述密切关联的另一种情报类文体叫述评，其最重要的特点就在于一个“评”字，是在综述的基础上对某一专题或技术进行评价性的陈述。它通过深入分析过去的成就，介绍当前正在进行的科研最新动态，从而依据分析研究的结果和作者所掌握的信息，对科研成果与技术成就进行评论，指出它所达到的水平，所具有的实际意义，以及存在的问题，并提出自己的观点、意见或建议。

综述型毕业论文，写作时不但要“述”，还必须“评”。“述”即综合性陈述，是收集“百家”之言，对文献资料进行综合性的归类、分析、整理、提炼和概括并做出陈述。“评”即评论、论述，是结合作者所学的专业理论知识，对综合整理后的文献进行专门、全面、深入、系统的评论，提出自己独特的见解。综述型毕业论文正是通过“评”，以反映学生的专业知识理论水平。

综述型论文要求作者有比较广阔的文献阅读视野，对所综述的文献资料拥有准确的判断能力，有较强的分析、综合能力，对专业知识的掌握有一定的深度和广度，以及有较强的文字表达能力。

（二） 综述型毕业论文的特点

1. 综合性

所谓综合性，就是能全面、系统地反映某一学科领域或某个专题在一段时期内的发展概况，既有纵向的回顾与展望，总结研究对象的历史、现状和发展趋势；又有横向的对比，反映各主要国家、主要科研机构或主要科学家、生产单位的研究水平，使人们对某一课题的来龙去脉有全面的了解。

2. 浓缩性

浓缩性是指文献综述集中反映一定时期内一批文献的内容，浓缩大量信息。一篇综述可以反映几十甚至上百篇的原始文献，信息密度大。

3. 评述性

评述性是指比较专门地、全面地、深入地、系统地论述某一方面的问题，对所综述的内容进行综合、分析、评价，反映作者的观点和见解，并与综述的内容构成整体。

二、综述型毕业论文的写作要点

（一） 题名

综述型论文的题名一般由“综述对象 + 研究综述（进展、述评）”构成。如《我国信息经济学研究综述》《中国推进生态文明建设的研究进展》《供给侧结构性改革研究述评》等等。

（二） 正文

1. 前言

前言部分提出问题，包括写作目的、意义和作用，综述问题的历史、资料来源、现状和发展动态，有关概念和定义，选择这一专题的目的和动机、应用价值和实践意义，如果属于争论性课题，就要指明争论的焦点所在。

2. 主体

主体是论文的重点和核心部分，包括历史发展、现状分析和趋向预测几个方面的内容。为把问题说得明白透彻，可分为若干个小标题分述。

主体部分常见的写作方法有以下三种：

（1）纵式写法。围绕某一专题，按文献发表时间先后顺序或专题本身发展层次，对其历史演变、目前状况、趋向预测做纵向描述，从而勾画出某一专题的来龙去脉和发展轨迹。

①历史发展：以时间为纲，叙述说明该课题的提出及各重要历史阶段的发展情况和特点，体现各阶段的研究水平。

②现状分析与评价：介绍国内外对本课题的研究现状及各派观点，包括作者本人的观点。作者在介绍各种观点时，可有倾向性地稍加评论，但不能歪曲原作者的观点。

③趋向预测：在回顾和分析的基础上，提出新的研究方向和研究建议，指出发展的几种可能性，以及可能产生的重大影响和可能出现的问题等趋向性预测。

（2）横式写法。对某一专题在国际和国内的各个方面，如各派观点、各家之言、各种方法、各自成就等加以描述和比较。通过横向对比，既可以分辨出各种观点、见解、方法、成果的优劣利弊，又可以看出国际水平、国内水平和本单位水平，从而找到差距，可起到借鉴、启示和指导的作用。

（3）纵横结合式写法。在同一篇综述中，同时采用纵式与横式写法。一般是写历史背景采用纵式写法，写目前状况采用横式写法。这种方法的优点是能广泛地综合文献资料，全面系统地认识某一专题及其发展方向，做出比较可靠的趋向预测，为新的研究工作选择突破口或提供参考依据。

（三）结语

对主体部分所阐述的主要内容进行概括，主要是重点评议，得出结论，提出自己的见解，表达对课题研究的展望或提出建议。

（四）参考文献

综述型论文不是直接反映作者的研究成果，而是以文献为研究对象，表达作者对已有研究成果的评价、见解和研究的展望。因此，参考文献是综述型毕业论文的重要组成部分。另外，参考文献不仅是作者综述和评论的依据，而且为读者深入探讨有关问题提供了文献查找线索，增加综述的可信度。

参考文献的数量体现了作者阅读文献的广度和深度。数量一般不少于 20 篇，英文文献最好占 1/3 左右，文献要新，要客观全面，以近 3 ~5 年的文献为主。

一定要有注释性的参考文献，即一定要摘录他人的研究成果或观点。参考文献的呈现要规范。

三、综述型毕业论文写作的注意事项

（一）全面占有文献

掌握全面、大量的文献资料是写好综述型毕业论文的前提。因此，搜集文献应尽量全面，随便搜集一点资料就动手撰写是不可能写出好的综述型毕业论文的。

（二）注意文献的代表性和权威性

文献的代表性和权威性是指在学科专业中最能体现研究水平的、学界公认的、科学可靠的文献。在搜集到的文献中可能出现观点雷同，有的文献在可靠性及科学性方面存在着差异，因此在引用文献时应注意选用最具代表性、权威性（权威的作者，权威的出版物）的文献。

（三）要忠实于文献内容

由于文献综述有作者自己的评论分析，因此在撰写时应分清作者的观点和文献的内容，对引用文献的内容不能篡改或断章取义。

（四）要注意述、评结合

文献综述不能简单罗列观点，要求述评结合，要做比较分析，以此反映出自己的专业理论水平和分析能力。

（五）文献的引证要清晰

文献的引证不能模糊，要具体标示引用的作者和文献出处。文章之中的引用与文章最后的参考文献表要相对应。如参考文献中有：［11］陈妙云.《申论》刍议［J］.广东社会科学，2006（3）；则文章正文中须有这篇文章的观点，并标注“（陈妙云，2006）”。

长三角与珠三角：经济发展比较研究述评

南京师范大学　刘　华　蒋伏心

摘　要：改革开放以来，长江三角洲（简称“长三角”）与珠江三角洲（简称“珠三角”）地区已经成为我国经济发展水平最高、经济实力最强、外向型经济最为发达的地区，在全国的经济发展中起着举足轻重的地位，它们的经济发展不仅有力地推动了本地区的经济与社会健康发展，而且对全国其他区域的经济发展起到了较好的示范与辐射功能。进入21世纪后，两个三角洲都面临着新的发展形势，面临着经济增长方式的转型和调整。回顾20世纪90年代以来有关长三角与珠三角经济发展的理论文献，在经济体制、增长方式、工业化路径等方面深化认识，对促进两个三角洲健康发展是极有意义的。

关键词：长三角；珠三角

一、两个三角洲在全国的经济地位及发展趋势比较

1978 年改革开放以后，中央政府实施区域经济非均衡发展模式，财政、税收、信贷、投资等一系列优惠政策首先向珠三角经济倾斜，资金、技术、人力资本等生产要素在这一区域迅速集聚，珠三角异军突起成为中国经济的“增长极”。20 世纪 90 年代开始，新一轮发展以开发“浦东”进而拉动长三角为重点，长三角又成为中国新的“增长极”。两个三角洲不仅比翼齐飞，而且在自身“极化”的基础上，较好地发挥了“扩散”效应，有力地带动了相邻地区的经济发展与社会进步。

但是，两个三角洲在全国的经济地位是否存在差别呢？戈晓宇（1995）认为长三角相当于一个日本的规模，珠三角只是与“亚洲四小龙”的我国台湾接近，因而得出珠三角的发展只具有区域性的效力，长三角的发展则具有全局性的作用。王珺（1995）根据两个三角洲所处的地理位置及当时它们经济发展规模的不同，认为长三角对全国的影响力大于珠三角，其理论依据是：珠三角地区远离中国的中原和内陆地区，在全国范围内的战略地位基本上是区域性的；“长三角”是由把中国分成南北两部分的长江冲积而成，如果以上海为龙头的长三角能够得到较快发展，那么，其对中国的南北两翼和以长江为纽带的中西部发展都会起到辐射与带动作用，因而“长三角”的经济发展具有全国性的意义。孙祖培（2003）在探讨长三角与珠三角区域整合的前景分析中指出，珠三角整合的关键是与港、澳的互动，长三角整合的关键是突破省际壁垒，充分发挥长江黄金水道的运力。我们认为，三位学者的分析虽然在表述上有差别，但是他们思维的逻辑起点是一致的，即都从区域面积大小及地理位置的差异出发来探讨两个三角洲在全国的经济地位。

王益澄（2001）在比较两个三角洲经济活动的空间布局时指出，由于长三角在经济发展过程中的扩散作用一度强于集聚作用，因而其经济活动的空间分布，表现出了大范围的空间扩散特征；珠三角尽管其经济活动空间布局具有高度集中的特征，但鉴于在发展过程中对国际市场的倚重，其在国内市场的开拓上力量式微。这样的研究指出了在与国内其他区域经济发展的融合上，长三角要明显优于珠三角，长三角对全国其他区域的经济影响力要强于珠三角。张浩瀚（2003）在比较了长三角、珠三角的经济发展态势后认为，20 世纪 90 年代末以来随着长三角经济的强劲崛起，其在全国区域经济结构中有着突出的战略优势，因为，长三角处于沿海经济带与沿江经济带的交汇点上，通江达海，交通便利，对沿海、沿江乃至珠三角及环渤海地区都有着带动和扩散的战略区位优势，理应成为中国经

济发展的“主引擎”。

从区域面积（长三角10万平方公里，珠三角4万平方公里）和经济总量（2004年长三角地区生产总值为28 775亿元，珠三角地区生产总值为13 394亿元）上看，很多学者推论出长三角对全国其他经济区域的影响与带动作用大于珠三角是具有现实道理的。但是，“增长极”与经济腹地的关系并非仅是单纯的“地理区位”上的接近，更重要的是它们在经济上的相互关联。经济“增长极”对其经济腹地的辐射与带动作用，也不仅仅取决于特定时期其规模和总量的大小，而是取决于“增长极”自身经济集聚能力和区域竞争力。如“增长极”自身的经济竞争力不断衰减，它对其经济腹地的影响力则会逐渐减弱，以至于它的经济腹地会被其他经济区域的“增长极”所侵占。随着全国大市场的形成，在面临更大国际贸易保护主义的情势下，珠三角可能利用其强大的经济实力和成熟的市场运作机制，与长三角争夺长江流域经济腹地，长三角在全国经济发展中的全局意义就将会受到挑战。近年来，珠三角与中原及内陆地区日益加强的经济联系，就是这一新态势的前兆。因此，从区域经济发展的动态趋势来看，未来长三角与珠三角在全国的经济地位不是确定不变的，这取决于它们各自经济集聚能力和区域竞争力的水平。

二、两个三角洲经济体制比较

由于改革的政策起点、地理区位及体制环境等方面的差异，两个三角洲探索走向市场经济的具体道路和进程也表现出了不同的特点。走向市场经济具体道路和进程的不同，也决定和影响了两个三角洲在经济发展的其他方面的不同特色。

关于两个三角洲经济体制改革差异，张幼文做了较全面的论述（1997）。他将两个三角洲的差异归纳为六个方面：一是走向市场经济路径的差异，长三角是改革主导型，珠三角是开放主导型；二是市场发育起点的差异，长三角是自下而上探索型，珠三角是特殊政策激励型；三是市场运行的动力差异，长三角市场体制发育的动力是内生型的，珠三角市场体制发育的动力是外源型的；四是市场成分的结构差异，长三角是内外市场并重型的市场结构，珠三角的市场构成主要是外部市场；五是经济主体利益分配方式的差异，长三角对生产活动主体的激励主要为生产性激励，珠三角对生产活动主体的激励则主要是交易性激励；六是生产主体的比重差异，长三角生产活动的主体主要是内资企业，而珠三角生产活动的主体主要是外资企业。我们以为，张幼文的分析比较全面地描绘了两个三角洲经济体制改革各个层面的图景，与两个三角洲经济体制改革的实践是吻合的。

王光振（1996）认为，相对于长三角，珠三角市场化的特点（或长处）主要是市场主体多元化比较突出、企业产权改革有新突破、创造了良好的投资环境及较好地开拓了国外市场；同时，它的不足之处是要素市场发育滞后、支柱产业和高新技术产业开发滞后。王光振的比较分析说明了三个经济现象：首先，珠三角的市场主体多元化、企业产权改革之所以比长三角突出，主要是缘于长三角的国有经济比重较大，计划经济的烙印较深，因而其市场化的进程要慢于珠三角。其次，珠三角良好投资环境的创设反映了珠三角在市场经济条件下政府职能的转变要优先于长三角。再次，珠三角国外市场的成功开拓也生动地说明了其经济体制改革的路径是以对外开放作为先导的。另外，其要素市场发育滞后、支柱产业和高新技术产业开发滞后，表明了其区域内市场体系的建设及人力资源结构方面的努力与积累要逊色于长三角。

樊纲、张泓俊（2005）通过市场化指数与经济体制改革进程的相关分析，对两个三角洲市场化改革的进程进行了比较，从政府与市场的关系、非国有经济的发展、产品市场的发育、要素市场的发育、市场中介组织和法律制度环境五个方面比较了两大区域的市场化指数。其结论是，珠三角的市场化指数高于长三角的市场化指数，由此得出结论：人均 GDP 较高的珠三角在经济体制改革方面走在了长三角的前面。

改革开放以来，两个三角洲经济发展之所以成为全国的两大“亮点”，很大程度上得益于两大区域的市场化建设走在了全国其他区域的前列。但是，两个三角洲都存在前进中的不足和发展中的缺陷，长三角一些地区的 GDP 总量一路高歌猛进，但人均 GDP 却不高，发展的成果没有很好地惠及普通大众；珠三角一些地区依赖于外资、依赖投资、依赖低成本扩张的增长方式受到了前所未有的挑战。在中国现阶段，发展中的问题、增长中的问题往往都与体制相关。两个三角洲所面临的实现经济增长方式根本转变、走新型工业化道路的重要任务，如何通过深化体制改革作为进一步发展的重要支撑，是理论界值得研究的问题，也是实际工作中值得关注的问题。

三、两个三角洲发展条件、发展模式的比较

关于发展条件与发展模式的比较一直是两个三角洲经济发展比较的重要内容。改革开放伊始，长三角与珠三角经济起飞时的发展条件存在着客观的差异，发展条件的差异也造就了两个三角洲各具特色的发展模式。

肖立见（1996）认为，长三角和珠三角经济发展条件优势十分明显，但不尽相同。“长三角”位于我国东部沿海开放带和长江产业带的结合部，通江达海优势突出，城市化程度高，人才资源丰富，科技和经济实力强大，发展潜力和后劲大；珠三角毗邻港澳，和海外众多华侨联系密切，对外开放和市场化程度高，对珠三角经济发展具有不可估量的作用。林承亮（2000）在比较两个三角洲的改革与发展时分析了两大经济区的不同发展条件。一是珠三角的体制环境要优于长三角，珠三角是中国最早获得区域倾斜性优惠政策的地区。二是相对于长三角，珠

三角具有特殊的区位和禀赋条件，且较好地实现了国内经济体制改革与香港产业转移的结合。刘渊（2001）认为，与珠三角相比，长三角的劣势主要有两个，一是区域内部行政多头领导，协调困难，二是计划体制影响重于珠三角。樊纲、张泓俊（2005）依据改革开放前两地的工业企业总数量及工业总产值，指出改革开放初期长三角的工业基础要比珠三角实力雄厚得多。

客观存在着的发展条件上的差异，使得两个三角洲在推进本区域经济发展的过程中形成了不同的发展模式。比较典型的就是长三角的“苏南模式”“温州模式”和珠三角的“珠江模式”。尽管这三种发展模式都存在着进一步改革的压力，但直至现在，从这三种模式生发出来的在既定约束条件下的改革与创新意识对全国其他区域经济的发展仍然具有示范效应。

唐文进、田蓓（2001）对改革开放后两个三角洲走向市场经济的制度创新模式进行了概括，认为长三角地区是内生渐进式制度创新模式，是一种依靠系统内部变量的边际创新、边际演进，促进整个系统实现制度变迁的过程，其典型形式就是组织边际创新；珠三角地区是外部变量引入型制度创新模式，是一种通过引入系统外部变量，打破系统原有均衡，加速整个系统的制度创新，实现制度变迁。樊纲、张泓俊（2005）在比较两个三角洲发展模式的差异时指出，“长三角”在发展模式上的特色在于以发展乡镇企业和民营企业为突破口，选择走内向资本积累型区域经济发展模式。

林承亮（2000）从两个三角洲经济发展的历史与现实出发，对三种发展模式的形成与发展进行了仔细的梳理，理论性地概括了三种发展模式的特征：乡镇企业是“苏南模式”的主要特征；“珠江模式”最主要的特征在于外来资源拉动，以及由此导致的外向型经济发展；“温州模式”的特征在于市场化和民营化，充分尊重和发挥民众的首创精神。另外他还对三种模式对其他地区经济的示范效应进行了展望，认为“温州模式”对其他区域发展的可借鉴性可能高于其他两种模式。

从学界关于两个三角洲的发展模式的比较来看，比较的重点主要在于各发展模式的形成、特征上，对于各发展模式的演变趋势进行比较研究的关注不多。客观地说，从改革伊始至20世纪90年代中期以前，由于经济发展约束条件的不同，三种发展模式确实存在着明显的差异，表现出了各自的特色，“苏南模式”以集体经济为主，“温州模式”以私营经济为主，“珠江模式”以外向型经济为主。但是，不可忽视的一个事实是：90年代初我国将建立社会主义市场经济体制作为我国经济体制改革的目标后，随着改革的不断深入特别是以浦东开发开放为标志的新一轮经济发展战略的实施，两个三角洲的经济发展所面临的体制背景日益趋同，加之长江三角洲吸引外资的动力和能力不断增强，两个三角洲内的各经济区域在积极顺应内外经济环境变化的基础上对各自的发展模式进行了“自我扬弃”，到了90年代末，传统的“苏南模式”“温州模式”“珠江模式”已不复存在，三种发展模式表现出了趋于融合的趋向。可以预见，在未来的经济发展中，经济发展的“市场化、民营化、外向化”将会成为长三角与珠三角共同的发展特征。

四、两个三角洲经济增长方式的比较

与全国其他区域相比，两个三角洲的经济发展速度和发展水平一直处于领先地位。在经济发展中的领先地位的取得与它们推动经济增长的方式是密切相关的。从总体来说，到目前为止两个三角洲的经济增长方式仍然属于粗放型，即经济增长的动力主要是依靠自然资源、土地、资本等生产要素的投入，同时，两个三角洲在地理区位、经济结构、经济外向化程度、人文资源等方面的差异也导致了它们粗放型的增长方式表现了各自的特色。

张捷（1996）在比较两个三角洲的经济增长方式时认为，两个三角洲同是投资推动型经济增长方式，但上海属于国有经济推动型，苏浙属于民营经济推动型，广东则是外商投资推动型。由此他指出，两个三角洲在实现“两个转变”的过程中所需解决的课题和侧重点不尽相同：上海面临的主要任务应是加快体制改革步伐，重点是搞好国有大中型企业的改革，促进市场机制的发育，通过体制转变来推动经济增长方式的转变；与上海相比，苏、浙、粤则应把重点放在结构的调整和优化上，通过对市场结构、产业结构、企业组织结构等方面的调整和升级，促进经济的集约化和提高经济增长的质量。

靖学青（2003）认为，在将来的经济发展中，两个三角洲应在不断提高农业素质和现代化水平，不断提高第二产业技术装备和科技含量的同时，顺应产业结构变动趋势，积极推进第三产业发展，逐步提高第三产业的份额，以发挥其经济发展中的结构效应。何锦添（2004）认为，从长三角和珠三角经济发展来看，其增长源各有所重：长三角以投资拉动经济，珠三角主要以出口拉动经济。

刘渊、马庆国（2004）通过与珠三角的比较分析，认为长三角地区跨世纪的发展战略是实施知识产业战略，以知识产业作为新的经济增长点，力求尽快地把长三角的经济增长建立在知识的生产、传播和使用的基础之上，带动全国走向知识经济。李德水（2005）在充分肯定两个三角洲经济发展成就的基础上认为，两个三角洲为了保证经济的持续健康发展，必须把发展思想统一到树立正确的发展观和政绩观上来，否则，光有发展的愿望，而无科学的态度，发展势必难以为继。

我们以为，上述关于两个三角洲经济增长方式的比较研究较为清晰地勾勒出了两地在经济增长源泉方面的共性和差异，指出了两地传统增长方式存在的问题和发展方向，也使得我们对两地经济增长方式的形成及演化有了更加深刻的体悟。在改革初期，两个三角洲均以要素投入特别是以资本投资（长三角依靠内资，珠三角依靠外资）作为推动区域经济增长的主要动力是符合发展经济学的基本理论和区域发展实际的，因为当时两地经济发展的优势主要是廉价的劳动力和土地，缺乏的是资金、技术和管理。在这种情形下，为了得到发展经济所需的资金、技术和管理，两地只能采取“生产要素驱动型”的经济增长方式，发展劳动密集型产业，以使自身的发展优势得到充分的发挥。当然两个三角洲的经济增长方式是存在差异的，最大的区别即何锦添所认为的，在增长源上，长三角主要依靠投资拉动经济，珠三角主要依靠出口拉动经济；当前两个三角洲经济增长方式的转变于两地经济可持续发展的重要意义不仅仅是因为传统的经济增长方式已经日益受到资源和环境因素的制约，更根本的原因在经济快速发展的背后，两地经济发展的质量和效益与发达国家的差距并没有得到多大的拉近；未来两个三角洲经济增长方式地转变是一个循序渐进的过程，企图立即使经济增长建立在主要依靠技术进步和效率提高的基础之上是不切实际的，在相当的时间内，资本投入仍是推动经济增长一个不可或缺的要素，但是在资本投入的同时须通过深化市场化改革和政府职能的优化来提高投资的有效性。在保持物质资本投资的基础上，两地要主动抓住以高新技术产业为主导的全球产业结构大调整和国际产业大分工的发展趋势，着力调整和优化本区域的产业结构，加强科学技术的研发和人力资源的培育，重视发展服务业尤其是生产性服务业，使经济增长越来越多的建立在效率提高的基础之上。

五、研究展望

以上关于两个三角洲经济发展的比较研究客观地反映了改革开放以后两大区域经济发展的历程和特色，为我们把握两个三角洲经济发展的原因和特点提供了非常有意义的认识背景和研究启示。但是，作为中国特色的区域经济的研究的一个重要组成部分，长三角与珠三角经济发展还有很多深层次的理论与实践问题需要研究。

其一是两个三角洲未来发展趋势的比较研究。目前，两个三角洲仍然是全国经济发展最富活力和经济实力最强的地区，未来它们能否继续保持现有的发展势头并成为全国经济发展的“领头羊”，取决于它们能否理性地总结过去和开辟未来。从区域经济持续发展的要求来看，区域规划的目标、传统的发展模式改革和创新的方向、传统产业的改造以及适应本区域要素禀赋特征的新兴产业的培育等将是两个三角洲未来发展趋势比较研究的主要内容。

其二是两个三角洲区域创新的比较研究。我国政府在“十一五”规划中提出了建设创新型国家的发展战略，这一发展战略是全国各区域调整产业结构、转变经济增长方式的中心环节。抓住这一发展战略机遇着力构建符合本区域发展实际的区域创新体系是两个三角洲当前区域经济发展的核心问题，事实上它们都在试图从培育企业的自主创新能力、构建创新服务体系、转变政府职能、鼓励和支持科技研发等方面创建富有竞争力的区域创新体系。由于两个三角洲的经济发展模式、科技基础、主导产业的差异，可以预见，它们的区域创新体系建立的模式和过程也将会呈现出不同的图景。对它们的区域创新的比较也是未来两个三角洲经济发展比较研究的一个具有理论与实践意义的研究内容。

其三是两个三角洲辐射作用与示范效应的比较。以往的研究都强调了两个三角洲的经济发展对于全国其他区域经济发展的辐射作用与示范效应，但没有对它们的辐射作用与示范效应进行深入的比较研究。两个三角洲的中心城市上海、广州、深圳的发展对于区域内部的辐射与带动作用已经逐步地显现出来。同时，两个三角洲在经济上的成功经验客观上也对中国其他地区的改革开放和经济发展起着示范效应和借鉴价值，全国其他地区现实中也在学习两个三角洲在经济发展上的成功做法。因而梳理、分析和比较两个三角洲的中心城市与区域内其他地区的经济互动关系，它们有哪些经验教训可以为全国其他地区的经济振兴提供借鉴与参考，哪些做法不适宜于其他地区学习与效仿，等等，对于我国后发地区的经济起飞是非常有价值的。

参考文献：

[1] 罗斯托．经济增长的阶段［M］．北京：中国社会科学出版社，2001.

[2] 刘易斯．经济增长理论［M］．北京：商务印书馆，1983.

[3] 张培刚．新发展经济学［M］．郑州：河南人民出版社，1993.

[4] 吴敬琏．中国增长模式选择［M］．上海：上海远东出版社，2006.

[5] 林毅夫，等．发展战略与经济发展［M］．北京：北京大学出版社，2004.

[6] 樊纲，张泓骏．长江三角洲与珠江三角洲经济发展与体制改革的比较研究［J］．学术研究，2005（4）：10－24.

[7] 国家统计局国际统计信息中心．2005长江和珠江三角洲及港澳特别行政区统计年鉴［M］．北京：中国统计出版社，2005.

[8] 李德水．对区域经济发展的几点认识：关于珠江三角洲与长江三角洲经济发展的比较［J］．学术研究，2005（4）：5－9.

[9] 张幼文．长江三角洲与珠江三角洲市场经济体制建设的差异［J］．江苏社会科学，1997（4）：35－42.

[10] 王光振．珠江三角洲市场化改革实践与思考：兼与长江三角洲比较分析［J］．南方经济，1996（9）：46－48.

[11] 张炳申，陆明祥．珠江三角洲与长江三角洲工业化的比较与思考［J］．南方经济，1996（9）：49－51.

[12] 张捷．珠江三角洲与长江三角洲经济增长方式比较［J］．南方经济，1996（7）：58－60.

[13] 王珺．珠江三角洲与长江三角洲经济增长机制比较［J］．中山大学学报（社会科学版），1996（1）：1－8.

[14] 唐文进，田蓓．珠江三角洲和长江三角洲经济转型的制度变迁模式比较：兼谈西部地区

走向市场经济的对策［J］. 山西财经大学学报，2001，23（6）：20－23.
［15］谭艳娟，岳悦. 经济区域理论与珠三角经济区的比较特点［J］. 广东经济，1995（4）：8－9.
［16］戈晓宇. 长江三角洲与珠江三角洲区域经济发展比较研讨会综述［J］. 南方经济，1995（8）：60－61.
［17］林承亮. 三大经济发展模式的发展与比较［J］. 浙江社会科学，2000（2）：56－59.
［18］张颢瀚. 提升长江三角洲的经济能级［J］. 社会科学，2003（4）：17－21.
［19］肖立见. 第二次长江与珠江三角洲经济发展比较研讨会述要［J］. 南方经济，1996（8）：64.
［20］周运源，黄桂良. 从经贸、投资角度比较珠江、长江三角洲的优势及发展前景［J］. 国际贸易问题，2004（3）：68－71，77.
［21］魏书华，邓丽姝. 长江三角洲、珠江三角洲和京津唐地区经济概况比较［J］. 北京观察，2004（12）：12－13.
［22］闫浩. 长江三角洲经济开放度比较与评价［J］. 上海经济研究，2002（5）：3－8.
［23］王安岭. 长江三角洲与珠江三角洲发展取向之比较［J］. 江南论坛，1995（4）：21－22.
［24］王益澄. 长江三角洲与珠江三角洲经济发展特征比较［J］. 长江流域资源与环境，2001，10（2）：106－111.
［25］孙祖培. 长江三角洲与珠江三角洲区域经济发展比较分析［J］. 江南论坛，2003（9）：20－21.
［26］刘渊. 长江三角洲、珠江三角洲发展对比研究与长江三角洲发展的策略选择［J］. 浙江大学学报（人文社会科学版），2001，31（6）：91－98.
［27］刘渊，马庆国. 长江三角洲、珠江三角洲发展对比研究与长江三角洲发展的策略选择［J］. 浙江学刊，2004（2）：219－221.
［28］赵敏. 珠江三角洲区域经济可持续发展问题探析［J］. 广州大学学报（社会科学版），2002，1（6）：33－35.
［29］杨京英，王强，铁兵，等. 长江三角洲与珠江三角洲经济发展比较［J］. 中国统计，2004（3）：59.
［30］靖学青. 长江三角洲与珠江三角洲地区产业结构比较［J］. 上海经济研究，2003（1）：46－51.
［31］谭克，路瑶. 长江三角洲与珠江三角洲产业竞争力比较研究［J］. 当代财经，2003（5）：90－93.
［32］郝丽. FDI从珠三角向长三角转移的投资环境因素分析［J］. 江苏经济探讨，2005（10）：38－42.
［33］何锦添. 长江三角与珠江三角经济发展比较［J］. 当代财经，2004（10）：41－42.

资料来源：刘华，蒋伏心. 长三角与珠三角：经济发展比较研究述评［J］. 上海经济研究，2007（8）.

附录 1

学位论文作假行为处理办法

第一条 为规范学位论文管理，推进建立良好学风，提高人才培养质量，严肃处理学位论文作假行为，根据《中华人民共和国学位条例》《中华人民共和国高等教育法》，制定本办法。

第二条 向学位授予单位申请博士、硕士、学士学位所提交的博士学位论文、硕士学位论文和本科学生毕业论文（毕业设计或其他毕业实践环节）（统称为学位论文），出现本办法所列作假情形的，依照本办法的规定处理。

第三条 本办法所称学位论文作假行为包括下列情形：

（一）购买、出售学位论文或者组织学位论文买卖的；

（二）由他人代写、为他人代写学位论文或者组织学位论文代写的；

（三）剽窃他人作品和学术成果的；

（四）伪造数据的；

（五）有其他严重学位论文作假行为的。

第四条 学位申请人员应当恪守学术道德和学术规范，在指导教师指导下独立完成学位论文。

第五条 指导教师应当对学位申请人员进行学术道德、学术规范教育，对其学位论文研究和撰写过程予以指导，对学位论文是否由其独立完成进行审查。

第六条 学位授予单位应当加强学术诚信建设，健全学位论文审查制度，明确责任、规范程序，审核学位论文的真实性、原创性。

第七条 学位申请人员的学位论文出现购买、由他人代写、剽窃或者伪造数据等作假情形的，学位授予单位可以取消其学位申请资格；已经获得学位的，学位授予单位可以依法撤销其学位，并注销学位证书。取消学位申请资格或者撤销学位的处理决定应当向社会公布。从做出处理决定之日起至少 3 年内，各学位授予单位不得再接受其学位申请。

前款规定的学位申请人员为在读学生的，其所在学校或者学位授予单位可以给予开除学籍处分；为在职人员的，学位授予单位除给予纪律处分外，还应当通报其所在单位。

第八条 为他人代写学位论文、出售学位论文或者组织学位论文买卖、代写的人员，属于在读学生的，其所在学校或者学位授予单位可以给予开除学籍处分；属于学校或者学位授予单位的教师和其他工作人员的，其所在学校或者学位授予单位可以给予开除处分或者解除聘任合同。

第九条 指导教师未履行学术道德和学术规范教育、论文指导和审查把关等职责，其指导的学位论文存在作假情形的，学位授予单位可以给予警告、记过处分；情节严重的，可以降低岗位等级直至给予开除处分或者解除聘任合同。

第十条 学位授予单位应当将学位论文审查情况纳入对学院（系）等学生培养部门的年度考核内容。多次出现学位论文作假或者学位论文作假行为影响恶劣的，学位授予单位应当对该学院（系）等学生培养部门予以通报批评，并可以给予该学院（系）负责人相应的处分。

第十一条 学位授予单位制度不健全、管理混乱，多次出现学位论文作假或者学位论文作假行为影响恶劣的，国务院学位委员会或者省、自治区、直辖市人民政府学位委员会可以暂停或者撤销其相应学科、专业授予学位的资格；国务院教育行政部门或者省、自治区、直辖市人民政府教育行政部门可以核减其招生计划；并由有关主管部门按照国家有关规定对负有直接管理责任的学位授予单位负责人进行问责。

第十二条 发现学位论文有作假嫌疑的，学位授予单位应当确定学术委员会或者其他负有相应职责的机构，必要时可以委托专家组成的专门机构，对其进行调查认定。

第十三条 对学位申请人员、指导教师及其他有关人员做出处理决定前，应当告知并听取当事人的陈述和申辩。

当事人对处理决定不服的，可以依法提出申诉、申请行政复议或者提起行政诉讼。

第十四条 社会中介组织、互联网站和个人，组织或者参与学位论文买卖、代写的，由有关主管机关依法查处。

学位论文作假行为违反有关法律法规规定的，依照有关法律法规的规定追究法律责任。

第十五条 学位授予单位应当依据本办法，制定、完善本单位的相关管理规定。

第十六条 本办法自 2013 年 1 月 1 日起施行。

附录 2

学位论文编写规则

Presentation of Theses and Dissertations

GB/T 7713. 1—2006

2006 - 12 - 05 发布
2007 - 05 - 01 实施

中华人民共和国国家质量监督检验检疫总局
中 国 国 家 标 准 化 管 理 委 员 会 发布

前　　言

GB/T 7713 共分 3 部分：

——第 1 部分：学位论文编写规则；

——第 2 部分：学术论文编写规则；

——第 3 部分：科技报告编制规则。

本部分是 GB/T 7713 的第 1 部分，部分代替 GB/T 7713—1987《科学技术报告、学位论文和学术论文的编写格式》。

本部分修改采用 ISO 7144：1986《文献　论文和相关文献的编写》（英文版）。本部分在学位论文组成要素及结构等方面尽可能与国际标准保持一致，以达到资源共享和国际交流的目的。

本部分与 GB/T 7713—1987 相比主要变化如下：

——将原标准中的学位论文部分单独列为一个标准，并将标准名称改为《学位论文编写规则》，修改了相应的英文名称。

——增加了第 2 章“规范性引用文件”。

——在第 3 章中，将原标准中与学位论文编写规则无关的术语和定义去掉，增加了“封面”、“题名页”、“摘要”、“摘要页”、“目次”、“目次页”、“注释”、“文献类型”、“文献载体”等定义。

——将第 3 章“编写要求”改为第 4 章“一般要求”。

——将第 4 章“编写格式”改为第 5 章“组成部分”和第 6 章“编排格式”。

——增加了部分附录。

——按照 GB/T 1.1—2000 对原标准的格式、编排进行了重新调整。

本部分的附录 A 到附录 H 为规范性附录。

本部分由国务院学位委员会办公室提出。

本部分由全国信息与文献标准化技术委员会归口。

本部分主要起草单位：国务院学位委员会办公室，中国科学技术信息研究所。

本部分主要起草人：吴一、刘春燕、沈玉兰、白光武。

本部分为第一次修订。

学位论文编写规则

1 范围

本部分规定了学位论文的撰写格式和要求，以利于学位论文的撰写、收集、存储、加工、检索和利用。

本部分对学位论文的学术规范与质量保证具有一定的参考作用，不同学科的学位论文可参考本部分制定专业的学术规范。

本部分适用于印刷型、微缩型、电子版、网络版等形式的学位论文。同一学位论文的不同载体形式，其内容和格式应完全一致。

2 规范性引用文件

下列文件中的条款通过 GB/T 7713 的本部分的引用而成为本部分的条款。凡是注日期的引用文件，其随后所有的修改单（不包括勘误的内容）或修订版均不适用于本部分，然而，鼓励根据本部分达成协议的各方研究是否可使用这些文件的最新版本。凡是不注日期的引用文件，其最新版本适用于本部分。

GB/T 788—1999　图书杂志开本及其幅面尺寸（neq ISO 6716：1983）

GB/T 2260　中华人民共和国行政区划代码

GB 3100　国际单位制及其应用（GB 3100—1993，eqv ISO 1000：1992）

GB 3101—1993　有关量、单位和符号的一般原则（eqv ISO 31－0：1992）

GB 3102.1　空间和时间的量和单位（GB 3102.1—1993，eqv ISO 31－1：1992）

GB 3102.2　周期及其有关现象的量和单位（GB 3102.2—1993，eqv ISO 31－2：1992）

GB 3102.3　力学的量和单位（GB 3102.3—1993，eqv ISO 31－3：1992）

GB 3102.4　热学的量和单位（GB 3102.4—1993，eqv ISO 31－4：1992）

GB 3102.5　电学和磁学的量和单位（GB 3102.5—1993，eqv ISO 31－5：

1992）

GB 3102.6　光及有关电磁辐射的量和单位（GB 3102.6—1993，eqv ISO 31 -6：1992）

GB 3102.7　声学的量和单位（GB 3102.7—1993，eqv ISO 31 -7：1992）

GB 3102.8　物理化学和分子物理学的量和单位（GB 3102.8—1993，eqv ISO 31 -8：1992）

GB 3102.9　原子物理学和核物理学的量和单位（GB 3102.9—1993，eqv ISO 31 -9：1992）

GB 3102.10　核反应和电离辐射的量和单位（GB 3102.10—1993，eqv ISO 31 -10：1992）

GB 3102.11　物理科学和技术中使用的数学符号（GB 3102.11—1993，eqv ISO 31 -11：1992）

GB 3102.12　特征数（GB 3102.12—1993，eqv ISO 31 -12：1992）

GB 3102.13　固体物理学的量和单位（GB 3102.13—1993，eqv ISO 31 -13：1992）

GB/T 3469　文献类型与文献载体代码

GB/T 3793　检索期刊文献条目著录规则

GB/T 4480　语种名称代码

GB 6447　文摘编写规则

GB 6864　中华人民共和国学位代码

GB/T 7156—2033　文献保密等级代码与标识

GB/T 7408　数据元和交换格式　信息交换　日期和时间表示法（GB/T 7408—1994，eqv ISO 8601：1988）

GB/T 7714—2005　文后参考文献著录规则（ISO 690：1987，ISO 690 -2：1997，NEQ）

GB/T 12450—2001　图书书名页（eqv ISO 1086：1991）

GB/T 13417—1992　科学技术期刊目次表（eqv ISO 18：1981）

GB/T 13745　学科分类与代码

GB/T 11668—1989　图书和其他出版物的书脊规则（neq ISO 6357：1985）

GB/T 15834—1995　标点符号用法

GB/T 15835—1995　出版物上数字用法的规定

GB/T 16159—1996　汉语拼音正词法基本规则

GB/T 35—2001　科技文献的章节编号方法

ISO 15836：2003　信息与文献　都柏林核心元数据元素集

3 术语和定义

下列术语和定义适用于本部分。

3.1 学位论文 thesis；dissertation

作者提交的用于其获得学位的文献。

注1：博士论文表明作者在本门学科上掌握了坚实宽广的基础理论和系统深入的专门知识，在科学和专门技术上做出了创造性的成果，并具有独立从事创新科学研究工作或独立承担专门技术开发工作的能力。

注2：硕士论文表明作者在本门学科上掌握了坚实的基础理论和系统的专业知识，对所研究课题有新的见解，并具有从事科学研究工作或独立承担专门技术工作的能力。

注3：学士论文表明作者较好地掌握了本门学科的基础理论、专门知识和基础技能，并具有从事科学研究工作或承担专门技术工作的初步能力。

3.2 封面 cover

封面是论文的外表面，对论文起装潢和保护作用，并提供相关的信息。

3.3 题名页 title page

包含论文全部书目信息，单独成页。

3.4 摘要 abstract

论文内容的简要陈述，是一篇具有独立性和完整性的短文，一般以第三人称语气写成，不加评论和补充的解释。

3.5 摘要页 abstract page

论文摘要及关键词、分类号等的总和，单独编页。

3.6 目次 table of contents

论文各章节的顺序列表，一般都附有相应的起始页码。

3.7 目次页 content page

论文中内容标题的集合。包括引言（前言）、章节或大标题的序号和名称、小结（结论或讨论）、参考文献、注释、索引等。

3.8 注释 notes

为论文中的字、词或短语作进一步说明的文字。一般分散著录在页下（脚注），或集中著录在文后（尾注），或分散著录在文中。

3.9 文献类型 document type

文献的分类。学位论文的代码为“D”。

3.10 文献载体 document carrier

纪录文字、图像、声音的不同材质。纸质的载体为“P”。

4 一般要求

4.1 学位论文的内容应完整、准确。

4.2 学位论文一般应采用国家正式公布实施的简化汉字。学位论文一般以中文或英文为主撰写，特殊情况时，应有详细的中、英文摘要，正题名必须包括中、英文。

4.3 学位论文应采用国家法定的计量单位。

4.4 学位论文中采用的术语、符号、代号在全文中必须统一，并符合规范化的要求。论文中使用专业术语、缩略语应在首次出现时加以注释。外文专业术语、缩略词，应在首次出现的译文后用圆括号注明原词语全称。

4.5 学位论文的插图、照片应完整清晰。

4.6 学位论文应用 A4 标准纸（210 mm × 297 mm），必须是打印件、印刷件或复印件。

5 组成部分

5.1 一般要求

学位论文一般包括以下 5 个组成部分：

a）前置部分；

b）主体部分；

c）参考文献；

d）附录；

e）结尾部分。

注：学位论文结构图见附录 A。

5.2 前置部分

5.2.1 封面

学位论文可有封面。

学位论文封面应包括题名页的主要信息，如论文题名、论文作者等。其他信息可由学位授予机构自行规定。

5.2.2 封二（可选）

学位论文可有封二。

包括学位论文使用声明和版权声明及作者和导师签名等，其内容应符合我国著作权相关法律法规的规定。

5.2.3 题名页

学位论文应有题名页。题名页主要内容：

a）中图分类号

采用《中国图书馆分类法》（第4版）或《中国图书资料分类法》（第4版）标注。

示例：中图分类号 G250.7。

b）学校代码

按照教育部批准的学校代码进行标注。

c）UDC

按《国际十进分类法》（Universal Decimal Classification）进行标注。

注：可登陆 www.udcc.org，点击 outline 进行查询。

d）密级

按 GB/T 7156—2003 标注。

e）学位授予单位

指授予学位的机构，机构名称应采用规范全称。

f）题名和副题名

题名以简明的词语恰当、准确地反映论文最重要的特定内容（一般不超过25字），应中英文对照。

题名通常由名词性短语构成，应尽量避免使用不常用缩略词、首字母缩写字、字符、代号和公式等。

如题名内容层次很多，难以简化时，可采用题名和副题名相结合的方法，其中副题名起补充、阐明题名的作用。

示例1：斑马鱼和人的造血相关基因以及表观遗传学调控基因——进化、表达谱和功能研究

示例2：阿片镇痛的调控机制研究：Dclta 型阿片肽受体转运的调控机理及功能

题名和副题名在整篇学位论文中的不同地方出现时，应保持一致。

g）责任者

责任者包括研究生姓名，指导教师姓名、职称等。

如责任者姓名有必要附注汉语拼音时，遵照 GB/T 16159—1996 著录。

h）申请学位

包括申请的学位类别和级别，学位类别参照《中华人民共和国学位条例暂行实施办法》的规定标注，包括以下门类：哲学、经济学、法学、教育学、文学、历史学、理学、工学、农学、医学、军事学、管理学。学位级别参照《中华人民共和国学位条例暂行实施办法》的规定标注，包括学士、硕士、博士。

i）学科专业

参照国务院学位委员会颁布的《授予博士、硕士学位和培养研究生的学科、专业目录》进行标注。

j）研究方向

指本学科专业范畴下的三级学科。

k）论文提交日期

指论文上交到授予学位机构的日期。

l）培养单位

指培养学位申请人的机构，机构名称应采用规范全称。

5.2.4 英文题名页

英文题名页是题名页的延伸，必要时可单独成页。

5.2.5 勘误页

学位论文如有勘误页，应在题名页后另起页。

在勘误页顶部应放置下列信息：

——题名；

——副题名（如有）；

——作者名。

5.2.6 致谢

放置在摘要页前，对象包括：

——国家科学基金，资助研究工作的奖学金基金，合同单位，资助或支持的企业、组织或个人。

——协助完成研究工作和提供便利条件的组织或个人。

——在研究工作中提出建议和提供帮助的人。

——给予转载和引用权的资料、图片、文献、研究思想和设想的所有者。

——其他应感谢的组织和个人。

5.2.7 摘要页

5.2.7.1 摘要应具有独立性和自含性，即不阅读论文的全文，就能获得必要的信息。摘要的内容应包含与论文等同量的主要信息，供读者确定有无必要阅读全文，也可供二次文献采用。摘要一般应说明研究工作目的、方法、结果和结论等，重点是结果和结论。

5.2.7.2 中文摘要一般字数为 300 ~ 600 字，外文摘要实词在 300 个左右。如遇特殊需要字数可以略多。

5.2.7.3 摘要中应尽量避免采用图、表、化学结构式、非公知公用的符号和术语。

5.2.7.4 每篇论文应选取 3 ~ 8 个关键词，用显著的字符另起一行，排在摘要的下方。关键词应体现论文特色，具有语义性，在论文中有明确的出处。并应尽量采用《汉语主题词表》或各专业主题词表提供的规范词。

5.2.7.5 为便于国际交流，应标注与中文对应的英文关键词。

5.2.8 序言或前言（如有）

学位论文的序言或前言，一般是作者对本篇论文基本特征的简介，如说明研究工作缘起、背景、主旨、目的、意义、编写体例，以及资助、支持、协作经过等。这些内容也可以在正文引言（绪论）中说明。

5.2.9　目次页

学位论文应有目次页，排在序言和前言之后，另起页。

5.2.10　图和附表清单（如有）

论文中如图表较多，可以分别列出清单置于目次页之后。图的清单应有序号、图题和页码。表的清单应有序号、表题和页码。

5.2.11　符号、标志、缩略词、首字母缩写、计量单位、术语等的注释表（如有）

符号、标志、缩略词、首字母缩写、计量单位、术语等的注释说明，如需汇集，可集中置于图表清单之后。

5.3　主体部分

5.3.1　一般要求

主体部分应从另页右页开始，每一章应另起页。

主体部分一般从引言（绪论）开始，以结论或讨论结束。

引言（绪论）应包括论文的研究目的、流程和方法等。

论文研究领域的历史回顾，文献回溯，理论分析等内容，应独立成章，用足够的文字叙述。

主体部分由于涉及的学科、选题、研究方法、结果表达方式等有很大的差异，不能作统一的规定。但是，必须实事求是、客观真切、准备完备、合乎逻辑、层次分明、简练可读。

5.3.2　图

图包括曲线图、构造图、示意图、框图、流程图、记录图、地图、照片等。

图应具有“自明性”。

图应有编号。图的编号由“图”和从“1”开始的阿拉伯数字组成，图较多时，可分章编号。

图宜有图题，图题即图的名称，置于图的编号之后。图的编号和图题应置于图下方。

照片图要求主题和主要显示部分的轮廓鲜明，便于制版。如用放大缩小的复制品，必须清晰，反差适中。照片上应有表示目的物尺寸的标度。

5.3.3　表

表应具有“自明性”。

表应有编号。表的编号由“表”和从“1”开始的阿拉伯数字组成，表较多时，可分章编号。

表宜有表题，表题即表的名称，置于表的编号之后。表的编号和表题应置于表上方。

表的编排，一般是内容和测试项目由左至右横读，数据依序竖读。

表的编排建议采用国际通行的三线表。

如某个表需要转页接排，在随后的各页上应重复表的编号。编号后跟表题（可省略）和“（续）”，置于表上方。

续表均应重复表头。

5.3.4 公式

论文中的公式应另行起，并缩格书写，与周围文字留足够的空间区分开。

如有两个以上的公式，应用从“1”开始的阿拉伯数字进行编号，并将编号置于括号内。公式的编号右端对齐，公式与编号之间可用“...”连接。公式较多时，可分章编号。

示例：

$$w_1 = u_{11} - u_{12}u_{21} \quad \ldots \quad (5)$$

较长的公式需要转行时，应尽可能在“=”处回行，或者在“+”、“-”、“×”、“/”等记号处回行。公式中分数线的横线，其长度应等于或略大于分子和分母中较长的一方。

如正文中书写分数，应尽量将其高度降低为一行。如将分数线书写为“/”，将根号改为负指数。

示例：

将 $\frac{1}{\sqrt{2}}$ 写成 $1/\sqrt{2}$ 或 $2^{-1/2}$

5.3.5 引文标注

论文中引用的文献的标注方法遵照 GB/T 7714—2005，可采用顺序编码制，也可采用著者-出版年制，但全文必须统一。

示例1：引用单篇文献的顺序编码制

德国学者 N. 克罗斯研究了瑞士巴塞尔市附近侏罗山中老第三纪断裂对第三系褶皱的控制[235]；之后，他又描述了西里西亚第3条大型的近南北向构造带，并提出地槽是在不均一的块体的基底上发展的思想[236]。

示例2：引用多篇文献的顺序编码制

莫拉德对稳定区的节理格式的研究[253-256]

示例3：标注著者姓氏和出版年的著者-出版年制

结构分析的子结构法最早是为解决飞机结构这类大型和复杂结构的有限元分析问题而发展起来的（Przcmicnicki，1968），而后，被用于共同作用分析（Haddadin，1971），并且已经取得快速发展。

示例4：标注出版年的著者-出版年制

Brodaway 等（1986）报道在人工饲料中添加蛋白酶抑制剂会抑制昆虫的生长和发育。Johnson 等（1993）报道蛋白酶抑制剂基因在烟草中表达，可有效减少昆虫的危害。

5.3.6 注释

当论文中的字、词或短语，需要进一步加以说明，而又没有具体的文献来源时，用注释。注释一般在社会科学中用得较多。

应控制论文中的注释数量，不宜过多。

由于论文篇幅较长，建议采用文中编号加“脚注”的方式。最好不用采用文中编号加“尾注”。

示例1：这是包含公民隐私权的最重要的国际人权法渊源。我国是该宣言的主要起草国之一，也是最早批准该宣言的国家，③当然庄严地承诺了这条规定所包含的义务和责任。

…………

---

③中国为人权委员会的创始国。中国代表张彭春（P. C. Chang）出任第一届人权委员会主席，领导并参加了《世界人权宣言》的起草。

示例2：这包括如下事实：“未经本人同意，监听、录制或转播私人性质的谈话或秘密谈话；未经本人同意、拍摄、录制或转播个人在私人场所的形象。”④

…………

---

④根据同条规定，上述行为可被处以1年监禁，并科以30万法郎罚金。

5.3.7 结论

论文的结论是最终的、总体的结论，不是正文中各段的小结的简单重复。结论应包括论文的核心观点，交代研究工作的局限，提出未来工作的意见或建议。结论应该准确、完整、明确、精练。

如果不能导出一定的结论，也可以没有结论而进行必要的讨论。

5.4 参考文献表

参考文献表是文中引用的有具体文字来源的文献集合，其著录项目和著录格式遵照GB/T 7714—2005的规定执行。

参考文献表应置于正文后，并另起页。

所有被引用文献均要列入参考文献表中。

正文中未被引用但被阅读或具有补充信息的文献可集中列入附录中，其标题为“书目”。

引文采用著作－出版年制标注时，参考文献表应按著者字顺和出版年排序。

5.5 附录

附录作为主体部分的补充，并不是必需的。

下列内容可以作为附录编于论文后：

——为了整篇论文材料的完整，但编入正文又有损于编排的条理性和逻辑性，这一材料包括比正文更为详尽的信息、研究方法和技术更深入的叙述，对了解正文内容有用的补充信息等。

——由于篇幅过大或取材于复制品而不便于编入正文的材料。

——不便于编入正文的罕见珍贵资料。

——对一般读者并非必要阅读，但对本专业同行有参考价值的资料。

——正文中未被引用但被阅读或具有补充信息的文献。

——某些重要的原始数据、数学推导、结构图、统计表、计算机打印输出件等。

5.6 结尾部分（如有）

5.6.1 分类索引、关键词索引（如有）

可以编排分类索引，关键词索引等。

5.6.2 作者简历

包括教育经历、工作经历、攻读学位期间发表的论文和完成的工作等。

示例：

姓名：程晓丹 性别：女 民族：汉 出生年月：1976－07－23 籍贯：江苏省东台市

1995－09—1999－07 清华大学计算机系学士；

1999－09—2004－06 清华大学攻读博士学位（直博）

获奖情况：

参加项目：

攻读博士学位期间发表的学术论文：

5.6.3 其他

包括学位论文原创性声明等。

5.6.4 学位论文数据集

由反映学位论文主要特征的数据组成，共33项：

A1 关键词＊，A2 密级＊，A3 中图分类号＊，A4 UDC，A5 论文资助；

B1 学位授予单位名称＊，B2 学位授予单位代码＊，B3 学位类别＊，B4 学位级别＊；

C1 论文题名＊，C2 并列题名，C3 论文语种＊；

D1 作者姓名＊，D2 学号＊；

E1 培养单位名称＊，E2 培养单位代码＊，E3 培养单位地址，E4 邮编；

F1 学科专业，F2 研究方向＊，F3 学制＊，F4 学位授予年＊，F5 论文提交日期＊；

G1 导师姓名＊，G2 职称＊；

H1　评阅人，H2　答辩委员会主席＊，H3　答辩委员会成员；

I1　电子版论文提交格式，I2　电子版论文出版（发布）者，I3　电子版论文出版（发布）地，I4　权限声明；

J1　论文总页数＊。

注：有星号＊者为必选项，共22项。

6　编排格式

6.1　封面

见附录C。

6.2　目次页

见附录F。

6.3　章、节

6.3.1　论文主体部分可根据需要划分为不同数量的章、节，章、节的划分建议参照CY/T 35—2001。

示例：

第一级	第二级	第三级
1	2.1	2.8.1
2	2.2	2.8.2
3	2.3	2.8.3
⋮	⋮	⋮
6	2.6	2.8.6
7	2.7	2.8.7
8	2.8	2.8.8

6.3.2　章、节编号全部顶格排，编号与标题之间空1个字的间隙。章的标题占2行。正文另起行，前空2个字起排，回行时顶格排。

6.4　页码

学位论文的页码，正文和后置部分用阿拉伯数字编连续码，前置部分用罗马数字单独编连续码（封面除外）。

6.5　参考文献表

见附录G。

6.6　附录

附录编号、附录标题各占1行，置于附录条文之上居中位置。

每一个附录通常应另起页，如果有多个较短的附录，也可接排。

6.7　版面

论文在打印和印刷时，要求纸张的四周留足的空白边缘，以便于装订、复印和读者批注。每一面的上方（天头）和左侧（订口）应分别留边 25 mm 以上间隙，下方（地角）和右侧（切口）应分别留边 20 mm 以上间隙。

6.8 书脊

为便于学位论文的管理，建议参照 GB/T 11668—1989，在学位论文书脊中标注学位论文题名及学位授予单位名称。

示例：

学位论文题名　学位授予单位名称

附录 A
（规范性附录）
学位论文结构图

前置部分
- 封面（见 5. 2. 1）（见附录 C）
- 封二（见 5. 2. 2 ）（如有）
- 题名页（见 5. 2. 3）
- 英文题名页（见 5. 2. 4）（如有）
- 勘误页（见 5. 2. 5 ）（如有）
- 致谢（见 5. 2. 6）
- 摘要页（见 5. 2. 7）
- 序言或前言（见 5. 2. 8）（如有）
- 目次页（见 5. 2. 9 ）
- 插图和附表清单（见 5. 2. 10）（如有）
- 缩写和符号清单（见 5. 2. 11）（如有）
- 术语表（见 5. 2. 11）（如有）

主体部分
- 引言（绪论）（见 5. 3. 1）
- 章、节
- 图（见 5. 3. 2）
- 表（见 5. 3. 3 ）
- 公式（见 5. 3. 4）
- 引文标注（见 5. 3. 5）
- 注释（见 5. 3. 6）
- 结论（见 5. 3. 7）

参考文献表（见 5. 4）

附录（见 5. 5）

结尾部分
- 索引（见 5. 6. 1）（如有）
- 作者简历（见 5. 6. 2）
- 其他（见 5. 6. 3）
- 学位论文数据集（见 5. 6. 4 和附录 J）
- 封底（如有）

附录 B
（规范性附录）
学位论文正文编排格式

1（章的标题）

× ×

1.1（节的标题）

× ×

1.2（节的标题）

1.2.1　× ×

1.2.2　× ×

× ×

× ×

2（章的标题）

2.1（节的标题）

2.1.1　× ×

2.2（节的标题）

× ×

× ×

× × × × × × × ×

3（章的标题）

3.1（节的标题）

× ×

a. ×

b. ×

4（章的标题）

× ×

…………

（附录C到附录H略）

附录 3

× ×学院本科毕业论文（设计）管理办法

（修订稿）

第一章 总 则

第一条 为规范我院本科生毕业论文（设计）管理，保证学生毕业论文（设计）的顺利完成，促进毕业论文（设计）质量的不断提高，根据《教育部关于全面提高高等教育质量的若干意见》（教高〔2012〕4 号）精神，结合我院实际情况，特制定本办法。

第二条 毕业论文（设计）是高等教育人才培养的重要组成部分，是学生在教师指导下运用所学理论、知识和技能，分析解决理论和实际问题的综合训练环节，是培养和提高学生写作能力、实践能力、科研能力和创新意识的重要途径。

第二章 组织管理

第三条 教务处在分管教学副院长的领导下，负责毕业论文（设计）工作的宏观组织管理工作，其主要职责是：

（一）贯彻落实教育部及省教育厅指导性文件的要求和精神，制订我院毕业论文（设计）管理规章制度；

（二）负责组织毕业论文（设计）工作的检查、评估和总结，协调解决学院在毕业论文（设计）工作过程中出现的问题；

（三）编印《× ×学院本科生优秀毕业论文（设计）选集》；

（四）组织开展毕业论文（设计）工作的教学研究与改革。

第四条 各教学系负责本系毕业论文（设计）工作的全过程管理，其主要职责是：

（一）组织贯彻执行学院有关毕业论文（设计）管理规定和要求，结合本系专业培养目标和特点，拟订毕业论文（设计）具体工作计划和实施措施；

（二）布置毕业论文毕业论文（设计）任务，进行毕业论文（设计）动员；

（三）审定本系毕业论文（设计）指导教师、毕业论文（设计）题目及学生的选题工作；

（四）定期组织检查毕业论文（设计）工作进展情况，抓好初期检查、中期检查、评阅、答辩等环节，开展质量检查与工作评价；

（五）组织毕业论文（设计）工作总结，做好毕业论文（设计）归档工作，负责向学院推荐优秀毕业论文（设计）。

第五条 各专业教研室负责毕业论文（设计）工作的具体组织和实施，其主要职责是：

（一）执行学院、本系毕业论文（设计）的规定和要求；

（二）选配毕业论文（设计）指导教师，并跟踪落实毕业论文（设计）的指导要求、日程安排和评阅标准等；

（三）组织毕业论文（设计）题目的选定和编写毕业论文（设计）任务书；

（四）检查毕业论文（设计）的进度和质量，按照学院教学质量监控工作要求和部署开展工作，进行毕业论文（设计）工作的总结，并及时将学生毕业论文（设计）及相关材料整理报送给教学系。

第六条 毕业论文（设计）的文档管理：

（一）毕业论文（设计）资料（含电子文档）由各教学系统一保存，优秀毕业论文（设计）资料（含电子档）由教务处保存。

（二）毕业论文（设计）资料包括任务书、开题报告、毕业论文（设计）文本、毕业论文（设计）手写稿原件、外文资料及译文、成绩评定表等。

第三章　指导要求

第七条 毕业论文（设计）的指导教师原则上由具有较丰富的理论和实践教学经验的中级及以上职称的专任教师担任，也可以按照《××学院外聘教师管理暂行办法》的要求聘请行业企业高级管理人员担任；每位指导教师指导的学生一般不超过10人。

第八条 毕业论文（设计）实行指导教师负责制，指导教师对毕业论文（设计）工作的各阶段教学活动全面负责。各教学系应于本科第7学期开学阶段将指导教师安排报教务处。

第九条 对指导教师的要求：

（一）指导教师要端正指导思想，把培养人才放在首位，注重培养学生的创造能力、创新能力和实践能力。严格要求学生，培养学生严谨的科学态度和实事求是的工作作风。

（二）指导教师应定期安排时间与学生见面或通信交流，对每位学生的指导和答疑时间，应不少于6次，并做好指导情况记录。

（三）指导教师在指导毕业论文（设计）期间一般不得外出访学、深造等。因公或因病请假，均应事先向学生布置好任务或委托他人代为指导。请假一周以上者，须经教学系主任批准同意并报备教务处。超过四周者，应向教学系申请及时调整指导教师。

第十条 对学生的要求：

（一）申请做毕业论文（设计）的学生必须修完所学专业教学计划规定的全部课程，并达到规定的学分。

（二）学生要高度重视毕业论文（设计）工作，严格遵守学院、教学系及实验室的各项规章制度。在校外进行毕业论文（设计）工作的要遵守所在单位的有关规章制度，按时完成各个阶段的任务，保质保量完成毕业论文（设计）的任务。

（三）学生接受毕业论文（设计）任务后，应在指导教师指导下制定工作计划，进行文献查阅、资料收集、实习调研、实验研究、撰写开题报告、论文或设计说明书等。学生应主动并定期（每周1～2次）向指导教师汇报毕业论文（设计）工作情况，主动接受指导教师的检查和指导。完成毕业论文（设计）之后，应按统一规范将毕业论文（设计）整理好交由指导教师评阅，并按时参加答辩。

（四）在毕业论文（设计）指导期间，实行考勤制度。学生请假要经指导教师同意，并按学校有关规定办理手续。学生缺勤（包括病、事假）累计超过毕业论文（设计）指导时间1/3以上者，取消答辩资格，不予评定成绩，须重新补做。

（五）学生必须独立完成毕业论文（设计）工作，严禁抄袭他人毕业论文（设计）和已发表的成果或请人代替完成，违规者按作弊论处。

第四章　选题管理

第十一条 毕业论文（设计）选题原则：

（一）专业性。毕业论文（设计）题目要符合专业培养目标、满足人才培养基本要求，使学生在专业知识应用方面得到比较全面的训练；要有明确的针对性，切忌偏离本学科专业范围。

（二）实践性。毕业论文（设计）题目应密切联系科研、生产、实验室建设或社会实际，促进学、研、产的结合，增加课题的应用价值。论文类题目应具有一定的理论和现实意义，有一定学术价值；设计类题目应具有实用价值，切忌脱离实际。80%以上毕业论文（设计）要求在实验室、工程实践和社会实践中完成（包括相关专业的毕业汇报演出、作品展示、社会调查报告等）。

（三）创新性。毕业论文（设计）题目应结合学科创新、技术创新和具体产品创新，使题目在难度适中的情况下尽可能地反映科技创新和社会生产创意的需要。

（四）可行性。毕业论文（设计）题目应符合学生知识、能力、水平和工作条件的实际，满足毕业论文工作量的要求，学生在规定时间内工作量饱满，并能在规定时间内通过努力完成任务。

（五）综合性。毕业论文（设计）题目应具有一定的综合性，学生在完成毕业论文（设计）时能综合运用所学知识，培养综合应用能力。

第十二条 毕业论文（设计）选题程序：

（一）指导教师根据个人承担的科研或学术课题、企事业单位委托课题，以及教师或学生认为富有创新和实践意义的研究课题，拟定毕业论文（设计）题目，填写并向专业教研室提交《××学院毕业论文（设计）题目申请表》。

（二）各专业教研室根据教师提交《××学院毕业论文（设计）题目申请表》填写审题意见，汇总后报所在教学系审批，批准通过后列入毕业论文（设计）题目计划。

（三）各教研室向本专业学生公布毕业论文（设计）题目计划，学生根据自己的实际情况和兴趣，填写并提交《毕业论文（设计）选题意向表》。

（四）学生毕业论文（设计）题目确定后，指导教师应填写《××学院本科生毕业论文（设计）任务书》，经所属专业教研室审核、教学系审批后向学生下发执行。

（五）选题结束后由教学系汇总情况并填写《××学院本科生毕业论文（设计）题目落实情况统计表》报教务处备案。

（六）毕业论文（设计）选题工作一般于第 7 学期开学阶段启动，第 7 学期结束前完成并将任务下达给学生。

第十三条 毕业论文（设计）选题要求：

（一）毕业论文（设计）题目分配采取师生双向选择的方法进行，经双向选择不能落实毕业论文（设计）题目者，学生所在专业教研室负责协调落实。

（二）毕业论文（设计）题目分配一般是一人一题，独立完成。如毕业论文（设计）题目内容过多，需若干名学生共同完成的，须由指导教师提出，教学系领导批准，且要明确每个学生的具体任务，并应力争使每个学生都经历该毕业论文（设计）题目的全过程，但论文（设计）内容不能相同。

（三）已经批准的毕业论文（设计）题目不得随意更改，确实需要更换题目必须按相应程序审批。

（四）学生应根据毕业论文（设计）选题意向进行调研，深入社会，深入经济建设领域，了解现实问题，积累第一手资料，理论联系实际，完成调研报告。

（五）学生应结合选题意向进行文献资料的检索和查阅，了解选题的研究背景、已有成果达到的水平以及当前动态等。

第十四条 各专业教研室应通过召开选题指导会等形式，向学生简述毕业论文（设计）选题的类型、题目内容、具体要求、难易程度等，与学生充分沟通，指导学生选题。

第五章　开题要求

第十五条　毕业论文（设计）开题应撰写开题报告。开题报告一般包括研究目的和意义、研究现状和文献综述、研究方法、论文提纲、主要参考文献等内容。各教学系应根据学科专业特点明确开题报告的具体内容和要求。开题报告的撰写原则上应在论文撰写阶段前两周内完成。

第十六条　参考文献应选择能体现该领域国内外研究现状的、比较具有影响力的专著和论文。参考文献数量和中外文比例由各教学系根据专业特点和毕业论文（设计）类型自行确定。

第十七条　开题报告经指导教师同意即进入论文撰写阶段。开题未通过的学生须在教师指导下重新开题。

第十八条　为了培养学生利用外文文献资料的能力，学生进入论文撰写阶段前最好结合毕业论文（设计）选题进行外文资料查阅与翻译训练。外文资料查阅与翻译的形式及翻译字符数量等要求，由各教学系根据学科专业特点自行确定。

第六章　撰写要求

第十九条　毕业论文（设计）撰写要求可参考如下标准：

（一）毕业论文。

1. 学术论文：论点鲜明，论证充分，论据确凿；方法适当，逻辑性强，对问题有较深入的分析；论文注释和写作体例符合规范；参考文献具有适合性、准确性、专业性和权威性，文献引用规范；结构严谨，层次分明，表达准确。

2. 调研报告：必须是本人直接参加的调研成果；调研重点反映调研对象的实际状况和问题；反映问题客观，数据真实，资料翔实；调研报告交代调研的整个过程，写作格式规范，层次清晰，结构科学，建议合理。多人合作的应明确具体分工和贡献。

3. 案例分析：准确把握和阐述案例，对于案例进行批判性的思考；准确梳理和总结案例反映的问题，对于理论界和实务界的相关争议观点，进行必要的总结；结合所述案例，对相关问题进行充分、严谨的论证，明确表明自己对相关问题的观点；有充足的文献和其他案例支持；论文格式正确，注释和参考文献符合规范。

（二）毕业设计。

1. 专题设计型：立论正确，结论合理，专业结合度高；设计新颖，方法独特，完成的软硬件达到相关规定的性能指标且文档齐全；设计分析专业语言表述运用准确、符合行业规范，符号统一，编号齐全，图纸完备，图表精确清晰，信息和数据丰富，计算准确。多人合作的应明确具体分工和贡献。

2. 软件开发型：开发需求明确，专业结合度高；设计思路合理，选用开发工具恰当；功能模块规划合理、层次清晰，软件设计开发符合软件工程规范；开发系统运行正常，功能达到需求，界面设计友好；设计开发说明书专业语言表述运用准确。多人合作开发的应有明确分工和贡献。

第二十条 毕业论文（设计）撰写格式、毕业设计图纸规格要求、设计说明字数和毕业论文字数等，参照《××学院毕业论文（设计）撰写规范（暂行）》执行，各教学系可以根据学科专业特点制订相应实施细则，并报教务处备案。正文格式应符合《科学技术报告、学位论文和学术论文的编写格式》（GB 7713—87）要求。

第二十一条 各类毕业论文（设计）的基本要求：

（1）经济、管理及文科类：独立撰写一篇不少于8 000字的专题论文（外国语专业论文篇幅为不少于5 000个单词）；参考文献不少于8篇，其中，最好有不少于1篇外文文献。

（2）理论研究类（理工科）：独立完成毕业设计说明书或论文，字数不少于6 000字左右；参考文献不低于8篇，其中最好有不少于1篇外文文献。

（3）艺术类：独立撰写一篇不少于5 000字的专题论文或毕业设计说明书；有一定数量的参考文献（包括外文文献）。艺术类专业的文本格式可根据专业自身特点确定，但毕业设计说明书（论文）的撰写应完整。

（4）设计类（工科）：学生必须独立绘制完成一定数量的图纸，工程图除了用计算机绘图外可以有1~2张（2号以上含2号图）是手工绘图；一份不少于4 000字的设计说明书；参考文献不低于6篇，其中最好有不少于1篇外文文献。

（5）实验研究类：要独立完成不少于6 000字的论文；参考文献不少于6篇，其中最好有不少于1篇外文文献。

（6）计算机软件类：要独立撰写不少于6 000字的软件说明书和论文；毕业论文（设计）中如涉及有关电路方面的内容时，必须完成调试工作，要有完整的测试结果和给出各种参数指标；当涉及有关计算机软件方面的内容时，要进行计算机演示程序运行和给出运行结果。

毕业论文（设计）的集中撰写时间安排在第8学期，不得少于6周。各教学系应根据上述规定对不同专业做出更具体的要求，但不得降低学院所提出的基本要求。

第七章　答辩与成绩评定

第二十二条 各教学系成立答辩委员会，由副教授及以上职称教师5~7人组成，答辩委员主任由教学系主任担任。答辩委员会根据需要可组成若干答辩小组，答辩小组由 3 ~5 人组成，设组长 1 人，秘书 1 人，答辩小组组长由副教授及以上职称教师担任，成员必须由中级及以上职称的教师（具有硕士学位）担任。

第二十三条 答辩委员会主要工作职能是审定学生答辩资格，公布答辩日程安排和答辩学生名单；制定答辩工作程序和要求，组织全系答辩工作；审核评定学生成绩等。答辩时间原则上应于第 8 学期的 5 月底前结束。

第二十四条 在毕业论文（设计）答辩前，教学系应根据毕业论文（设计）答辩资格审查要求对学生答辩资格进行审查，凡有下列行为之一取消其答辩资格：

（一）未完成毕业论文（设计）工作任务者；

（二）学生缺勤（包括病、事假）累计超过毕业论文（设计）时间 1/3 以上者；

（三）毕业论文（设计）有较大错误，经指导教师指出而未修改者；

（四）毕业论文（设计）格式不符合规范要求；

（五）毕业论文（设计）中有抄袭他人成果或请他人代做者；

（六）毕业论文（设计）查重率超过 35%、被指导教师认定不规范且不按照要求进行修改者。

第二十五条 答辩前指导教师、评阅教师根据毕业论文（设计）评定标准完成毕业论文（设计）的评阅，指导教师写出不少于 300 字评语并给出成绩，评阅教师写出不少于 200 字评语并给出成绩。评阅教师由答辩小组安排，指导教师不得参加所指导学生毕业论文（设计）的答辩工作。

第二十六条 毕业论文（设计）评分与主要依据：

（一）毕业论文（设计）成绩评定应以学生完成任务的情况、能力水平、工作态度、设计报告（论文）、图纸、实物的质量以及答辩情况为依据。

（二）毕业论文（设计）查重率不超过 35%，并递交《××学院本科毕业论文（设计）诚信责任书》。

（三）毕业设计成绩采用百分制（优、良、中、及格、不及格），并记入学生成绩档案。

1．90 分及以上（优秀）。

（1）按时独立完成毕业论文（设计）任务书所规定的全部任务，具有较强的综合分析问题和解决问题的能力，并表现出某些独特的见解或创造性。

（2）毕业论文（设计）内容正确，概念清楚，论据充实，论证充分，数据可靠，文字通顺，书写工整，图纸齐全、整洁，符合国家有关标准。

（3）答辩时能熟练、正确地回答问题。

2．80 ~ 89 分（良好）。

（1）按时独立完成毕业论文（设计）任务书规定的全部任务，具有较好的综合分析问题和解决问题的能力。

（2）毕业论文（设计）内容正确，概念清楚，论据充实，论证充分，数据可靠，文字通顺，书写工整，图纸齐全、整洁，符合国家有关标准。

（3）答辩时能正确回答问题。

3．70 ~ 79 分（中等）。

（1）一般能独立完成毕业论文（设计）任务书所规定的任务，具有一定的综合分析问题和解决问题的能力。

（2）毕业论文（设计）内容基本正确，书写工整，论据较充实，论证较充分，数据较可靠，图纸齐全，符合国家有关标准。

（3）答辩时基本上能正确回答问题。

4．60 ~ 69 分（及格）。

（1）基本上能达到毕业设计（论文）所规定的要求，在非主要问题上存在错误。

（2）毕业设计（论文）内容基本正确，书写工整，图纸齐全，基本符合国家有关标准或仅有局部非原则性错误。

5．60 分以下（不及格）。

（1）未能达到毕业设计（论文）任务书所规定的基本要求，文中存在原则性错误。

（2）毕业设计（论文）概念不清、论点模糊、论述不清，图纸不齐全或不符合国家标准。

（3）答辩时存在着原则性错误，有些问题经过启发，仍不能正确回答。

（4）查重率超过 35%。

（四）毕业论文（设计）成绩评定，由教学系答辩委员会根据指导教师、评阅教师和答辩小组的评分，最终确定评分等级。成绩的评定必须坚持标准，从严要求，公平公正。成绩一般应呈正态分布，优秀率比例一般控制在 20% 以内，优良比例不超过 70%。

第二十七条 毕业论文（设计）成绩由指导教师评定成绩、评阅教师评定成绩和答辩小组评定成绩按比例构成，三个模块成绩占比分别是 60%、20%、20%。指导教师、评阅教师、答辩小组的评分细则由各教学系根据学科专业特点自行制定，报教务处备案。

第二十八条 推荐“优秀毕业论文（设计）”。各专业可推荐 3% ~ 5% 的毕业论文（设计）为院级“优秀毕业设计（论文）”，获得院级“优秀毕业论文（设计）”的学生要将毕业论文（设计）文本与电子版，经指导教师审定后，交教务处备案存档，并由教务处公布本届获得院级“优秀毕业论文（设计）”学生名单，发给优秀毕业论文（设计）《荣誉证书》，并由教务处汇编为《本科优秀毕业论文选编》。

第八章　检查、评估与归档

第二十九条　教学系成立质量检查与评估专家小组，根据学科专业特点自行制定毕业论文（设计）质量检查与评估办法，对毕业论文（设计）工作全过程进行工作检查。检查内容包括：选题质量，毕业论文（设计）工作进度，教师到位及指导作用，学生出勤情况，答辩、成绩评定情况，论文水平与质量等。对发现的问题，应责成相关人员及时进行整改。

第三十条　毕业论文（设计）工作结束后，各教学系在质量检查基础上认真总结工作中的经验、存在的问题以及对此项工作的意见和建议，并将书面总结报告于每年6月底前报教务处备案。

第三十一条　学院在各教学系自评的基础上组织专家对学生毕业论文（设计）及教学系管理工作进行评估，评估结果纳入教学单位学年度教学工作考核范围。

第三十二条　毕业论文（设计）成果的归档：毕业论文（设计）资料由系保存，一般至少保留三年。其中被确定为“优秀毕业论文（设计）”的，教学系应采取电子档案等形式长期保存毕业设计（论文）。毕业论文（设计）资料归档的范围，参照《××学院教学档案建设与管理实施细则（试行）》执行。

第九章　附　则

第三十三条　本办法自公布之日起执行，原××院发〔2015〕17号文废止。解释权归教务处。

附录4

××学院本科毕业论文（设计）撰写规范

（审定稿）

为了规范学院本科毕业论文（设计）工作，切实提高我院本科毕业设计（论文）质量，根据教育部《关于加强普通高等学校毕业设计（论文）工作的通知》（教高厅〔2004〕14号）精神，结合《××学院本科毕业论文（设计）管理办法》要求，现对毕业论文（设计）撰写格式及装订统一规范要求如下：

一、毕业论文（设计）基本构成

本科毕业论文（设计）由封面、内容摘要、关键词、目录、正文、致谢、注释、参考文献、附录等九部分组成。

（一）封面。毕业论文（设计）封面须注明：论文（设计）题目、学生姓名、指导教师、班级、专业、学号。论文（设计）题目应该简短、明确、有概括性，字数要适当，一般不宜超过20个汉字，必要时可设副标题。

（二）摘要。摘要以浓缩的形式概括论文（设计）研究的内容，中文摘要在300汉字左右；英文摘要和关键词应与中文摘要及关键词的内容相一致，译文要准确、规范、流畅。

（三）关键词。关键词是表述论文（设计）主题内容信息的单词或术语，关键词数量3~5个为宜。

（四）目录。目录作为论文（设计）提纲，是论文（设计）各组成部分的小标题，文字应简明扼要。目录应包括论文的一级标题、二级标题、三级标题的名称和对应页码，以及参考文献及附录对应的页码。目录中的标题应与正文中的标题一致。

（五）正文。正文应包括序言（或绪论）、本论和结论三部分。

1. 绪论（即概述或引言或前言等）是毕业设计（论文）的开头。应阐述课题的来源、要求、意义、完成任务的条件，将采取的对策、手段、步骤及须达到的目标；还可以对文献资料进行综述，说明该课题的现状和发展趋势。如果是一个大课题的子课题，应阐述该大课题的全貌及本子课题的具体任务，篇幅不宜太长。

2. 本论是正文的主体。主要包括对研究对象（解决的问题）的分析，解决问题的总体思路，对各子问题（项目）的阐述，方案的论证与比较，等等。

3. 结论（或结果讨论）集中反映毕业设计（论文）的特点、研究结果和理论见解。撰写时要简明扼要，措辞严密，实事求是，留有余地。

（六）致谢。对给予指导或协助完成毕业论文（设计）工作的组织和个人表示感谢。

格式要求：“致谢”用小二号黑体字、居中；致谢内容用小四号宋体字、首行缩进2字符。

（七）注释。注释是对论文（设计）中所应用的名词术语的解释，或是对引文出处的说明，采用脚注形式。

（八）参考文献。参考文献是毕业论文（设计）不可缺少的组成部分，也是作者对他人知识成果的承认和尊重。毕业论文（设计）的参考文献不宜罗列过多，英文文献应有1篇以上。参考文献按顺序附于文末。顺序号为［1］［2］［3］……

（九）附录。附录是不宜放在正文中，但有参考价值的内容，如调查问卷、公式推演、编写程序、原始数据附表等，一般附录的篇幅不宜超过正文。

二、版式与用字

（一）排版要求。毕业论文（设计）要求纵向打印，论文（设计）的文字图形一律从左至右横写横排；正文采用小四号宋体字打印。

（二）页面设置。页边距的要求为：上（T）：2.5 cm；下（B）：2.5 cm；左（L）：2.8 cm；右（R）：2.5 cm；行距为固定值20磅。

（三）打印用纸及格式要求。毕业论文（设计）必须统一使用A4纸及Word格式打印。

（四）毕业论文（设计）文字、标点要求。字迹必须清楚，忌用异体字、复合字及一切不规范的简化字。标点符号应按照国家新闻出版署公布的“标点符号使用方法”的统一规定正确使用，忌误用和含糊混乱。

（五）文中的数字。除部分结构层次序数和词、词组、惯用语、缩略语、具有修辞色彩语句中作为词素的数字必须使用汉字外，应当使用阿拉伯数字，同一文中，数字表示方法应前后一致。

（六）文中代表变量的英文字母必须用斜体，其他用正体。微分号d、圆周率π、自然底数e、矩阵转置T均应为正体。

（七）毕业论文（设计）的篇幅。经济、管理及文科类专业一般不少于8 000字；理工类专业一般不少于6 000字；工科设计类须独立绘制完成一定数量的图纸，及不少于4 000字的设计说明书；艺术类专业一般不少于5 000字。

三、编排格式

（一）论文（设计）封面。封面采用学院规定的统一格式，必须正确无误，并彩色打印。

1. 论文（设计）标题：论文标题用小二号黑体、加粗，居中固定值30磅行距。

2. 论文（设计）副标题：论文副标题用四号黑体，正标题下居中，文字前加破折号。

3. 其余项目：系别、专业班级、学生姓名、学号、指导教师姓名用三号宋体。

（二）目录。另起一页。“目录”二字中间空一格用小三号黑体居中，下空两行为标题顺序号及其开始页码，用四号宋体。页码放在行末，目录内容和页码之间用虚线连接。

（三）中文内容摘要及关键词。另起一页。论文标题用小二号黑体居中，上下各空一行；论文（设计）题目下居中打印“内容摘要”四个字，用四号黑体，字间空一格。“内容摘要”四字下空一行打印内容，用五号宋体。中文摘要内容下空一行左起打印中文关键词。中文的“关键词”用四号黑体，内容用五号黑体，每一个关键词之间用两个空格隔开。

（四）英文内容摘要及关键词。另起一页。英文题目为三号Time New Roman字体并加粗居中，上下各空一行；英文题目下打印英文“Abstract”，“Abstract”标题用四号Time New Roman字体并加粗。“Abstract”下空一行打印内容，用五号Time New Roman字体。英文摘要内容下空一行左起打印英文关键词，英文的“Key Words”用四号Time New Roman字体并加粗，内容用五号Time New Roman字体并加粗，每一个关键词之间用两个空格隔开。英文内容摘要的标点符号用英文形式。

（五）正文。另起一页。

1. “序言（或绪论）”中间空一格用四号黑体字居中打印，上下各空一行。

2. 本论行文中标题层次：

（1）毕业论文（设计）的全部标题层次，应有条不紊、整齐清晰。相同的层次应采用统一的表示体例（相同的字体、字号等）。

（2）各级（层次）标题下的内容应同各自的标题对应，不应有与标题无关的内容。

（3）经管类、艺术与外语类毕业论文的标题原则上不得超过四级标题，各级标题层次如下。

①标题层次：

第一级：“一、”“二、”“三、”等；

第二级：“（一）”“（二）”“（三）”等；

第三级：“1.”“2.”“3.”等；

第四级："1）""2）""3）"等或"(1)""(2)""(3)"等；

特殊情况下，可以增加大写字母、小写字母两个层次。

②根据文本的内容，可以选用上述四个层次级别中的一种或几种序号。

③外语专业论文的标题层次不使用汉字序号，对照公开出版的外语专业期刊发表论文的规定（惯例）执行。

④特殊情况下，经指导教师同意，允许不列出标题层次。

（4）理工科文本的标题层次：

① 章节编号方法应采用分级阿拉伯数字编号方法。第一级为"1""2""3"等；第二级为"2.1""2.2""2.3"等；第三级为"2.2.1""2.2.2""2.2.3"等，但分级一般不超过四级。两级之间用下角圆点隔开，最后一级数字后面不加标点，后面空1个字符，然后再写标题名称，每一级的标题名称末尾不加标点。

② 各级标题下属的分项，采用"a）""b）""c）"等或"a.""b.""c."等分项序号，这些分项序号均需另起一行，但不顶格而是左缩进两个字符书写。

③ 在采用四级标题和分项序号后仍然不能满足需要的特殊情况下，可以在小写字母的上一级插入一级大写字母序号"A.""B.""C."等。

3."结论"。中间空一格用四号黑体字居中打印，上下各空一行。

（六）注释。正文中的加注采用右上角标注，形式为"①"，同时在本页留出适当行数，用横线与正文分开，空两格后写出相应的注号，再写注文。注号按①②③④排序，每个注文各占一段，用小五宋体。

（七）图。图题位于图的下方居中，图题若采用中英文对照时，其中文字体为小五黑体，其英文字体为小五 Time New Roman 字体。图号按一级标题顺序编号，如图3-1为第三部分第一图。引用图应在图题的下方标出文献来源，格式同参考文献，字体为小五宋体。制图要求：半栏图宽≤7 cm，通栏图宽≤16 cm；图中曲线粗细应相当于5号宋体字的竖画，坐标线的粗细相当于5号宋体字的横画；图中文字、符号、纵横坐标标目用小五宋体。

（八）表格。正文或附录中的表格一般包括表头和表体两部分，编排的基本要求是：

1. 表头：包括表号、标题、计量单位，用小5号黑体，在表体上方与表格线等宽编排。其中，表格按一级标题顺序编号，如表3-1为第三部分第一表，表号居左；标题位于表格上方居中，格式为"××××××表"；表内必须按规定的符号注明单位，计量单位居右，参考格式为"计量单位：元"。引用表格应在表题的下方标出文献来源，格式同参考文献，字体为小五宋体。

2. 表体：表体的上下端线一律使用粗实线（1.5磅），其余表线用细实线（0.5磅），表的左右两端不应封口（没有左右边线）。表中数及文字一律使用小5号字。表格中的文字要注意上下居中与对齐，数的位数应对齐。

（九）公式。公式书写应在文中另起一行，居中书写。公式的编号加圆括号，放在公式右边行末，公式和编号之间不加虚线。公式后应注明编号，该编号按一级标题顺序编排，格式为（2－1），表示第二部分的第一个公式。

（十）参考文献。按论文（设计）中参考文献出现的先后顺序，用阿拉伯数字连续编号，将序号置于方括号内。参考文献另起一页，上下各空一行打印“参考文献”用三号黑体居中，内容为五号宋体。英文参考文献格式同中文参考文献，字体用五号 Time New Roman 字体。

1. 参考文献著录项目：

（1）主要责任者（专著作者、论文集主编、学位申报人、专利申请人、报告撰写人、期刊文章作者、析出文章作者）。多个责任者之间以“，”分隔，注意在本项数据中不得出现缩写点“.”。主要责任者只列姓名，其后不加“著”“编”“主编”、“合编”等责任说明。

（2）文献题名及版本（初版省略）。

（3）文献类型及载体类型标识。

（4）出版项（出版地、出版者、出版年）。

（5）文献出处或电子文献的可获得地址。

（6）文献起止页码。

（7）文献标准编号（标准号、专利号……）。

2. 参考文献类型及其标识：根据 GB 3469 规定，以单字母方式标识以下各种参考文献类型：

参考文献类型	期刊文章	专著	论文集	学位论文	专利	标准	报纸文章	技术报告
字母标识	[J]	[M]	[C]	[D]	[P]	[S]	[N]	[R]

3. 专著、论文集中析出文献的标识。对于专著、论文集中的析出文献，其文献类型标识建议采用单字母“A”；对于其他未说明的文献类型，建议采用单字母“Z”。

4. 电子文献类型的参考文献类型及其标识。对于数据库（database）、计算机程序（computer program）及电子公告（electronic bulletin board）等电子文献类型的参考文献，建议以下列双字母作为标识：

电子参考文献类型	数据库	计算机程序	电子公告
电子文献类型标识	DB	CP	EB

5. 电子文献的载体类型及其标识。对于非纸张型载体的电子文献，当被引

用为参考文献时需要在参考文献类型标识中同时标明其载体类型。本规范建议采用双字母表示电子文献载体类型：

电子文献载体类型	磁带（magnetic tape）	磁盘（disk）	光盘（CD－ROM）	联机网络（online）
电子文献类型标识	MT	DK	CD	OL

建议以下列格式表示包括了文献载体类型的参考文献类型标识：

载体类型	联机网上数据库（database online）	磁带数据库（database on magnetic tape）	光盘图书（monograph on CD-ROM）	磁盘软件（computer program on disk）	网上期刊（serial online）	网上电子公告（electronic bulletin board online）
文献类型标识	[DB/OL]	[DB/MT]	[M/CD]	[CP/DK]	[J/OL]	[EB/OL]

注：以纸张为载体的传统文献在引作参考文献时不必注明其载体类型。

6. 参考文献编排格式

各类参考文献条目的编排格式及示例如下：

（1）专著、论文集、学位论文、报告。

[序号] 主要责任者．文献题名 [文献类型标识] 出版地：出版者，出版年：起止页码.

例如：

[1] 刘国钧，陈绍业，王凤翥．图书馆目录 [M]．北京：高等教育出版社，1957：15－18.

[2] 辛希孟．信息技术与信息服务国际研讨会论文集：A 集 [C]．北京：中国社会科学出版社，1994.

[3] 张筑生．微分半动力系统的不变集 [D]．北京：北京大学数学系数学研究所，1983.

[4] 冯西桥．核反应堆压力管道与压力容器的 LBB 分析 [R]．北京：清华大学核能技术设计研究院，1997.

（2）期刊文章。

[序号] 主要责任者．文献题名 [J]．刊名，年，卷（期）：起止页码．

例如：

[5] 何龄修．读顾城《南明史》[J]．中国史研究，1998（3）：167－173.

［6］金显贺，王昌长，王忠东．一种用于在线检测局部放电的数字滤波技术［J］．清华大学学报（自然科学版），1993，33（4）：62－67.

（3）论文集中的析出文献。

［序号］析出文献主要责任者．析出文献题名［文献类型标识］//原文献主要责任者（任选）．原文献题名．出版地：出版者，出版年：析出文献起止页码．

例如：

［7］钟文发．非线性规划在可燃毒物配置中的应用［C］//赵玮．运筹学的理论与应用——中国运筹学会第五届大会论文集．西安：西安电子科技大学出版社，1996：468－471.

（4）报纸文章。

［序号］主要责任者．文献题名［N］．报纸名，出版日期（版次）．

例如：

［8］谢希德．创造学习的新思路［N］．人民日报，1998－12－25（10）．

（5）国际、国家标准。

［序号］标准编号，标准名称［S］．

［9］GB/T 16159－1996，汉语拼音正词法基本规则［S］．

（6）专利。

［序号］专利所有者．专利题名［P］．专利国别：专利号，出版日期．

［10］姜锡洲．一种温热外敷药制备方案［P］．中国专利：881056073，1989－07－26.

（7）电子文献。

［序号］主要责任者．电子文献题名［电子文献及载体类型标识］．发表或更新日期/引用日期（任选）．电子文献的出处或可获得地址．

［11］王明亮．关于中国学术期刊标准化数据库系统工程的进展［EB/OL］．（1998－08－16）［1998－10－04］．http：//www.cajcd.edu.cn/pub/wml.txt/980810－2.html.

［12］万锦坤．中国大学学报论文文摘（1983—1993）．英文版［DB/CD］．北京：中国大百科全书出版社，1996.

（8）各种未定义类型的文献。

［序号］主要责任者．文献题名［Z］．出版地：出版者，出版年．

（十一）页眉、页脚和页码。毕业论文（设计）无须加页眉；页码从正文（含参考文献和附录）页开始标注。页码位置：页脚居中，用阿拉伯数字标注。目录的页码用阿拉伯数字独立标注。中文摘要及关键词、英文摘要及关键词的页码用罗马数字连续标注。

四、装订要求

（一）装订顺序。封面，中文摘要及关键词，英文摘要及关键词，目录，正文，参考文献，附录。

（二）毕业论文（设计）采用左侧装订。毕业论文的封面和封底用纸采用特殊 A3 规格 180 g/m^2 皮纹纸包皮装订，封皮颜色各系统一要求。用于归档的毕业设计（论文）定稿一式两份。

（三）毕业论文（设计）资料装袋。

采用统一印制的“××学院本科毕业论文（设计）档案袋”，文件装袋顺序如下：

1. 《××学院毕业论文（设计）学生选题意向表》
2. 《××学院本科毕业论文（设计）诚信责任书》
3. 《××学院本科毕业论文（设计）任务书》
4. 《××学院本科毕业设计（论文）选题变动申请表》（选择）
5. 《××学院本科毕业论文（设计）开题报告》
6. 《××学院本科毕业论文（设计）原文》
7. 《××学院本科毕业论文（设计）中期检查表》
8. 《××学院本科毕业论文（设计）指导教师评阅表》
9. 《××学院本科毕业论文（设计）交叉评阅表》
10. 《××学院本科毕业论文（设计）答辩记录》

五、其他事项

（一）各专业学年论文及其他论文的撰写参照本规范执行。
（二）本规范自发布之日起实施。
（三）本规范的解释与修订权在教务处。

附件：

1. ××学院本科毕业论文（设计）封面（略）
2. ××学院本科毕业论文（设计）格式样本（略）
3. ××学院本科毕业论文（设计）诚信责任书（略）
4. ××学院本科毕业论文（设计）档案袋封面（略）
5. 各类表格（表 1 至表 15）：

表 1：××学院本科毕业论文（设计）题目申请表（指导教师用表）（略）
表 2：××学院本科毕业论文（设计）学生选题意向表（略）
表 3：××学院本科毕业论文（设计）任务书（指导教师用表）（略）

表4：××学院本科毕业论文（设计）题目落实情况统计表（略）
表5：××学院本科毕业论文（设计）开题报告（学生用表）（略）
表6：××学院本科毕业论文（设计）外聘指导教师资格认定表（略）
表7：××学院本科毕业设计（论文）选题变动申请表（略）
表8：××学院本科毕业论文（设计）中期检查表（略）
表9：××学院本科毕业论文（设计）指导教师评阅表（略）
表10：××学院本科毕业论文（设计）交叉评阅表（略）
表11：××学院本科毕业论文（设计）答辩记录（略）
表12：××学院本科毕业论文（设计）情况汇总表（略）
表13：××学院优秀本科毕业论文（设计）推荐表（略）
表14：××学院优秀本科毕业论文电子版排版要求（略）
表15：××学院本科毕业论文（设计）工作总结（略）
表16：××学院毕业设计（论文）指导情况进度表（略）